Excelの本当に正しい使い方

Office TANAKA 田中 亨 著

日経BP

●本書の解説は、Windows 10上で動作するExcel（Microsoft 365で提供されている2021年7月時点の最新版）に基づいています。OSやExcelのバージョンにより画面や動作が異なる場合もありますが、基本的な機能、操作方法、考え方は共通です。

はじめに

ビジネスパーソンの必需品ともいえる表計算ソフト「Excel（エクセル）」。これをうまく使えることは、今や、仕事を素早く的確にこなすために必須の条件となっています。「Excelの操作がわからず、無駄に残業をしてしまった……」というのではあまりに非効率です。「ある人は1日かかってしまったデータの入力作業を、Excelに堪能な人が行ったら30分で終わった」なんてこともよくあります。最低限、Excelの基本的なスキルは身に付けておきたいものです。

ただ、「Excelの操作方法を知っている」というだけでは、ビジネスパーソンとして不十分です。なぜなら、ビジネスの現場では「実務に適したExcelの使い方」があります。その作法を守らなければ、Excelがかえって業務の弊害になることすらあるのです。

「間違った使い方」が、自分も他人も困らせる

Excelの「正しい使い方」を理解するために、ビジネスシーンでよく見かける「間違った使い方」を、3パターンに分けて考えてみましょう（**図1**）。

1つめは、そもそも「できない」というケース。Excelの使い方がわかっていないため、作業が進みません。さらに困るのは、わからないからとインターネットで検索し、そこに書かれていた数式やマクロをそのまま“コピペ”して「できたつもり」になることです。意

できない ×

・そもそもExcelの操作や数式の作り方がわからない
・インターネットで調べた数式を意味もわからずコピペして使い、思わぬところで間違いが発生

わからない ×

・他人が作ったブックを見ても意味がわからず使えない
・シートの作りや数式の内容を読み解けないので、自分なりの応用ができない

引き継げない ×

・複雑に作り込んだ自己流のシートを、後任者が理解できない
・業務の変化に応じて改良したくても手を加えられず、結局イチから作り直すことに

図1 ビジネスシーンでExcelは不可欠な道具となっている。そもそも使えないと話にならないが、正しく理解して適切な使い方をしなければ、かえって弊害をもたらすこともある。個人の仕事をスマートにこなすだけでなく、職場全体の業務効率化を考えて利用する必要がある

味を理解することなくやみくもに使えば、計算結果が間違っていてもその検証ができません。Excelがどのようにデータを扱うのか、どうすれば適切な処理や計算ができるのか、根本から理解していなければ、大きなミスにつながる恐れがあります。

2つめは「わからない」というケースです。他人から受け取ったブック（ファイル）を見ても、その内容を理解できないので修正や更新ができません。データを追加したことで数式を変更する必要が生じた場合にも、どこを修正すればよいのかわからないので、応用が利きません。これでは困ります。

一方、「自分はできるし、わかる」と思っている人ほど、陥りがちな誤りがあります。それが、3つめの「引き継げない」ケースです。自分がExcelを使えるからといって“独りよがり”なブックを作り、「他人がわからない」ものにしてしまう人がいます。自分では便利な機能をたくさん盛り込んで完璧なブックを作ったつもりでも、それを引き継いだ人が使えなければ、業務全体の効率は下がってしまいます。

ここでいう「他人」には、自分自身も含まれることを意識してください。自分が作ったブックでも、1年後、5年後には作成時のことなど忘れているものです。それはもはや、他人のブックと同じでしょう。自分を含め、誰がいつ見ても内容を理解でき、再利用できるブックにしておく必要があります。

つまり、Excelの「正しい使い方」とは、操作や技術の問題であると同時に、業務に取り組む姿勢の問題でもあります（**図2**）。Excelはあくまで“道具”。実務において何が必要かを考えて、Excelを使いこなさなければなりません。

政府もExcel表の作り方に統一ルール

2020年12月、総務省が「統計表における機械判読可能なデータの表記方法」の統一ルールを策定したことが話題になりました。これは、各府省が政府統計の総合窓

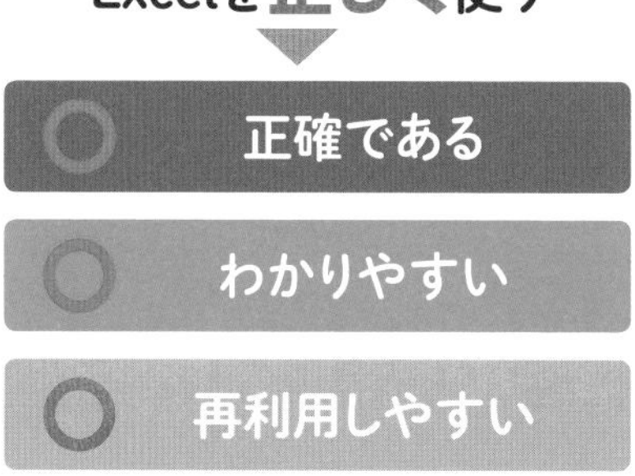

図2 Excelの「正しい使い方」とはどのようなものか。仕事を正確、かつスピーディーにこなせることはもちろん、業務全体を効率化できるかどうかもポイントになる。高度な技術を駆使して便利なシートを作ったつもりでも、それを引き継いだ人が理解できず、活用できないのは大きな問題だ。他人と共有したり、そのデータを別の目的でも再利用したり、後任者に引き継いだりできなければ、実務的とはいえない

口「e-Stat」に掲載する統計表の作り方について、ルールを定めたものです。その内容を見ると、Excelで統計表を作る場合のチェック項目として、「1セル1データとなっているか」「数値データに文字列が含まれていないか」「セルの結合をしていないか」といった注意点が具体的に示されています（**図3**）。

筆者からすると「当たり前のこと」ばかりですが、裏を返せば、「間違った」表の作り方をしている例が、これまでいかに多かったかということです。各種の統計データは貴重なもので、それをうまく集計・分析して活用できれば、自分のビジネスや生活に生かすことができます。それなのに、数値が「文字列」になっていたら、計算もグラフ化もできません。セルが「結合」されていると、並べ替えすらできません。“データ社会”ともいわれる現代、各種の資料や統計は紙のように閲覧するだけのものではありません。データとして活用し、繰り返し再利用できてこそ意味を持つものになります。

もちろん、総務省の統一ルールは「機械判読可能なデータ」にするためのもので、プレゼンテーション資料など「見栄え重視」の表を作る場合は、異なる作法があるでしょう。ただ、Excelには目的に応じた「正しい使い方」があり、やみくもに使うことは許されないということは、常に念頭に置いておくべきです。そのためには、Excelの機能や特質をきちんと理解して、データの共有や再利用も意識しつつ、「業務全体」を見通した使い方をすることが重要になります。

本書では、そのような“本物のExcelスキル”を習得できるように、「これは知っておいてほしい」というExcelの根本から解説しています。小手先のテクニックではなく、業務に必要な「正しい使い方」を身に付けるための参考になれば幸いです。

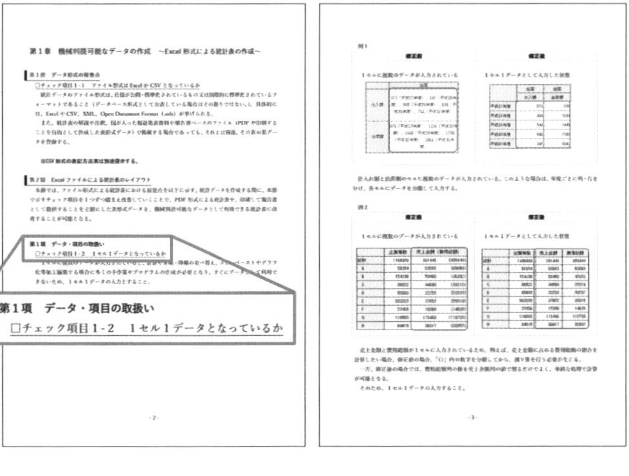

図3　総務省が2020年12月に公開した「統計表における機械判読可能なデータ作成に関する表記方法」という文書の一部。各府省が公開する統計表におけるデータの表記方法をルール化したものだ。Excelで統計表を作成するときの注意点が事細かに説明されている

CONTENTS

CELL

第1章

セルを知る

Excelの活用は「セル」にデータを入力するところから始まる。だからこそ、セルがどのようにデータを保管し、どのように値を表示しているのか、そのカラクリを知ることが大切だ。さもないと、予想外の結果に戸惑ってしまったり、気付かぬうちに重大な誤りを犯したりしかねない。根本の仕組みから学ぶことが重要だ。

EXCEL

SECTION 01

文字列、数値、日付…セルはデータの種類を区別する

データ形式

Excelの基本単位が「セル」であることは、もちろん誰もが知っているだろう。Excelでは、ワークシート上にマス目のように並ぶセルにデータを入力することで、表を作成したり、計算をしたりする。

しかしそのセルが、入力されたデータをそのつど識別して、データの種類（データ形式）に応じた処理を行っていることはご存じだろうか。普段、表を作成する際などは特に意識しなくても問題ないが、「セルはデータの種類を区別する」という点は、Excelを適切に使ううえで忘れてはならないポイントだ。

セルに入力するデータは、大別して「文字列」「数値」「日付」の3種類に分けられる（**図1**）。Excelは、この3種類を瞬時に判別して、それぞれに適した形で、セルにデータを格納する。

セルに収められるデータは主に3種類

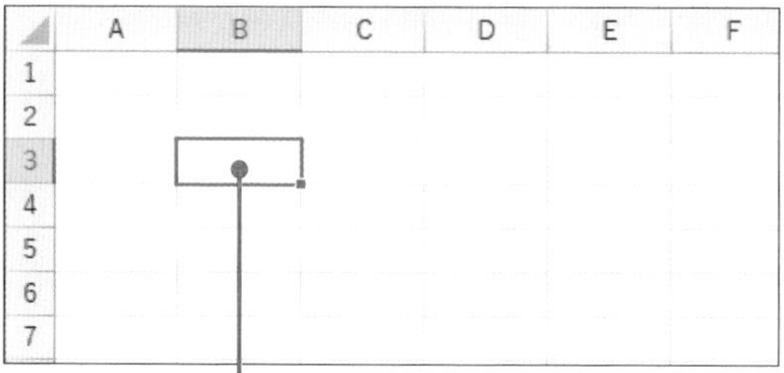

図1 Excelは、「セル」にデータを入力して利用するのが基本。セルは、データを入れる“箱”のような存在だ。セルに入れられるデータは、大きく「文字列」「数値」「日付」の3種類に分けられる。この違いを意識することが、Excelをうまく活用するうえで欠かせない

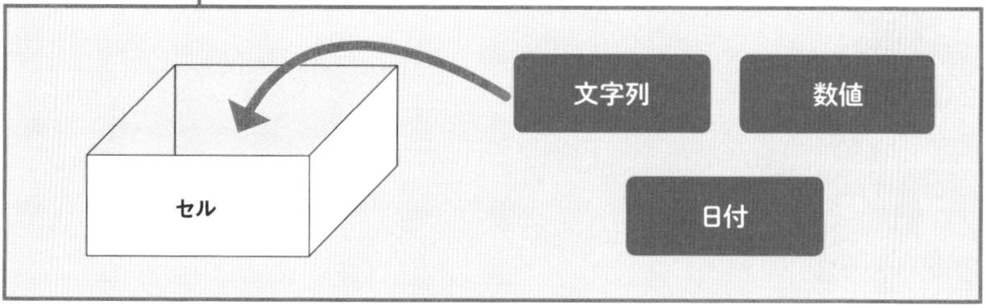

セルがデータの種類を判別していることは、データを入力してみればすぐにわかる。例えば「日経」という文字列をセルに入力し、「Enter」キーで確定してみよう。すると、その文字列は、セルの左端に寄せた「左揃え」で表示されるはずだ（**図2**）。一方、「123」などと数値をセルに入力して確定すると、今度はセルの右端に寄せた「右揃え」で表示される（**図3**）。

さらに、「9月1日」のような“日付を表す文字列”をセルに入力するとどうなるか。数値ではないので、左揃えになりそうなものだが、実際は「右揃え」になる（**図4**）。これは「9月1日」という表記が“日付”であることをExcelが認識し、通常の文字列と区別している証拠。後述するが、Excelは日付を数値の一種（シリアル値）として扱うため、右揃えで表示する（30ページ参照）。

セルは「文字列」「数値」「日付」の3種類を自動で識別する

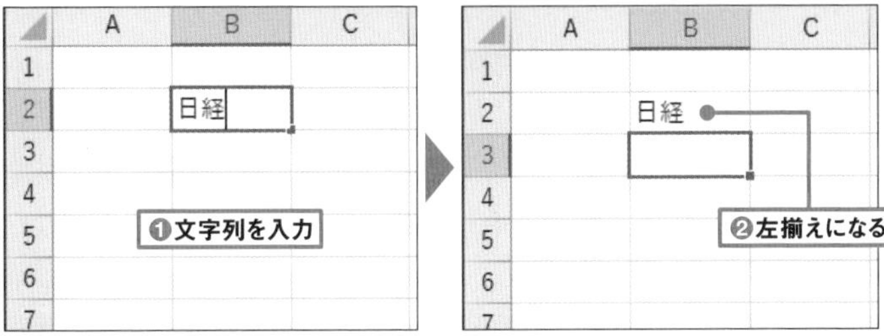

図2 文字列をセルに入力し、「Enter」キーで確定すると、その文字列は左揃えでセル内に配置される（❶❷）

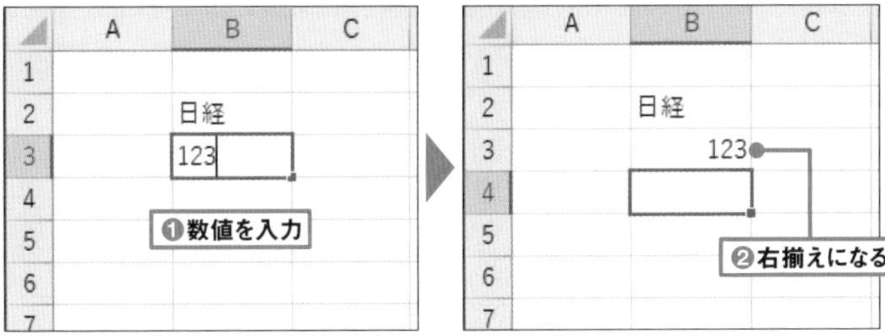

図3 数値をセルに入力して確定すると、その数値は右揃えでセル内に配置される（❶❷）

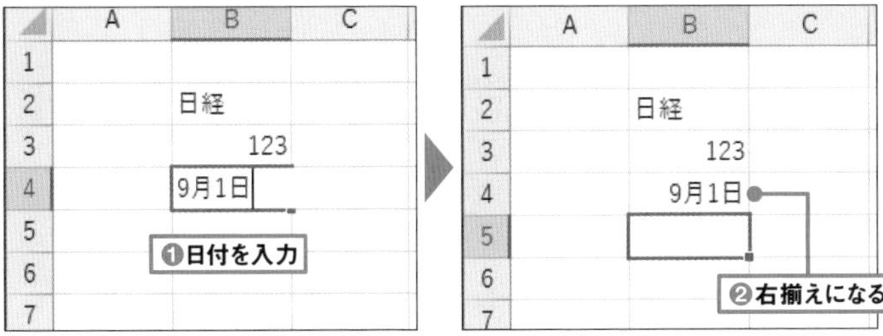

図4 日付をセルに入力して確定すると、その日付は右揃えでセル内に配置される（❶❷）

SECTION
02

数値と文字列の違いがなぜ重要なのか

数値　文字列　オートSUM

セルはデータの種類（データ形式）を区別しているが、特に「数値」と「文字列」の違いは強く意識しておいたほうがよい。というのも、Excelは「数値」を計算できるが、「文字列」は計算できないからだ。

「そんなの当たり前だ」と思うかもしれない。しかし、価格表に「1000円」などと単位付きで入力し、「うまく計算できない」といって電卓を持ち出す人が実際にいる（**図1、図2**）。それではExcelを使う意味がないだろう。こうした初歩的なミスなら笑い話で済むが、一見「数値」にしか見えないのに、データとしては「文字列」である場合、その結果、計算ミスを犯してしまうケースもあるから要注意だ。

詳しく説明する前に、図1、図2で例示した「合計」の求め方を入門者向けに補足しておこう。Excelには「オートSUM」という便利な機能があり、合計欄を選択して「オートSUM」ボタンを押すだけで、隣接するセル範囲の数値を合計できる（**図3**）。

「数値」は計算できるが、「文字列」は計算できない

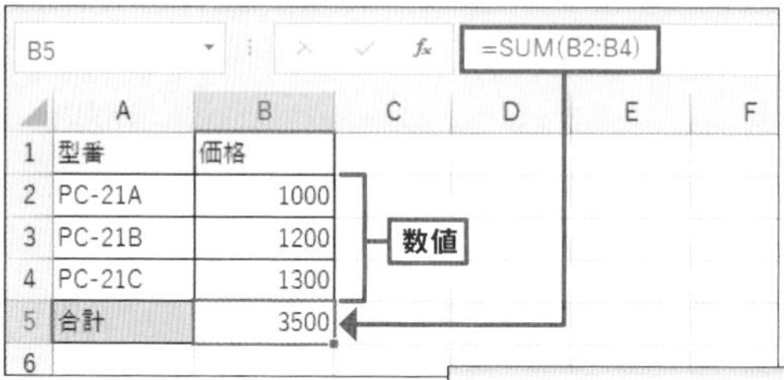

図1 「オートSUM」ボタンを使って入力できるSUM関数を使うと、指定したセル範囲を合計できる。ここではB2～B4セルに入力された数値を「=SUM（B2:B4）」という式で合計している

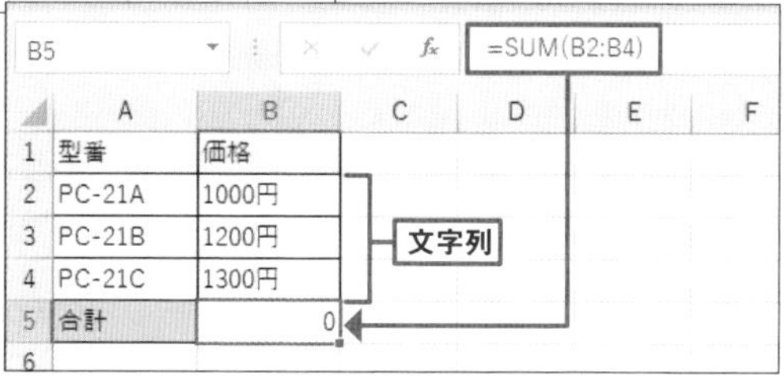

図2 この表では価格が「1000円」のように単位付きで入力されているため、セルのデータが「文字列」になっている。そのため、図1と同じSUM関数の式を入れても計算できず、「0」になってしまう

この合計欄には「SUM（サム）」という関数の式が自動入力されている。数式や関数については別の章で解説するが、このSUM関数は「文字列」を無視して「数値」のみを合計する仕様になっている。そのため、見た目は数値でもそれが「文字列」のデータとなっている場合、計算対象から除外されてしまうので厄介だ（**図4**）。

SUM関数は「数値」のみを合計する

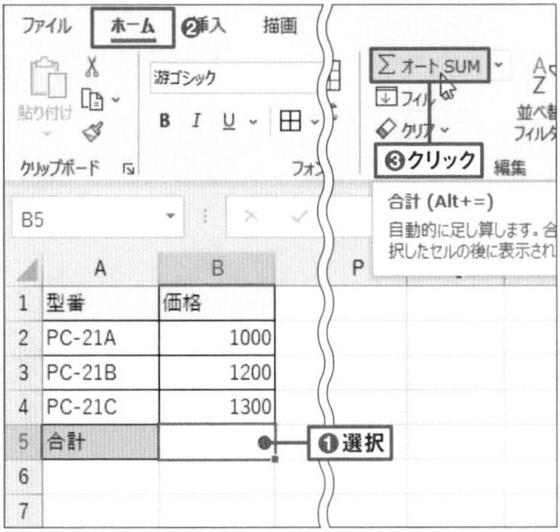

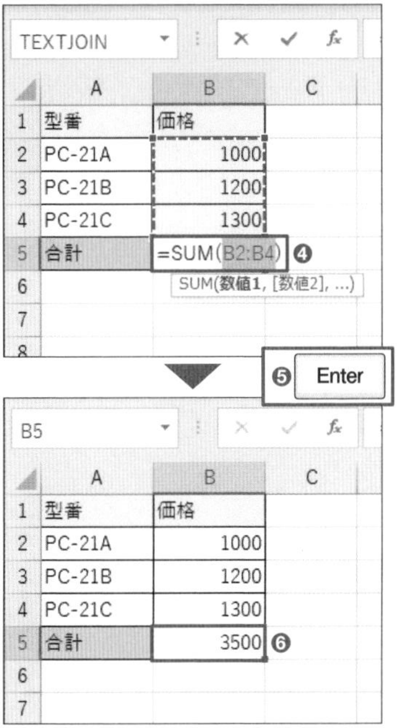

↑→図3 表に入力した数値を合計するには、合計欄を選択し（❶）、「ホーム」タブにある「Σ」マークの「オートSUM」ボタンを押す（❷❸）。すると、隣接する数値セルが自動選択されるので（❹）、合計対象として間違いがなければ「Enter」キーを押す（❺）。すると式が確定されて、合計結果が表示される（❻）

見た目は数値なのに「文字列」の場合もある

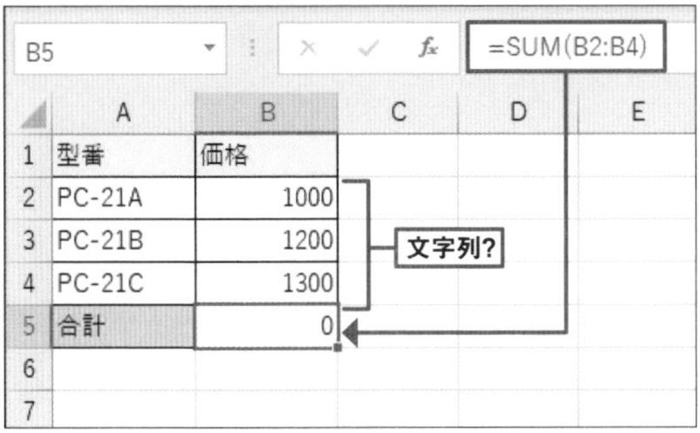

←図4 一見「数値」のようで、「文字列」の場合もあるから要注意。この例では、見た目上は何ら問題なさそうなのに、SUM関数での合計結果が「0」になっている。「0」なので間違いに気付くが、多数の数値がある中で、1つだけ文字列になっているような場合は、計算がおかしいことにすぐ気付けないので厄介だ。後で大きな問題を生じかねない

数値のように見える「文字列」が生まれてしまう原因はいくつかある。ありがちなのは、セルに「文字列」の書式が設定されている場合だ。通常、セルに「1000」といった数字を入力すると、Excelは自動的に「数値」と識別して、数値データとしてセルに保存する。しかし、あらかじめ「文字列」の書式を設定したセルの場合、入力された数字は文字列データとしてセルに保存されることになる。書式が「標準」の場合はExcelが自動判別するが、ユーザーが手動で書式を設定した場合、Excelはその書式を優先するからだ（**図5**）。

さらに厄介なのは、いったん「文字列」として保存されたデータは、後から書式を変更しても、変わらないこと（**図6**）。そのため、正しく計算するには、データを入れ直すか、何らかの方法でデータ形式を変換しなければならない。

図5 見た目が数値の「文字列」ができるワケ

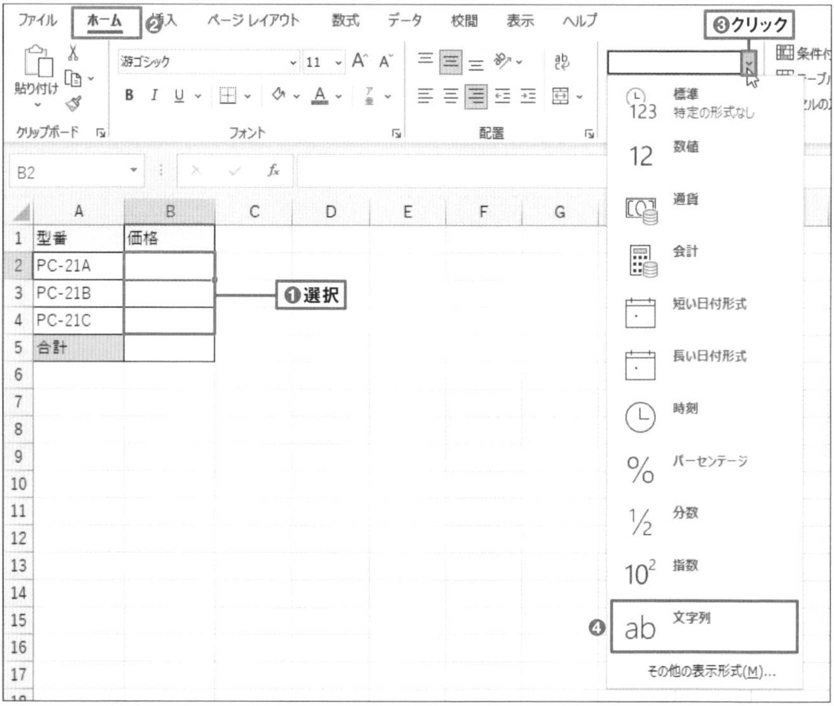

⬆図5 見た目が数値の「文字列」ができてしまう原因はいくつかあるが、代表的なのは書式（表示形式）の設定。「ホーム」タブにある「数値の書式」ボックスで「∨」をクリックし、「文字列」を選ぶと、セルに「文字列」の書式を設定できる（❶～❹）。あらかじめこの設定をしたセルに「1000」などの数字を入力すると、それは「文字列」として扱われることになる

便利なことに、こうしたミスをチェックする機能もExcelは備えている。見た目は数値なのに「文字列」として入力されているセルがあると、左上隅に緑色の三角でエラーの可能性を通知してくれるのだ。セルを選択すると注意マークのボタンが現れ、クリックすると問題の確認や、「数値」への変換も行える（**図7**）。

後から書式を変えてもデータの種類は変わらない

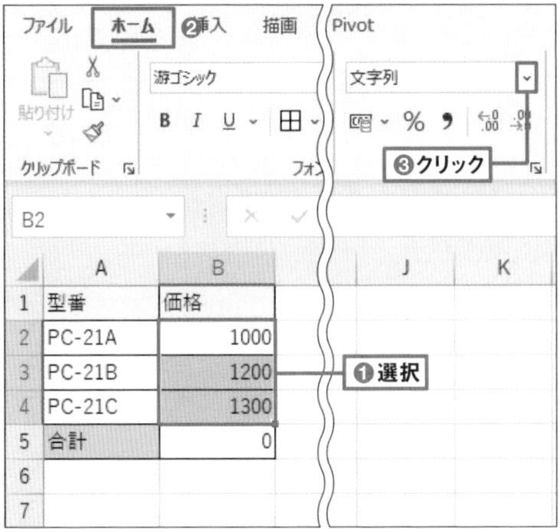

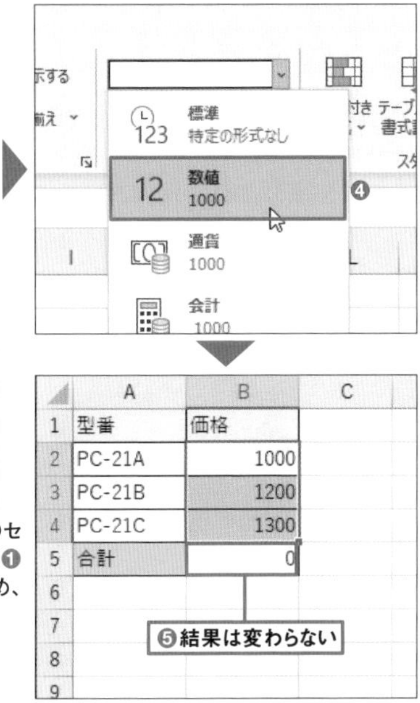

⬆➡ 図6　数字が「文字列」として入力されている場合、そのセルの書式を後から「数値」に変更しても、結果は変わらない（❶～❺）。セルに保存されたデータが「文字列」になっているため、後から書式だけ変えても、データ形式は変わらないのだ

Excelが異常を知らせてくれることも

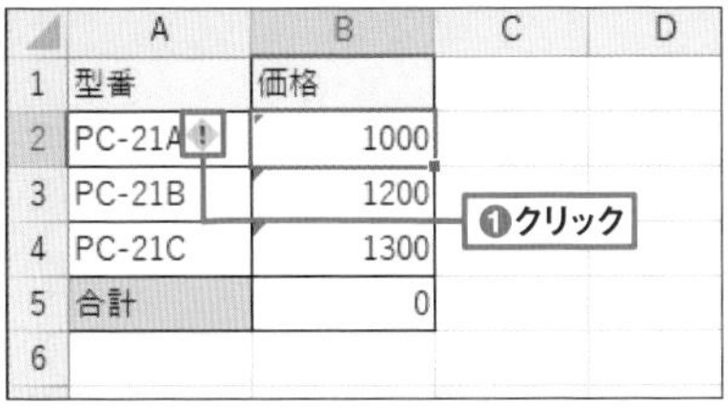

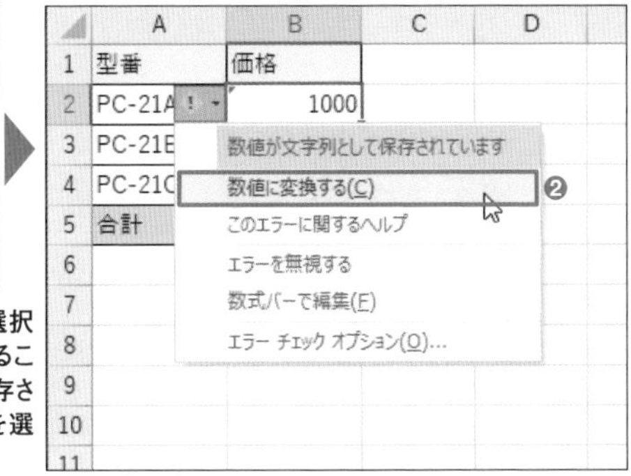

⬆➡ 図7　数字が「文字列」になっているセルを選択したとき、左側に注意マークのボタンが表示されることもある。クリックすると「数値が文字列として保存されています」と教えてくれて、「数値に変換する」を選ぶことでデータ形式を変換できる（❶❷）

とはいえ、エラーチェックの機能を無効にしている場合もあるし、大量のデータの中でエラーのマークに気付かないことも少なくない。「数値」と「文字列」の違いを常に意識して、初めから正しくセルに入力するのが第一だ。

計算以外でも、数値のように見える「文字列」が問題になるケースはある。よく見るのが「並べ替え」がうまくいかないという事例。例えば、「1」から「15」までの番号が「文字列」として入力されていると、昇順(小さい順)に並べ替えようとしたとき、1の次に10、11、12…という番号が並んでしまう(**図8**)。「数値」の場合はその数の大きさで並べ替えが行われるが、「文字列」の場合は、先頭の文字がまず並べ替えの基準になる。その結果、「2」よりも「10」や「11」のほうが先に並ぶことになり、混乱のもとだ。こうした番号を正しく並べ替えられるようにするには、「01」から「15」のように0を付けて桁数を揃えるか、「文字列」ではなく「数値」に直す必要がある。

図8 「数値」と「文字列」では並べ替えの順序も変わる

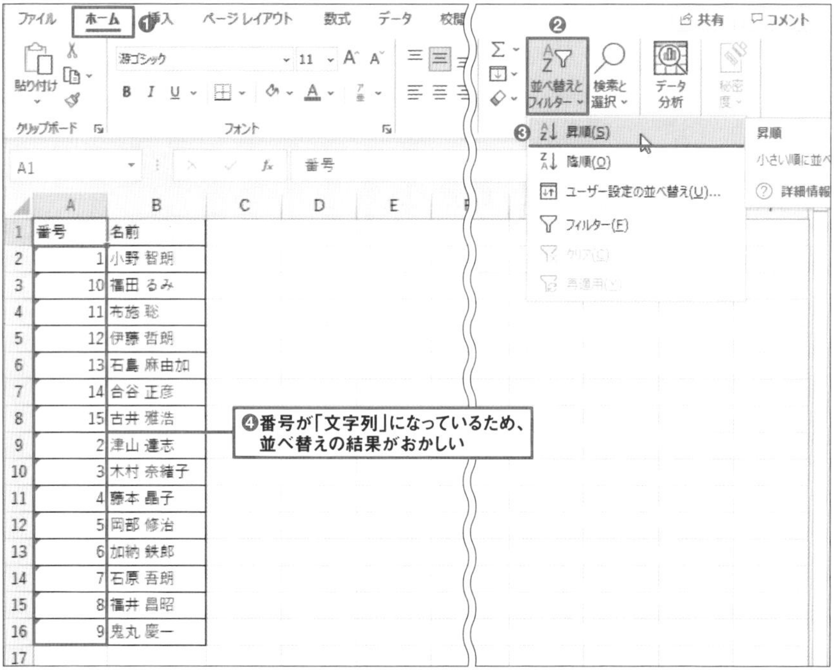

図8 「ホーム」タブの「並べ替えとフィルター」のメニューにある「昇順」(小さい順)を選んで数値を並べ替えたとき、「1」の後が「2」ではなく「10」「11」「12」…と続く場合は、その数値が「文字列」として入力されている(❶〜❹)。文字列の場合、先頭の文字が並べ替えの基準として優先されるので、「10」であれば1桁目の「1」が基準となり、「2」よりも先に並ぶことになる

COLUMN

「文字列」を「数値」に一発で変換するテクニック

17ページ図7のようなエラーチェック機能が働いていないとき、「文字列」データとなっている数字を本来の「数値」データに変換するにはどうすればよいか。ここでは方法を2つ紹介しよう。

1つは「区切り位置」機能の応用ワザ。「区切り位置」は、1列に入力されたデータを分割するための機能だが、分割後のデータ形式を指定する機能も備える。そこで、分割の設定はせずに、データ形式のみ指定して実行することで、データの変換が可能になる（**図1、図2**）。

もう1つはVALUE（バリュー）関数を使う方法。引数に文字列を指定すると、それが数値になり得るものであれば、数値に変換できる（**図3**）。

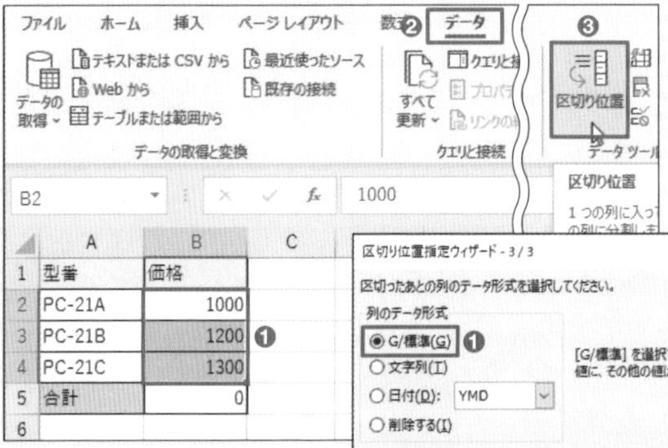

図1 数値に変換したいセル範囲を選択し（❶）、「データ」タブにある「区切り位置」ボタンを押す（❷❸）

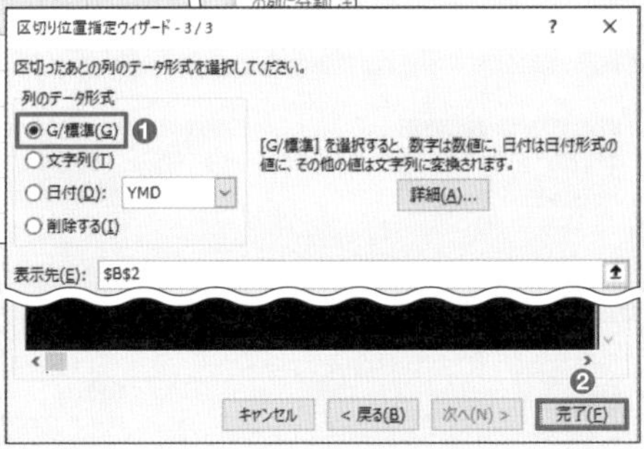

図2 開く画面で何も変更せずに「次へ」を2回クリック。3番目の画面で「列のデータ形式」が「G/標準」になっていることを確認し（❶）、「完了」を押す（❷）

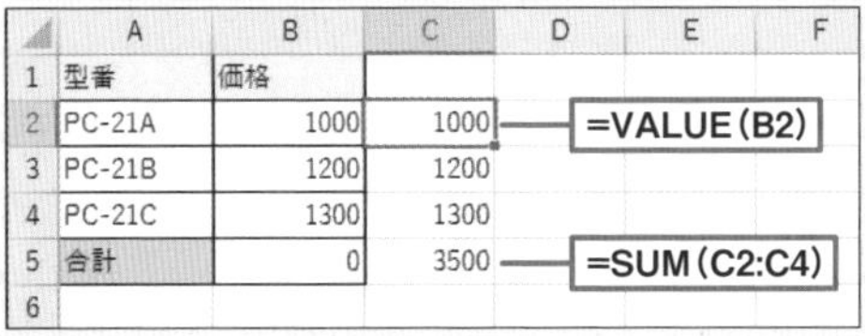

図3 VALUE関数を使うと、「数値を表す文字列」を、本来の「数値」データに変換できる。ここではC2セルに図のような式を入れてC4セルまでコピー。C5セルに図のようなSUM関数の式を入れると合計を求められる

SECTION 03

省力化の定番「オートフィル」データの種類により使い分け

オートフィル

Excelでは、入力済みのセルを選択し、その右下隅の小さな四角(フィルハンドル)をマウスでドラッグすると、セルをコピーしたり、連続データを入力したりできる。「オートフィル」と呼ばれる機能だ。このオートフィルについても、セルのデータが「文字列」か「数値」か「日付」かによって、動作が変わってくる。便利に使いこなすには、データ形式の理解が不可欠だ。

図1は、セルのデータが「文字列」の場合、「数値」の場合、「文字列+数値」(数値を含む文字列)の場合で、オートフィルの動作がどう変わるかを示したものだ。単なる文字列や数値の場合はセルがそのままコピーされるが、文字列と数値が組み合わさったデータの場合、その数値部分が1ずつ増える連続したデータになる。「第1回、第2回、第3回…」「Ver1、Ver2、Ver3…」などと自動入力できるので、表の見出しを用意する際などに重宝する。

「文字列」「数値」「文字列＋数値」で結果が異なる

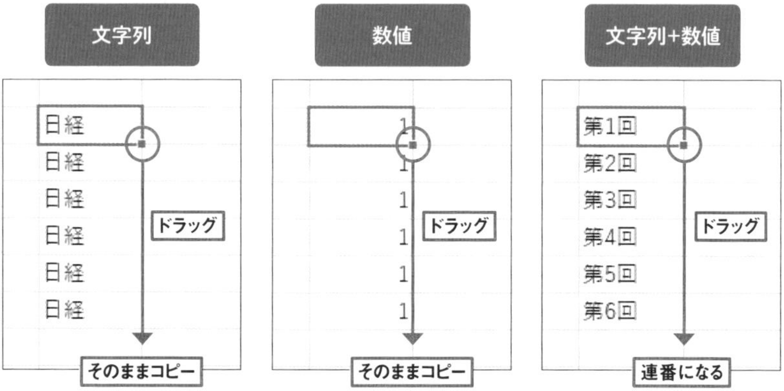

図1 入力済みのセルを選択し、その右下隅の四角(フィルハンドル)をドラッグすると、セルをコピーしたり連続データを入力したりできる。この「オートフィル」機能の動作は、データの種類によって異なる点を理解しよう

単なる「数値」から、連続データを入力することも可能だ。数値の場合、オートフィルした直後に表示されるボタン（スマートタグ）をクリックするとメニューが表示され、そこで「連続データ」を選ぶことで、連番に切り替えることができる（**図2**）。いちいちメニューを選ぶのが面倒なら、オートフィルする際、「Ctrl」キーを押しながらドラッグすればよい（**図3左**）。すると最初から連番を自動入力できる。一方、「文字列+数値」のデータを「Ctrl」キーを押しながらドラッグすると、セルのコピーに切り替わる（**図3右**）。「Ctrl」キーを併用することで、オートフィルの挙動が反対になる仕掛けだ。

オートフィル後に表示されるボタンで、後から変更も可能

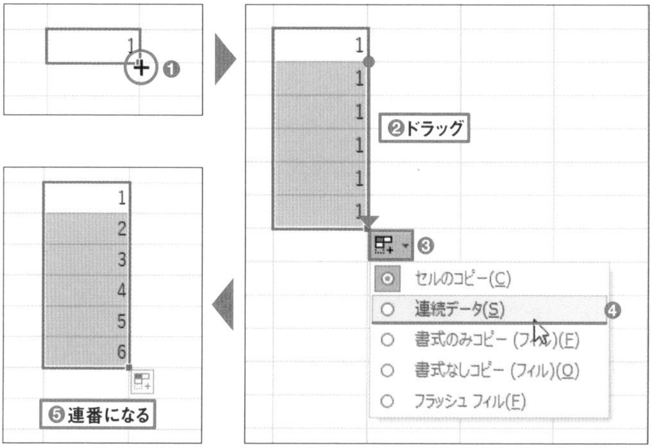

図2 数値データをオートフィルすると、標準ではセルのコピーになるが（❶❷）、直後に表示されるボタン（スマートタグ）をクリックしてメニューを開き、「連続データ」を選ぶと（❸❹）、連番の入力に切り替えることができる（❺）

「Ctrl」+ドラッグで、オートフィルの動作が逆になる

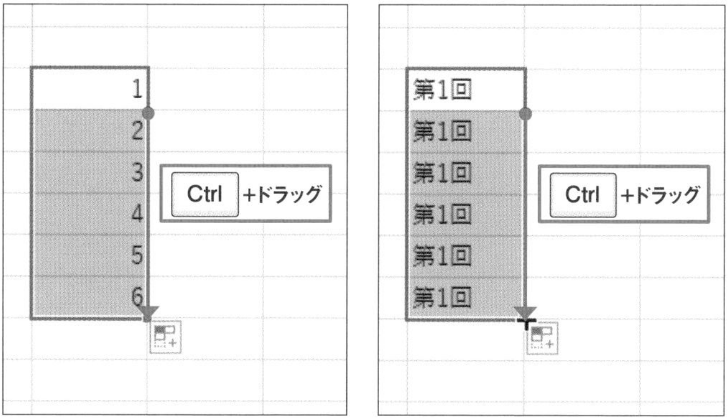

図3 「数値」のセルを選択し、フィルハンドルを「Ctrl」キーを押しながらドラッグすると、連続データになる（左）。「文字列＋数値」の場合は、逆にセルのコピーになる（右）

「日付」データの場合も、オートフィル機能で連続データを作成することが可能だ。Excelは内部に“カレンダー情報”を持っているので、「9月30日」の次は「10月1日」のように、月や年をまたいで連続する日付も正しく自動入力できる（**図4左**）。ただし、「28日」とだけ入力した場合のように、Excelが「日付」として扱わないデータは、「文字列＋数値」のパターンで連続データが自動入力されるので注意しよう（**図4右**）。セルのデータが「日付」として扱われるかどうかは、シート上部の「数式バー」を見ればわかる。セルを選択したとき「2021/9/28」のように表示されれば、「日付」データになっている（30ページ参照）。

「日付」データの場合は、オートフィル後のボタンで開くメニューも文字列や数値とは異なる（**図5**）。「連続データ（週日単位）」を選ぶと土日を除く日付、「連続データ（月単位）」を選ぶと毎月の同じ日付、「連続データ（年単位）」を選ぶと毎年の同じ日付が、それぞれ自動入力できる。

ちなみに「数値」の場合も、「2ずつ増える」「10ずつ増える」などと“増分”を指定して連続データを入力することが可能だ。それには、先頭の2つの数値を入力後、その2セルを選択した状態で、フィルハンドルをドラッグする（**図6**）。すると2つのセルの数値を基に、同じ間隔で増えたり減ったりする連続データを自動入力できる。

「日付」は1日ずつ増えて、月や年もまたげる

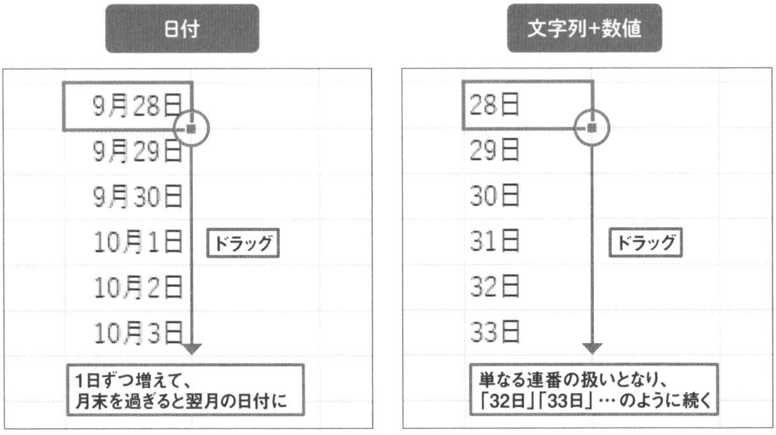

↑ 図4 「日付」データをオートフィルすると、標準では1日ずつ増える連続した日付になる。さらに月や年をまたぐ場合も、正しく連続する日付になる（左）。一方、先頭に「28日」とだけ入力した場合は、日付データと識別されずに「文字列+数値」の扱いとなり、単なる連番となる（右）

日付のオートフィルでは、「月単位」や「年単位」も選べる

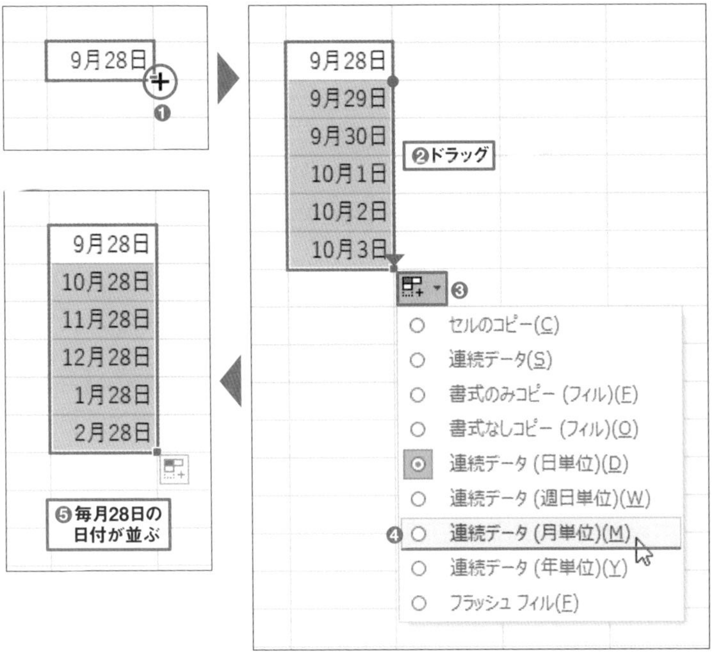

図5 日付データをオートフィルした直後、右下に表示されるスマートタグをクリックすると、日付ならではのメニューが表示される（❶〜❸）。例えば「連続データ（月単位）」を選ぶと、「毎月28日」といった具合に、連続する月の同じ日付が自動入力される（❹❺）

「数値」では、先頭の2セル分を入力して増減の間隔を指定

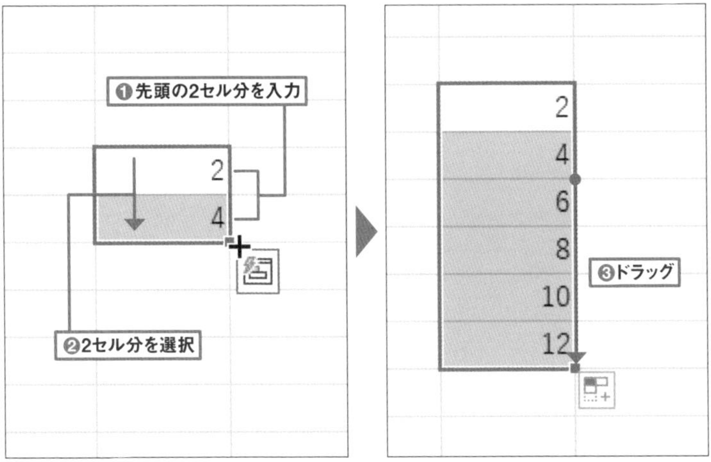

図6 「数値」データの場合、先頭の2セル分を入力し（❶）、その2セルを選択してオートフィルすれば（❷）、同じ間隔で増加する数値を自動入力できる（❸）。同じ要領で、一定間隔で減っていく連続データも入力可能だ。この方法は日付データにも使える

SECTION 04

セルの表示のカラクリ「表示形式」の基本を理解する

表示形式

Excelを活用するうえで必ず習得しておきたいのが、セルの「表示形式」だ。「ホーム」タブの「数値」グループにある「通貨表示形式」のボタンを使って、「￥1,000」のような“円表示”にできることは、初心者でも知っているだろう。これも表示形式のなせる業である。

表示形式のポイントは、セルに入力した「数値」の表示を、数値データのまま、「￥」記号を付けたり、「,」（カンマ）で桁区切りをしたりと変えられる点だ。14ページ図2で見たように、セルに「1000円」と「円」付きで入力すると、通常は「文字列」データとなり、計算に使えなくなる。しかし、表示形式を使って「￥ 1,000」のように「￥」付きで表示しても、データとしては「数値」のままなので、計算に使える（**図1**）。「￥」を描いた透明のセロハンを数値の上に重ねて、見た目だけ「￥」付きにしているようなイメージだ。

セルの中身は「数値」のまま、表示だけ変えられる

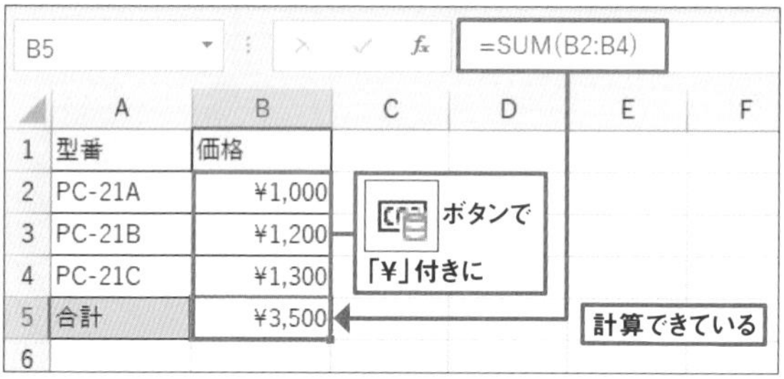

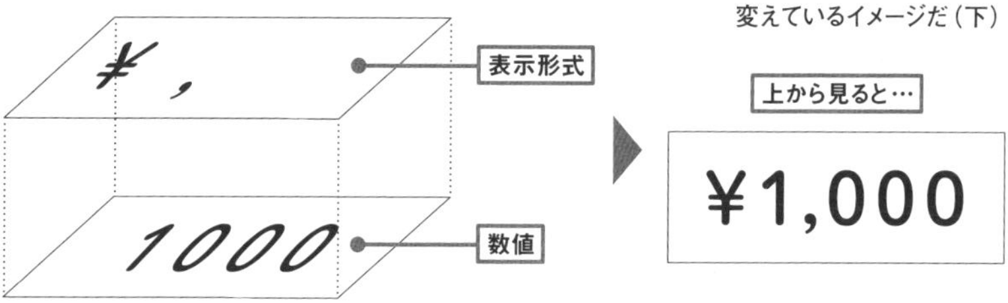

図1 「ホーム」タブにある「通貨表示形式」ボタンを押すと、数値に「¥」記号を付けて円表示にできる。この場合は、SUM関数などで「数値」として計算が可能だ（左）。このようにセルのデータは「数値」のまま、表示だけ変える機能が「表示形式」。データに透明のセロハンを重ねて、見た目だけ変えているイメージだ（下）

「ホーム」タブの「数値」グループには、「通貨表示形式」「パーセントスタイル」「桁区切りスタイル」などのボタンが並び、「数値の書式」ボックスの「∨」を押すと、よく使う表示形式がリスト表示される（**図2**）。だが、表示形式の実力はこんなものではない。設定画面を使って多彩な表示を設定したり、「ユーザー定義」という機能で独自の表示形式を作ることも可能だ。「ユーザー定義」を使うと、「数値」データのまま「1000円」のように「円」付きで表示し、計算にも使うことなどが可能になる（**図3**）。これについては次項で解説する。

基本的な表示形式は「ホーム」タブの「数値」グループにある

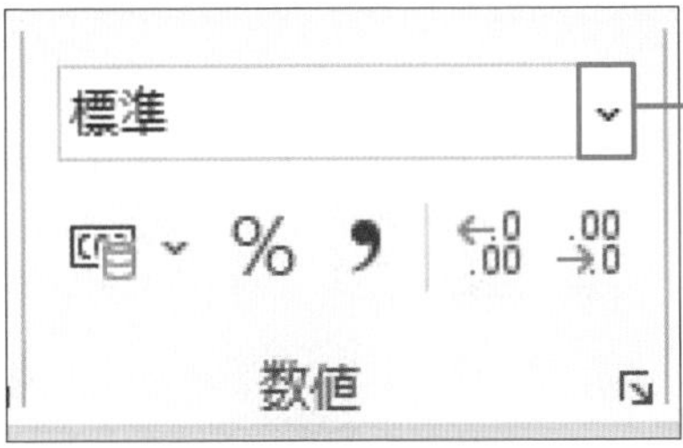

図2 「ホーム」タブの「数値」グループに、通貨、パーセント、桁区切りなどのよく使う表示形式のボタンがある（上）。また「数値の書式」ボックスの「∨」を押すと、日付や時刻、分数などの表示形式も選べる（右）

図3 表示形式を適用した数値の表示例。先頭や末尾に「0」を並べて桁数を揃えたり、「〜円」のように独自の単位を追加表示させたりすることも可能だ

SECTION
05

「ユーザー定義」の表示形式なら表示も計算もグラフも自在

ユーザー定義の表示形式

前項で述べた通り、Excelには、セルの表示形式をユーザーが細かくカスタマイズする機能がある。「ユーザー定義」と呼ばれる表示形式で、「数値」データを維持したまま、「1,000円」や「100cm」といった単位付きの表示も簡単に実現できる（**図1**）。「『円』を付けたら文字列になるけど、ここは見た目重視で我慢するか……」といった過ちを犯さないためにも、「ユーザー定義」の方法はマスターしておきたい。

セルの表示形式をフルに活用するには、「セルの書式設定」画面を開く必要がある。この画面は、セルを選択して右クリックし、「セルの書式設定」を選ぶと開ける（**図2**）。セルの選択後、「Ctrl」キーを押しながら「1」キーを押す操作でも開けるので覚えおこう。この画面の「表示形式」タブが、文字通り、表示形式を設定する場所。「数値」「通貨」「会計」「日付」「時刻」など、分類ごとに多数の表示形式があらかじめ用意されている（**図3**）。

ユーザー定義の表示形式を設定するには、分類の一番下にある「ユーザー定義」を選ぶ。すると、右側に「種類」という入力欄が現れる。ここに、どんな表示にしたいかを書式記号で指定する。数値の書式記号には「#」「0」「,」「"」などがあり、例えば「#,##0"円"」と入力すると、「1,000円」のような表示を実現できる（**図4**）。この場合、セルのデータは「数値」のままなので、図1のように計算も問題なく可能だ。

「ユーザー定義」の表示形式なら、「円」付きでも計算可能

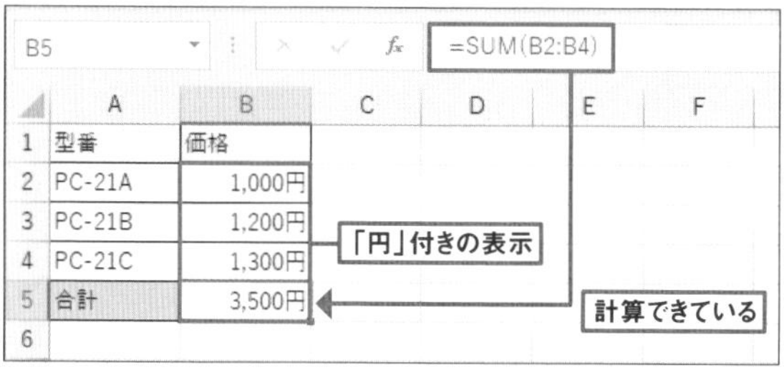

図1 Excelでは、「数値」の表示形式をユーザーがカスタマイズできる。「ユーザー定義」という機能だ。これを使うと、数値データのまま「1,000円」のような「円」付きの表示も可能。表示形式で「円」を表示させた場合は、数値のままなので計算もできる

EXCEL 「セルの書式設定」画面で設定する

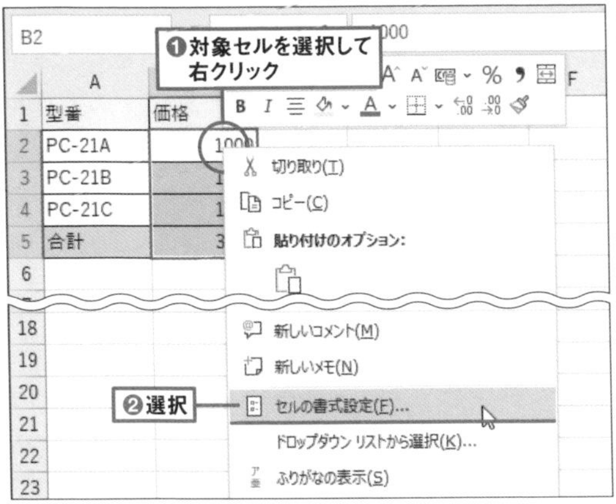

図2 セルの表示形式は、「セルの書式設定」画面を利用することで、細かく設定できる。その画面を開くには、設定したいセルやセル範囲を選択後、右クリックして「セルの書式設定」を選ぶ（❶❷）。あるいは、セル選択後に「Ctrl」キーを押しながら「1」キーを押してもよい

または 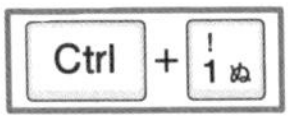

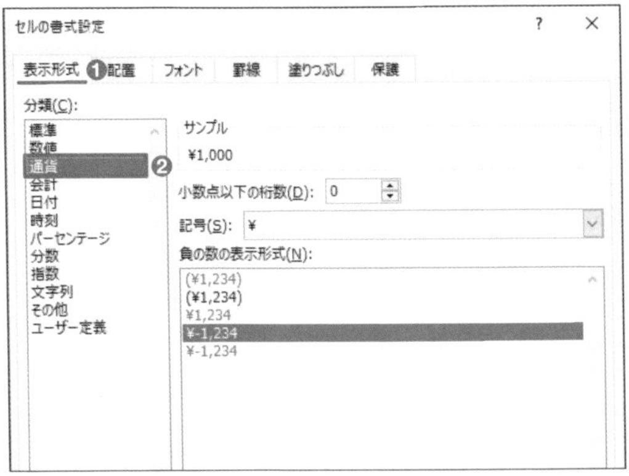

図3 「セルの書式設定」画面の「表示形式」タブで（❶）、各種の表示形式を選択できる。例えば「通貨」を選ぶと（❷）、右側で「小数点以下の桁数」や「記号」「負の数の表示形式」などを指定できる

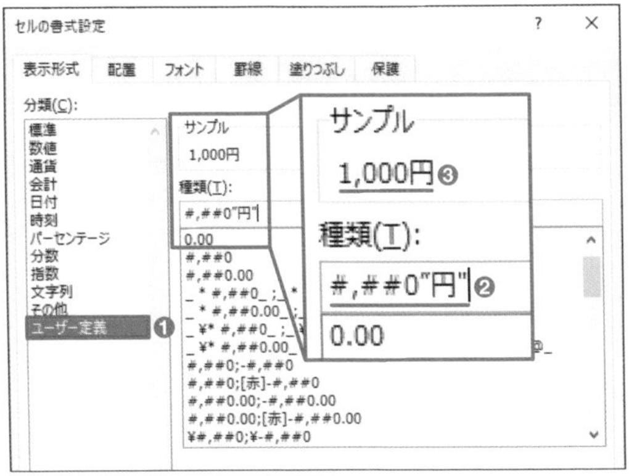

図4 分類で「ユーザー定義」を選ぶと（❶）、右側に「種類」という入力欄が現れる。ここに「#,##0"円"」のように入力すると、「3桁区切りで、末尾に『円』を付けて表示する」という指定になる（❷）。「サンプル」欄に表示の例が示されるので（❸）、目的の表示形式となっていたら、画面下端の「OK」ボタンを押して確定する

この書式記号について詳しく見ていこう。「#」や「0」は、数値の“桁”を指定するための記号だ。両者の違いは、その桁が「0」の場合に「0」と表示するかどうかにある(**図5**)。そしてポイントは「"」(半角ダブルクォーテーション)の使い方。数値と一緒に表示したい文字を「"」で挟んで書式記号の前後(途中も可)に添えると、その文字を数値に付けて自動表示させられる。例えば「0"円"」のように指定すれば、数値に「円」の文字を付けて表示できるのだ。桁の指定は「0」や「#」だけでもよいが、3桁区切りにしたいときは、「,」(半角カンマ)と組み合わせて、「#,##0"円"」のように表示のパターンを指定する(**図6**)。**図7**にユーザー定義の指定の例と、その表示例を示したので参考にしてほしい。

ユーザー定義の書式記号を使いこなす

書式記号	意味
#	数値の桁を表す。その桁に数字がない場合は何も表示しない
0	数値の桁を表す。その桁に数字がない場合は「0」を表示する
"	間に挟んだ文字列を、数値と一緒に表示する
,	3桁区切りのカンマを挿入する。後ろの桁指定(#または0)を省略すると、後ろの3桁分を四捨五入して非表示にする

図5 「ユーザー定義」で数値の表示形式を指定するときに使う書式記号。数値のまま文字を追加表示するには、「"」で挟んで指定すればよい。いずれも半角で入力すること

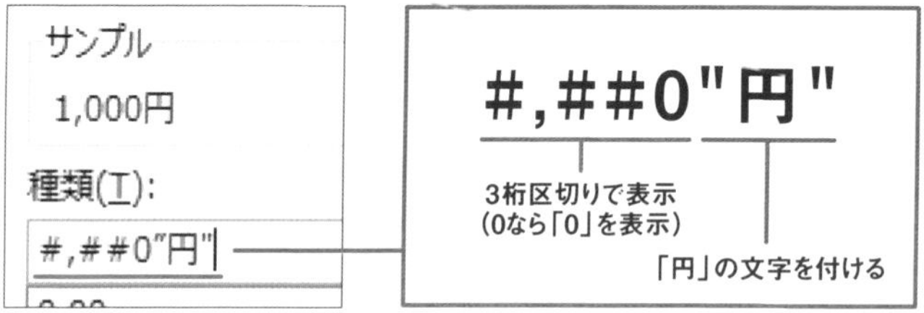

図6 「1,000円」と表示させた図4の書式記号。「#,##0」の部分が数値を3桁区切りで表示する指定。その後ろに「円」の文字を「"」で挟んで入力すると、「円」の文字が自動表示されるようになる

ユーザー定義	「0」の場合	「1590」の場合
#,##0	0	1,590
#,##0"個"	0個	1,590個
#"kg"	kg	1590kg
"@"0	@0	@1590
0.00"m"	0.00m	1590.00m
00000	00000	01590
0,"千円"	0千円	2千円

図7 ユーザー定義の例。「#」とのみ指定すると、数値が0のとき何も表示されなくなる。「,」(カンマ)は通常、「#,##0」のように3桁区切りの位置に入れるが、後ろに「0」や「#」を指定しないと、後ろの3桁分を四捨五入して省略する指定になる

なお、ユーザー定義で「1,000円」などと表示したセルが、「数値」のままであることは、シート上部の「数式バー」を見ればわかる（**図8**）。数式バーには、表示形式を適用する前の、“素の状態”のデータが表示されるからだ。

数値の表示形式を自在に操れるようになると、計算以外の場面でも、さまざまな恩恵を享受できるようになる。例えば入力の省力化。「円」などの単位は、表示形式の機能で自動表示されるので、入力する必要がない（**図9**）。逆に、それと知らずに「円」まで手入力すると、「文字列」になってしまうので注意しよう。そのほか、数値なのでグラフ化も可能になる（**図10**）。通常は、セルの表示形式がグラフにも反映されるので、グラフの見やすさ、わかりやすさにもつながる。

EXCEL 計算できること以外にもメリットは多数

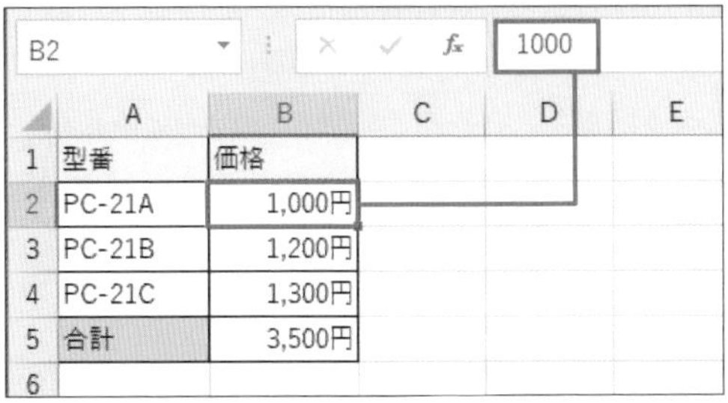

図8 「1,000円」と表示されていても、セルの中身は「数値」であることは、シート上部の「数式バー」で確認できる。セルを選択すると、数式バーには「1000」のように単なる数値として表示される

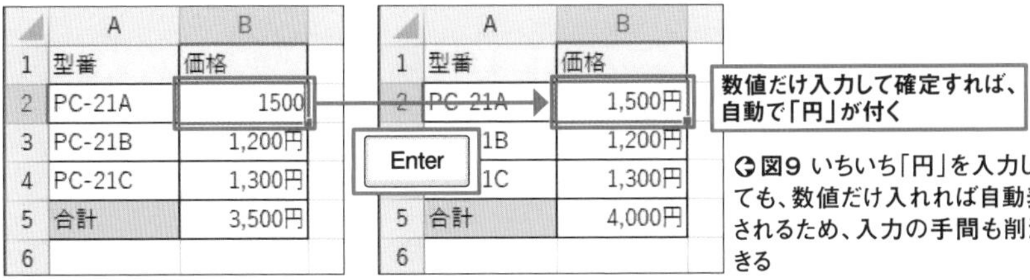

図9 いちいち「円」を入力しなくても、数値だけ入れれば自動表示されるため、入力の手間も削減できる

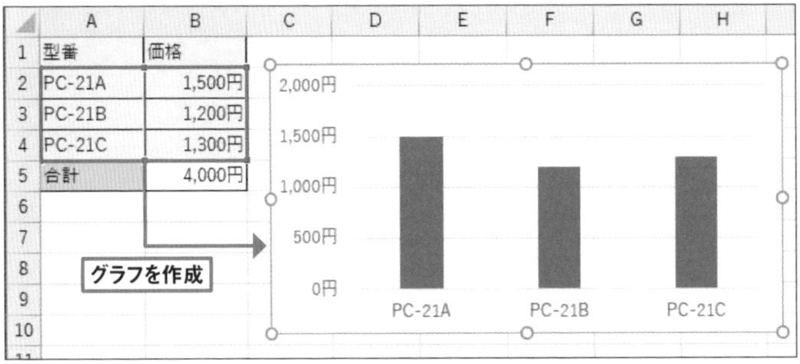

図10 「文字列」のデータはグラフ化できないが、「数値」データならグラフ化も可能。セルの表示形式は、グラフの軸ラベルにも反映される

SECTION
06

日付と表示形式の関係を理解 その背後には「シリアル値」

日付の表示形式　シリアル値

数値と同様、セルの「表示形式」がポイントになるのが「日付」だ。請求書などの起票日や支払い期日の入力、スケジュール表や勤怠管理表の作成など、Excelで日付を扱う機会は多い。Excelがどのように日付を管理し、表示しているのかを理解しておかないと、思わぬ手間やミスを招くことになる。

13ページで述べた通り、セルに「9月1日」などと日付を表すデータを入力すると、Excelは「日付」だと認識して、日付データとしてセルに保存する。Excelは日付を「yyyy/m/d」という形式で保存するので、「9月1日」と入力した場合も、年が自動的に補われ、「2021/9/1」という日付データになる。それを「9月1日」のようにセルに表示するのが「表示形式」の役割(**図1**)。表示の裏側にある、実際に保存されている日付データの姿は、数式バーを見ればわかる。

「日付」においても「表示形式」が重要な役割を担う

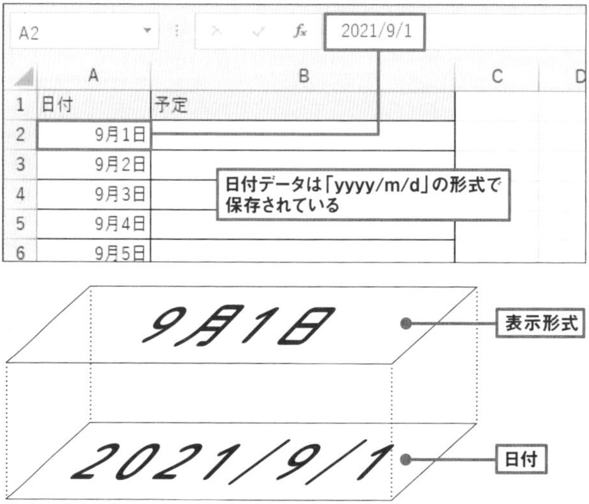

➲**図1** 「9月1日」のように日付を入力したセルを選択して、シート上部の数式バーを見ると、「2021/9/1」のように表示されていることがわかる。Excelは入力されたデータが「日付」だと認識すると、「yyyy/m/d」(年/月/日)のような形式でセルに保存するのだ。セルの表示が「9月1日」のようになっているのは、ほかならぬ「表示形式」の設定による

「9/1」と入力したのに、セルを確定した途端に「9月1日」という表示に変わり、首をかしげた経験はないだろうか。これは、日付の標準の表示形式が「9月1日」のような設定になっているためだ（**図2**）。入力したデータが「日付」だと認識された途端、セルの中では「2021/9/1」のようなデータに変わってしまうため、表示の仕方は、セルの表示形式に依存することになる。

逆にいえば、表示形式の設定次第で、日付はさまざまな表記に変えられるということ。「セルの書式設定」画面の「表示形式」タブを見ると、「日付」の分類に多くの表示形式が用意されている（**図3**）。さらに「ユーザー定義」の表示形式を利用すると、和暦で表示したり、年月のみ、日のみなどと必要な部分だけ表示したり、曜日を表示

EXCEL 「表示形式」によってさまざまな日付表記が可能に

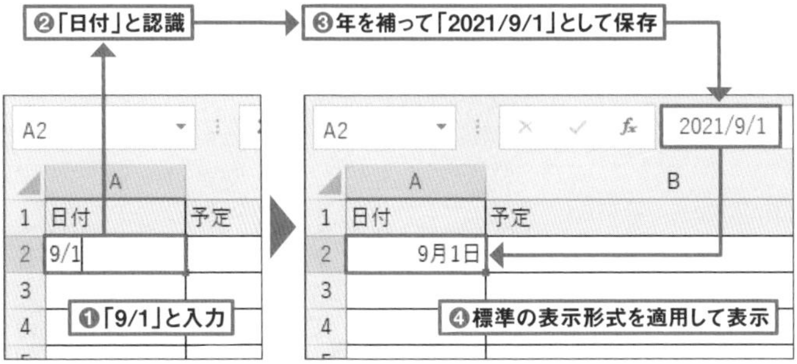

⊲図2 セルに日付を「9/1」のように入力した場合も、表示は「9月1日」となる。これは、「9/1」をExcelが「日付」と認識したうえで、標準の表示形式である「9月1日」という形で表示するからだ（❶〜❹）

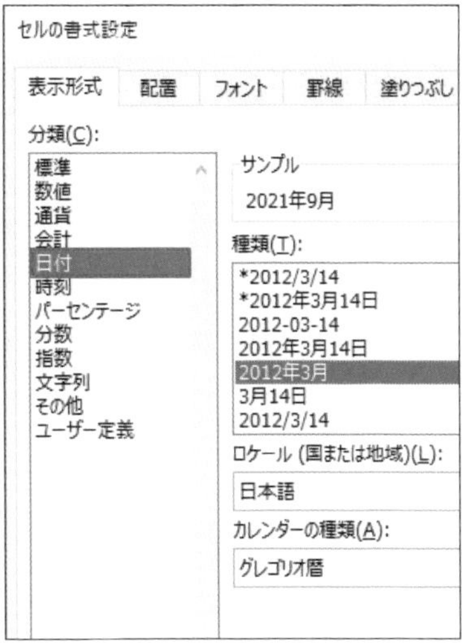

⊲⊳図3 「日付」としてセルに保存されたら、表示形式の変更により、さまざな日付の表記が可能になる。西暦や和暦、月日のみや年月のみ、曜日の表示も可能だ

したりすることも可能だ。

「ユーザー定義」で日付の表示を指定する場合、年を「yyyy」または「yy」、月を「mm」または「m」、日を「dd」または「d」で指定する。「mm」や「dd」のように2文字で指定すると、「01」「02」…のように必ず2桁で表示する設定になる。「年」「月」「日」などの文字は、数値の場合と同様、「"」(半角ダブルクォーテーション)で挟んで追記すればよい。さらに「aaa」と指定することで、「曜日を漢字1字で表示する」という指定が可能。「9月1日(水)」のように表示させられる(**図4**)。いちいちカレンダーで確認しなくても、曜日を自動表示できるので便利だ。**図5**はユーザー定義の例。多種多様な日付表記ができるので、試してみるとよい。

ここまで理解すれば、日付の表示は自由自在になるだろう。だが、日付に関して、もう1つ知っておかなければならないことがある。それは「シリアル値」の仕組みだ。

試しに、日付を入力したセルを選択して、その表示形式を「標準」に戻してみてほ

「ユーザー定義」で曜日を自動表示する

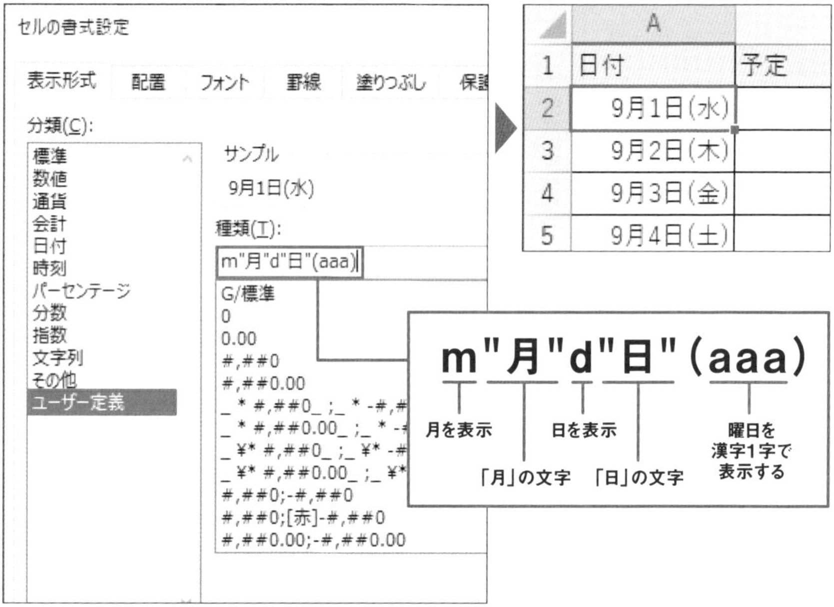

図4 「ユーザー定義」の表示形式を使えば、標準で用意されていない多彩な日付表示も可能。例えば、「aaa」という書式記号を使うと、曜日を漢字1文字で表示できる。「m」で月、「d」で日の数字を表示できるので、「"」を使って「月」や「日」の文字を指定すれば、「9月1日(水)」のような表示を指定できる。なお、「(」「)」などの記号は、書式記号と一緒にそのまま入力して構わない

しい。すると、2021年9月1日なら「44440」、2021年9月2日なら「44441」のように、日付とは無関係に見える数値に置き換わるはずだ（**図6**）。実はExcelの内部で、日付は1900年1月1日を「1」として、1日ごとに「1」ずつ増える数値に置き換えて管理されている。この連続した数値を「シリアル値」と呼ぶ。2021年9月1日という日付が「44440」に変わるのは、1900年1月1日から数えて44440番目の日付だからだ（次ページ**図7**）。

このように1日で「1」ずつ増えるシリアル値で日付が管理されていることで、Excelでは日付の計算が簡単にできる仕組みになっている。というのも、1日が「1」に相当するので、ある日付に「3」を足すだけで、その日付の「3日後」を求めることができるのだ

日付を表示する「ユーザー定義」の例

ユーザー定義	「2021/9/1」の場合	ユーザー定義	「2021/9/1」の場合
m/d(aaa)	9/1(水)	ge.m.d	R3.9.1
yy-mm-dd	21-09-01	e"年"m"月"d"日"	3年9月1日
d"日"aaaa	1日水曜日	mmmm-dd	September-01
ggge"年"m"月"	令和3年9月	mmm, yyyy	Sep, 2021

図5 日付の表示を指定するユーザー定義の例。元号は「ggg」や「g」、和暦の年は「e」で指定できる

日付セルの表示形式を「標準」に戻すと…

図6 試しに、日付が入力・表示されたセルを選択して、表示形式を「標準」に変えてみよう（❶～❸）。すると「44440」のような数値に変わり（❹）、1日「1」ずつ増えていることがわかる

(**図8**)。また、日付から日付を引けば、その差から日数を計算することもできる。例えば、作業開始と作業終了の日付を基に作業日数を計算するなら、「作業終了日−作業開始日+1」という計算をすればよい(**図9**)。

このような計算を、月や年をまたぐ場合でも何ら気にすることなく計算できるのが、Excelの便利なところだ。ただし、シリアル値は1900年1月1日から始まっているので、1900年より前の日付は表示も計算もできないことは承知しておこう。

シリアル値の仕組みにより、1日を「1」として計算できる

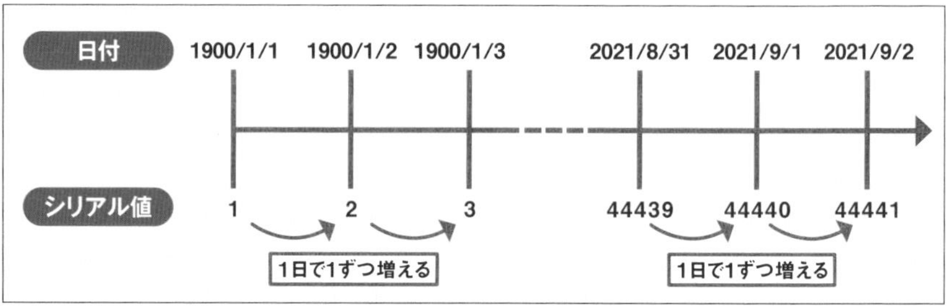

図7 Excelの内部では、日付は「シリアル値」と呼ばれる連続した数値に置き換えられて管理されている。シリアル値は1900年1月1日を「1」として、1日ごとに「1」ずつ増える整数になっている。2021年9月1日は、シリアル値の先頭から44440番目に当たるので、この日付の表示形式を「標準」に戻すと、「44440」という数値が表示されてくる

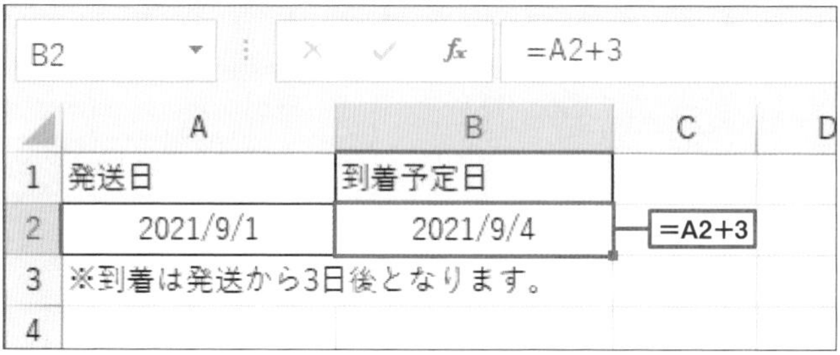

図8 発送日の3日後が到着予定日だという場合、発送日の日付に「3」を加えることで、到着予定日を計算できる。日付を管理するシリアル値は、1日ごとに「1」増えるからだ

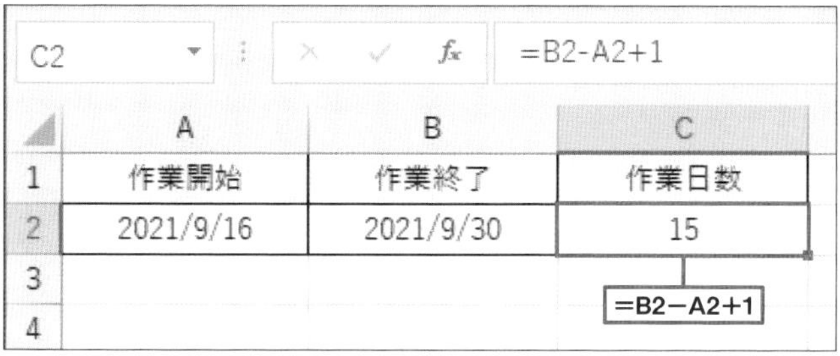

図9 作業開始と作業終了の日付を基に、作業日数を計算。2つの日付の差を求めたうえで、開始日または終了日の分を加算するために「1」を加えればよい

SECTION
07

「時刻」と「時間」の違いに注意 表示と計算のコツを押さえる

時刻・時間の表示形式　シリアル値

日付と同様、「時刻」の表示や計算ができるのも、Excelの便利なところだ。セルに「9:30」などと時刻形式のデータを入力すると、Excelはそれを「時刻」だと認識して、時刻データとしてセルに保存する。すると、表示形式を使って「9:30 AM」「9時30分00秒」などとさまざまな形式で表示できるようになる（**図1**）。

時刻データを扱える利点を生かして、Excelで勤怠管理を行っている人もいるだろう。出勤時刻と退勤時刻をセルに入力し、退勤時刻と出勤時刻の差を求めれば、「17:30－9:00＝8:30」のように計算して、勤務時間を求めることができる（次ページ**図2**）。このとき、日々の勤務時間を「オートSUM」ボタンなどを使って合計しようとして、戸惑った経験はないだろうか。単に合計するだけでは、合計時間が明らかに少なく表示されるのだ。

「時刻」も「表示形式」で見た目を変えられる

図1 日付と同様、「時刻」のデータも、表示形式で見た目を変化させられる。時刻と認識されたデータは、「h:mm:ss」（時：分：秒）という形式で保存されるが、表示形式によって「9:30」や「9:30 AM」といった表示にできる。保存されている時刻データは数式バーで確認できる

これは、Excelの時刻データが、文字通り「時刻」を表すものであることに起因する。時刻は、1日という時の流れの中のある1点を表すものだ。そして23時59分の1分後は翌日の0時となる。そのためExcelの時刻データも24時間を過ぎると「0:00」にリセットされる。つまり、標準では「24:00」以上の表示ができないのだ。

一方、時の長さである「時間」は、「24:00」でリセットされることなく、長さの分だけ増えてしかるべきものだ。そのような「時間」をExcelで表現するには、「ユーザー定義」の表示形式を使う必要がある(**図3**)。具体的には、「時」を表す書式記号「h」を、半角の角かっこでくくって「[h]:mm」のように指定すればよい。すると、「52:30」のように24時間以上の「時間」としてセルに表示させられる(**図4**)。

なお、時の長さを“時間単位”ではなく“分単位”や“秒単位”で表示させることも可

「時間」を計算するときは注意が必要

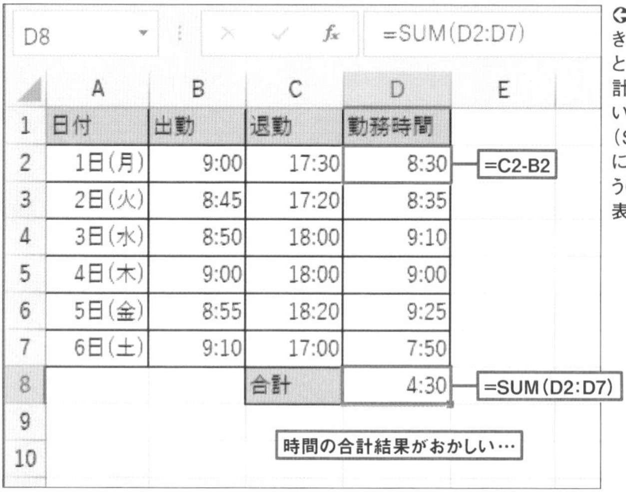

D8 =SUM(D2:D7)

	A	B	C	D	E
1	日付	出勤	退勤	勤務時間	
2	1日(月)	9:00	17:30	8:30	
3	2日(火)	8:45	17:20	8:35	
4	3日(水)	8:50	18:00	9:10	
5	4日(木)	9:00	18:00	9:00	
6	5日(金)	8:55	18:20	9:25	
7	6日(土)	9:10	17:00	7:50	
8			合計	4:30	
9					
10					

図2 Excelでは時刻の引き算で「時間」を計算することもできるので、勤務時間の計算に利用するケースも多い。ただし、「オートSUM」(SUM関数)などを使って単に合計するだけでは、図のように明らかに少ない時間しか表示されないことがある

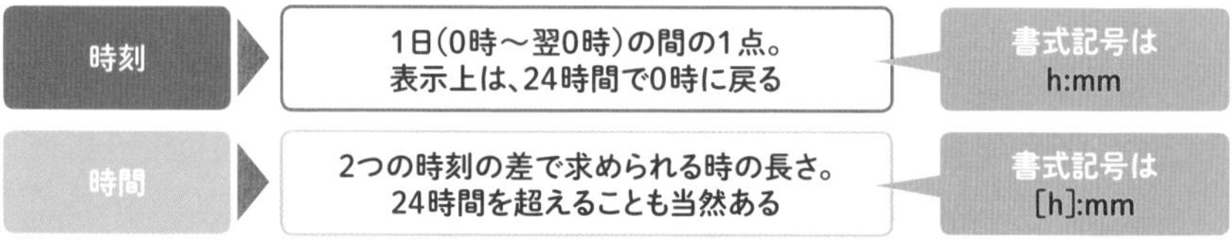

図3 「時刻」は1日のうちのある1点を表し、24時以上になることはない。Excelがセルに保存する時刻データは、基本的に「時刻」を表すのものなので、標準では24時以上を表示せず、「23:59」の次は「0:00」に戻ってしまう(表示上のこと。データとしては「翌日の0時」の扱いとなり、ゼロに戻るわけではない)。24時間以上の「時間」をセルに表示させるには、「ユーザー定義」の表示形式を使う必要がある

能だ。それには、「分」を表す書式記号「m」や、「秒」を表す書式記号「s」を半角の角かっこでくくる（**図5**）。数値や日付の場合と同様、「時間」や「分」などの単位は「"」で挟んで指定すればよい。

Excelで「時間」を扱うとき、もう1つ注意すべきことがある。図2のような勤怠管理表で、勤務時間の合計に時給額を掛けて、給与を計算するケースもあるだろう。普通に考えれば、「52:30」などと表示されたセルに時給額を掛ければ給与額を求められそうだが、実際に数式を立ててみると、思いのほか小さい金額になってしまう（次ページ**図6**）。この誤りに気付けなければ、大問題だ。

これは、セルには「52:30」と表示されていても、Excelの内部では「シリアル値」に置き換えられたデータになっていることが原因。日付と同様、Excelは時刻や時間を

EXCEL 24時間以上の「時間」は、「[h]:mm」と定義して表示させる

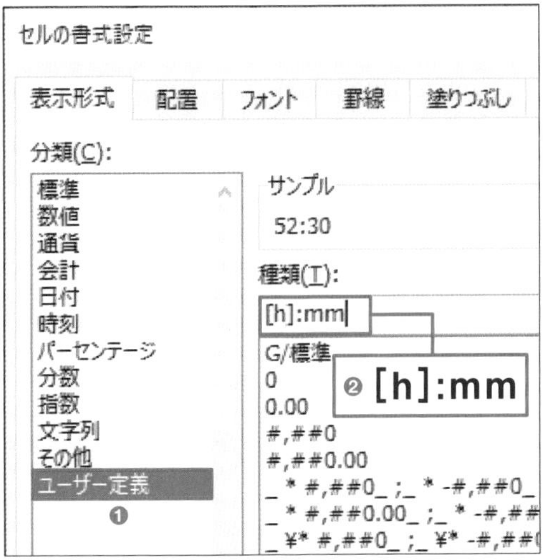

←↑ 図4 Excelで24時間以上の「時間」を表示するには、「セルの書式設定」画面の「表示形式」タブで「ユーザー定義」を選択（❶）。「種類」欄に「[h]:mm」のように入力する（❷）。「時」の書式記号である「h」を半角の角かっこでくくることで、「24」になっても「0」に戻らず、24時間以上の「時間」を表示できるようになる（❸）

ユーザー定義	「15:09:50」の場合	「35:20:00」の場合
h:mm	15:09	11:20
h"時"mm"分"ss"秒"	15時09分50秒	11時20分00秒
[h]"時間"m"分"s"秒"	15時間9分50秒	35時間20分0秒
[m]"分"ss"秒"	909分50秒	2120分00秒
[s]"秒"	54590秒	127200秒

← 図5 時刻や時間の表示を指定するユーザー定義の例。時・分・秒を表す「h」「m」「s」の書式記号を半角の角かっこでくくると、「時間」の扱いになる

シリアル値で管理している。時刻や時間も、日付と同じく1日（24時間）を「1」とする連続した数値に置き換えられているのだ（**図7**）。12時間なら「0.5」、6時間なら「0.25」に相当し、1時間は「0.01466…」、つまり「24分の1」の大きさになる。「52:30」と表示されているセルの表示形式を「標準」に戻すと、「2.1875」という数値に変わるはずだ（**図8**）。図6の給与計算には、この「2.1875」というシリアル値が使われるので、実際の給与額の、24分の1の金額になってしまう。

従って、正しく給与を計算するには、時間のシリアル値を24倍し、通常の「時間」単位の数値に換算する必要がある（**図9**）。シリアル値の1時間は24分の1なので、24倍すれば通常の時間の大きさになる。そのうえで時給額を掛ければ、正しい給与額を求められるようになる（**図10**）。

Excelで時刻や時間を取り扱うときは、それが1日を「1」とするシリアル値で管理されている仕組みを、常に意識しておいてほしい。

時刻や時間も「1日」を「1」とした「シリアル値」になっている

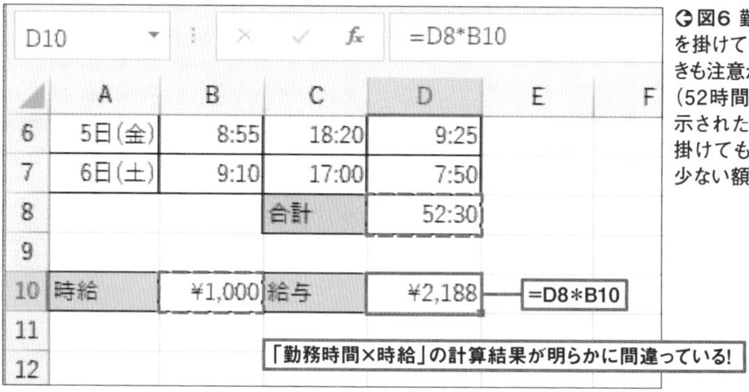

図6 勤務時間に時給額を掛けて給与を計算するときも注意が必要だ。「52:30」（52時間30分）のように表示された時間に時給額を掛けても、実際よりかなり少ない額にしかならない

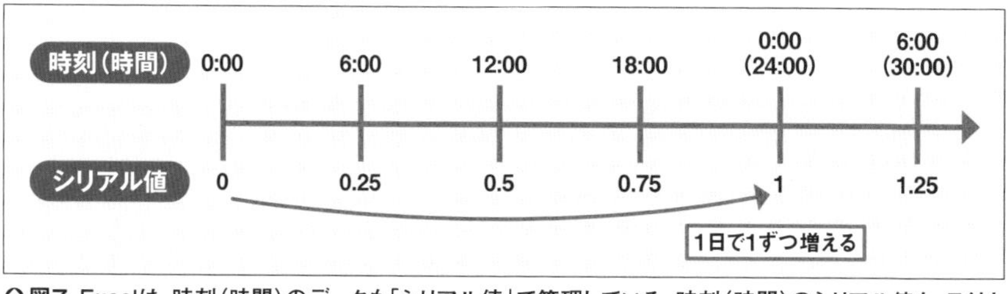

図7 Excelは、時刻（時間）のデータも「シリアル値」で管理している。時刻（時間）のシリアル値も、日付と同じく1日（24時間）が「1」になるように割り振られているため、シリアル値では12時（12時間）が「0.5」、6時（6時間）が「0.25」という値になる。1時間は「1」の24分の1に相当するため、「0.041666…」という大きさにしかならない

EXCEL「時間」単位で計算するときは、シリアル値を24倍する

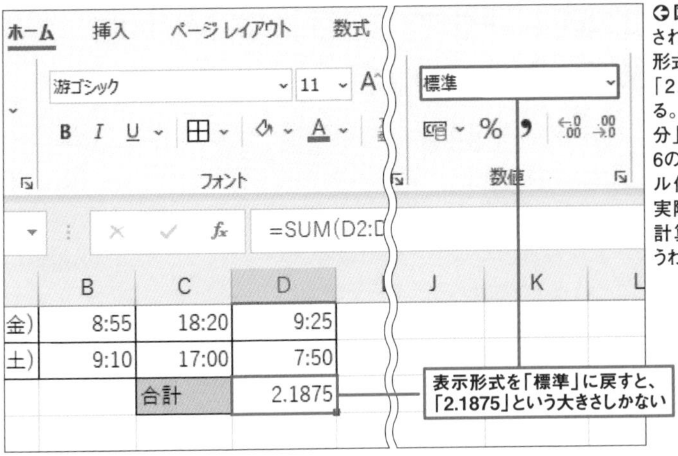

図8「52:30」と表示されていたセルの表示形式を「標準」に戻すと、「2.1875」と表示される。これが「52時間30分」のシリアル値だ。図6の計算にはこのシリアル値が使われるため、実際の金額より少ない計算結果になってしまうわけだ

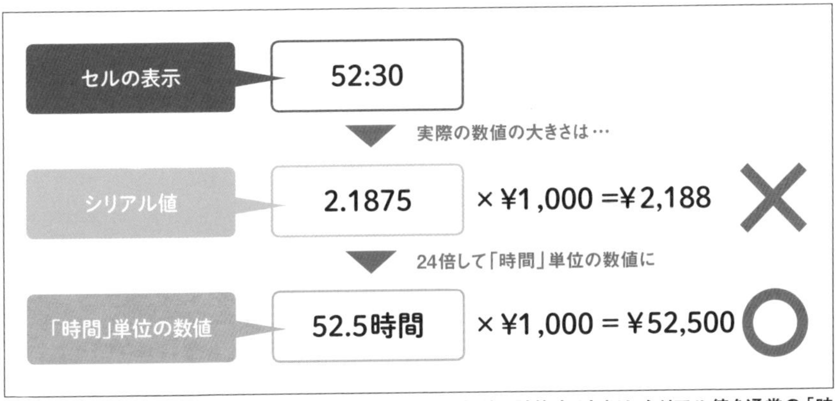

図9 シリアル値で管理されている時刻や時間をほかの数値と計算するときは、シリアル値を通常の「時間」単位の数値に変換する必要がある。シリアル値では24時間が「1」に相当するため、1時間は「24分の1」になっている。そこで、24倍することで、通常の「時間」の数値に変換できる

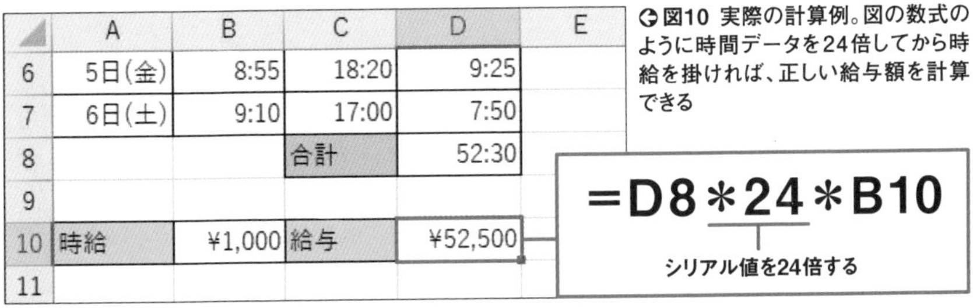

図10 実際の計算例。図の数式のように時間データを24倍してから時給を掛ければ、正しい給与額を計算できる

SECTION 08

表示形式に起因するトラブルも仕組みがわかれば怖くない

表示形式　検索

前項までセルの表示のカラクリや、日付と時刻の扱い方について解説してきた。これらを理解しておくと、セルに入力したデータが別の表示に変わってしまう現象に出くわしても、混乱することはなくなるだろう。

初心者によくあるのが、「『0001』と入力したのに『1』に変わってしまう」という悩み（**図1**）。これは「0001」という入力をExcelが「数値」と認識した結果、標準の表示形式を適用して「1」と表示することが原因だ。「（1）」と入力したら「−1」と表示されるのも同様（**図2**）。財務諸表などでは、負の数値をかっこでくくる表記法があるため、かっこ付きの数値をExcelは負の数値だと認識する。「3年5組」のつもりで「3-5」と入力した結果が「3月5日」になるのは、「2021-10-21」のように、日付の年月日をハイフンで区切って表記する場合があるため（**図3**）。ハイフンで区切られた数値をExcelは「日付」と見なしてしまう。同じように、「16:9」のようにコロンで区切られた数値は、「時刻」と見なされる（**図4**）。

入力したデータが勝手に変わるのはなぜ？

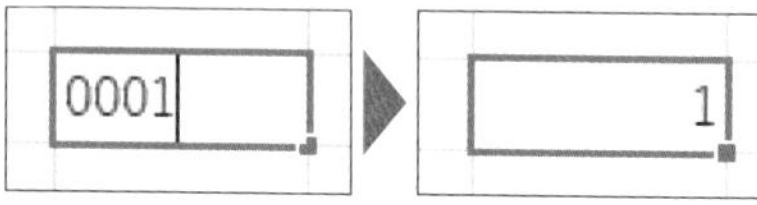

図1 「0001」という番号をセルに入力しても、標準では「1」に変わってしまう。Excelにとっては「0001」も「1」も同じ「1」と見なされるからだ。既定では余計な0が消されてしまう

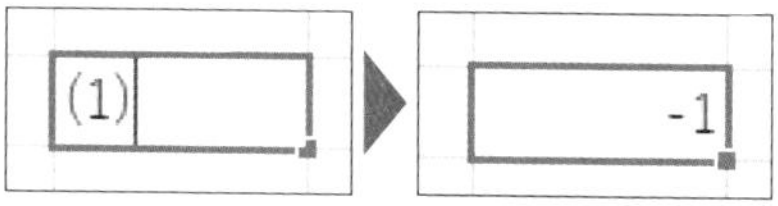

図2 会計の世界では負の数値をかっこでくくって示すことがあるため、Excelは「（1）」を負の数値だと認識する。そして標準の表示形式を適用して「-1」と表示する

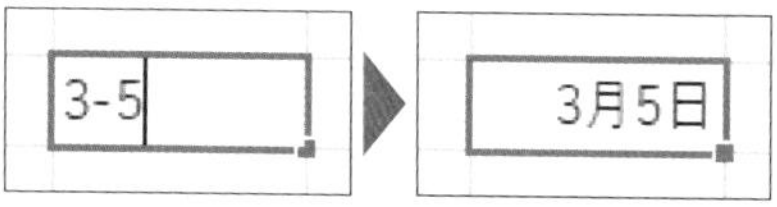

図3 3年5組のつもりで「3-5」と入力したら、なぜか「3月5日」と表示された――。Excelはハイフンで区切った数字を「日付」と認識するので注意しよう

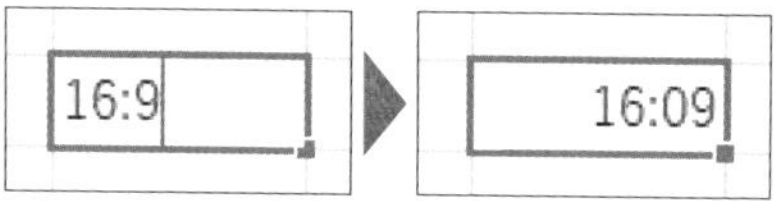

図4 「16対9」の比率を表すつもりで「16:9」と入力すると、Excelは「16時9分」のことだと認識する。そして標準の表示形式を適用して「16:09」と表示する

入力されたデータをExcelがどう認識するかによって、適用される表示形式が変わり、意図せぬ表示になってしまうことがある（**図5**）。入力した通りに表示させるには、あらかじめ表示形式を「文字列」としておくか、適切な表示形式を設定し直す必要がある。

そのほか、「検索」機能でも表示形式に起因するトラブルがあるので注意。例えば「25日」という日付を検索したとき、あるはずなのに見つからないなら、「オプション」の「検索対象」を確認してみよう（**図6**）。「検索対象」が「数式」になっていると、表示形式が適用される前の、“素”の数値や日付、時刻が検索対象となる。「検索対象」を「値」にすることで、見た目通りの文字列を検索することができる（**図7**）。

Excelがどう認識するかで表示が決まる

入力の仕方	入力例	表示例	Excelの認識
「0」で始まる番号	0001	1	数値
かっこでくくった数値	(1)	−1	負の数値
スラッシュで区切られた数値	1/2	1月2日	日付
ハイフンで区切られた数値	1-2	1月2日	日付
コロンで区切られた数値	1:2	1:02	時刻

図5 入力と表示が異なって戸惑いがちな例。入力されたデータをExcelがどう認識するかによって、表示結果が決まる

見た目通りでは検索できないことも

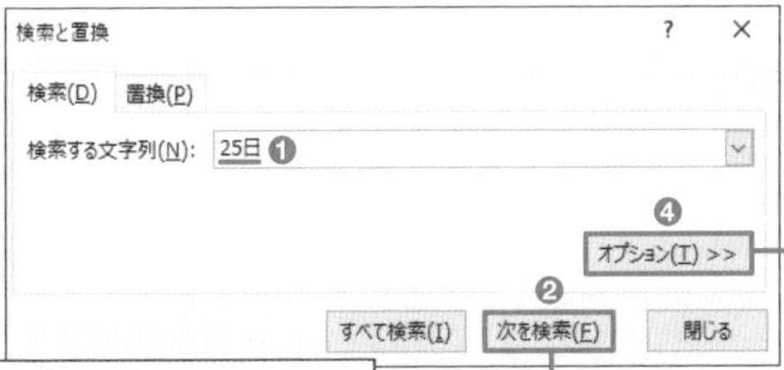

図6 日付を検索しようと「25日」と入力して「次を検索」をクリックしたところ、「見つかりません」という結果に（❶〜❸）。そんなときは「オプション」をクリックして「検索対象」を確認してみよう（❹）

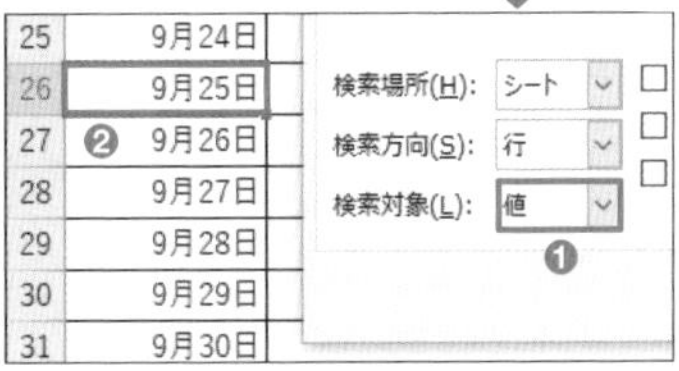

図7 「検索対象」は標準で「数式」になっており、その場合は見た目通りの文字列で検索できない。日付の場合は「2021/9/25」というデータが検索対象になる。一方、「検索対象」を「値」に変更すれば（❶）、表示形式が適用された見た目通りの文字列で検索できる（❷）

SECTION
09

「書式」もセルの一部 コピペ時は書式の有無を選べる

セルの書式　貼り付けオプション

セルを構成しているのは、入力したデータ（値）とその表示形式だけではない。フォント（書体）や文字の色、サイズ、配置、塗りつぶしの色、罫線などの「書式」もセルの一部だ（**図1**）。いずれも「ホーム」タブに並ぶボタンや「セルの書式設定」画面で設定できる。

あるセルやセル範囲を「コピー」して、別の場所で「貼り付け」を実行すると、通常は値と書式がセットで貼り付けられる（**図2**）。同じ見た目の表をいくつも作成したいときは便利だが、異なる体裁の表に値だけをコピーして使い回したいような場合は、余計な書式が付いてくると修正の手間が増え面倒だ。

そこでExcelには、値だけを貼り付けたり、書式だけを貼り付けたりと、貼り付ける形式を選択するオプションが用意されている。「貼り付け」ボタンの下半分にある

セルは「値」と「書式」から成る

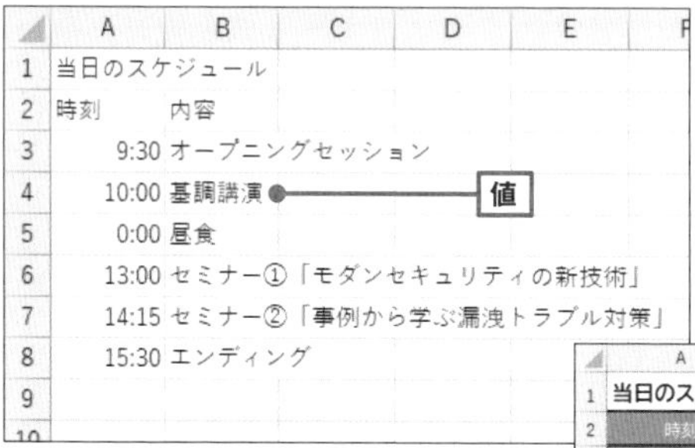

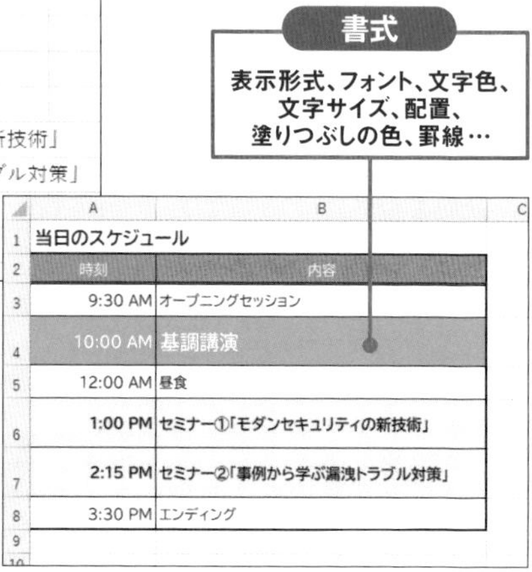

図1 上はセルに数値や文字列を入力しただけの状態。いわゆる「値」だけの状態だ。これに「書式」を設定すると、右のように表の形式にしたり、強弱を付けて見やすくしたりできる。表示形式も書式の一部だが、それ以外にフォントや文字サイズ、配置、色、罫線などが含まれる

「∨」をクリックするとメニューが開き、貼り付け方を選べる（**図3左**）。いったん貼り付けた後で、右下に表示されるボタン（スマートタグ）をクリックしても同様のメニューが開くので、そこでオプションを選択してもよい（**図3右**）。

ここで、主なオプションを確認しておこう。例えば「値」を選択すると、文字通り、コピーしたセルに保存されていた値のみが貼り付けられる。文字のサイズや配置などの文字飾りは解除されて標準状態に戻り、罫線や塗りつぶしの色なども消える。いわ

EXCEL 通常は書式を含めてコピペ。貼り付け時にオプションの選択も可能

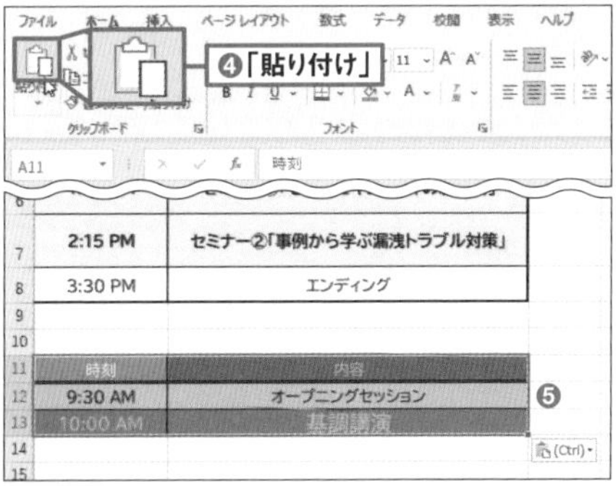

図2 書式を設定したセルを選択して「コピー」し（❶❷）、別のセルを選択して「貼り付け」ボタンのアイコン部分（上半分）をクリックすると（❸）、書式を含むセルの要素がすべて貼り付けられる（❹❺）。なお、行の高さや列の幅は貼り付け先に合わせられる

図3 貼り付ける際、「貼り付け」ボタンの「∨」をクリックしてメニューを開くと、どの情報を貼り付ける対象にするのか、オプションを選択できる（左）。図2のように貼り付けた後、右下に表示されるボタン（スマートタグ）をクリックしても、同じメニューを選択でき、後から貼り付ける対象を変更できる（右）

ば新規シートに値を入力しただけのような状態だ（**図4**）。このとき注意したいのは、表示形式もすべて解除されること。日付や時刻の場合、シリアル値そのものが表示された状態になる。「文字飾りや罫線、塗りつぶしの色などはクリアしたいが、日付や時刻の表示は維持したい」という場合は、「値と数値の書式」というオプションを選べばよい。「値と元の書式」は単なる「貼り付け」と同じで、すべてを貼り付けるものだ。罫線を除いてほかの書式と値を貼り付ける「罫線なし」や、値を消して書式のみを貼り付ける「書式設定」というオプションもある。そのほかにも、コピー元と同じ「列幅」を適用したり、コピーしたセル範囲を「図」に変換して貼り付けるオプションなどがあるので、試してみるとよい。

目的に応じた貼り付け方を選べる

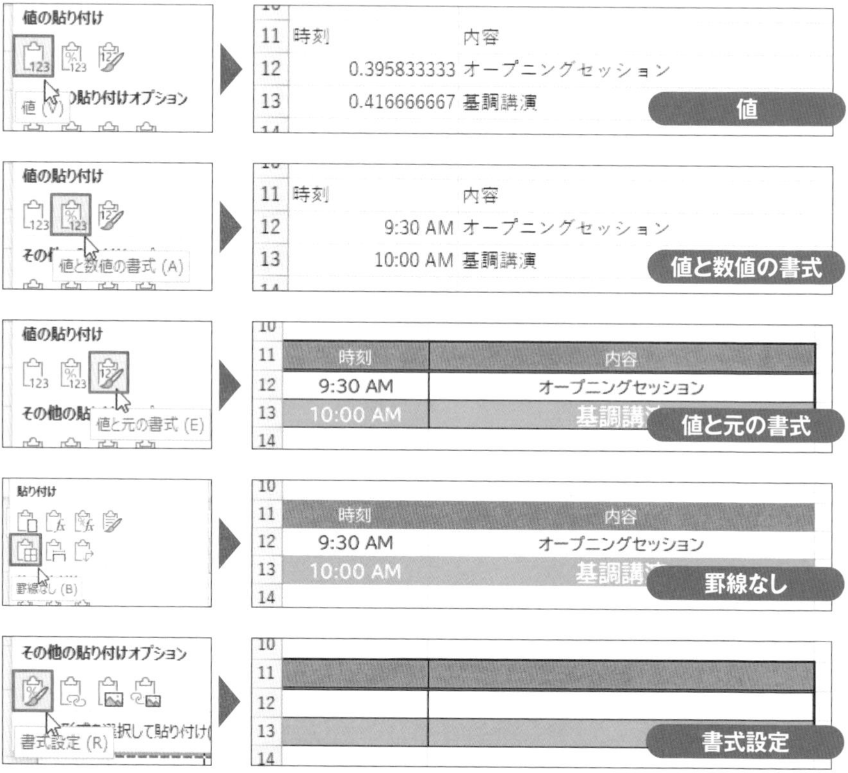

図4 貼り付けのメニューで「値」を選ぶと、書式を除外した値のみを貼り付けられる。表示形式も除外されるので、日付や時刻はシリアル値そのものに変わる。「値と数値の書式」を選ぶと、ほとんどの書式は除外されるが、表示形式だけはそのまま残る。罫線だけ除外したり、値を除外して書式だけ貼り付けることも可能だ

なお、選択したセルやセル範囲をマウスの右ボタンでドラッグし、手早くコピーするテクニックも覚えておきたい（**図5**）。目的の場所までドラッグして右ボタンを離すとメニューが開き、値と書式のすべてをコピーするか、値のみをコピーするか、書式のみをコピーするかを選択できる。図3、図4のように多数のオプションを選べるわけではないが、「ホーム」タブのボタンやメニューをいちいち選択せずに済むうえ、シンプルでわかりやすい。

また、設定済みの書式が不要になったり、イチから設定し直したくなったりした場合は、「ホーム」タブの「編集」グループにある「クリア」ボタンを使おう。開くメニューで「書式のクリア」を選べば、値は残したまま、書式だけをすべて解除できる（**図6**）

右ボタンでドラッグし、「値」や「書式」のみをコピー

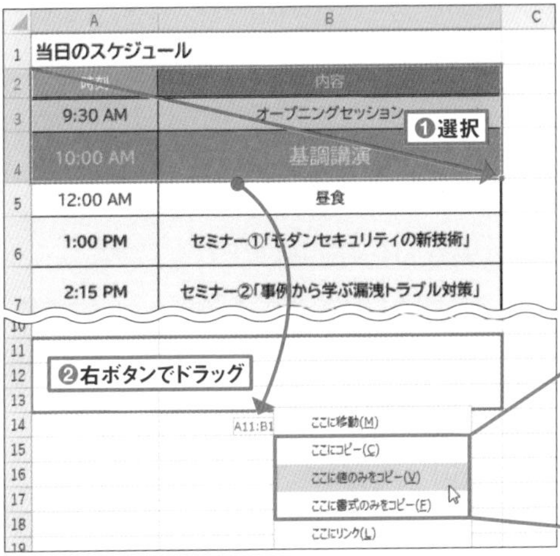

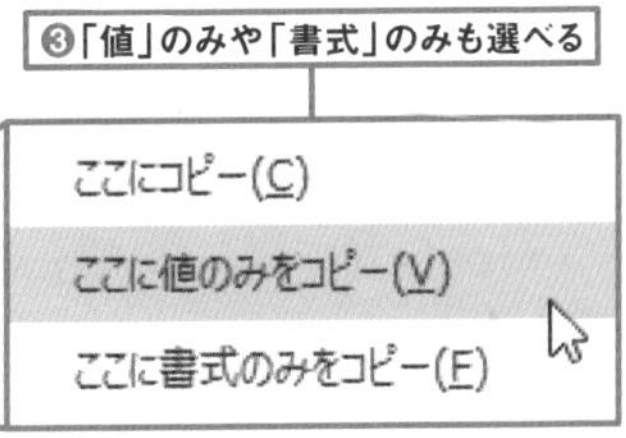

図5 いちいちメニューを選択するのが面倒なら、セルを選択後（❶）、その枠の部分を右ボタンでドラッグ（❷）。開くメニューで「ここに値のみをコピー」や「ここに書式のみをコピー」を選択することで（❸）、必要な要素だけをコピーするテクニックもある

セルの「書式」のみを削除する

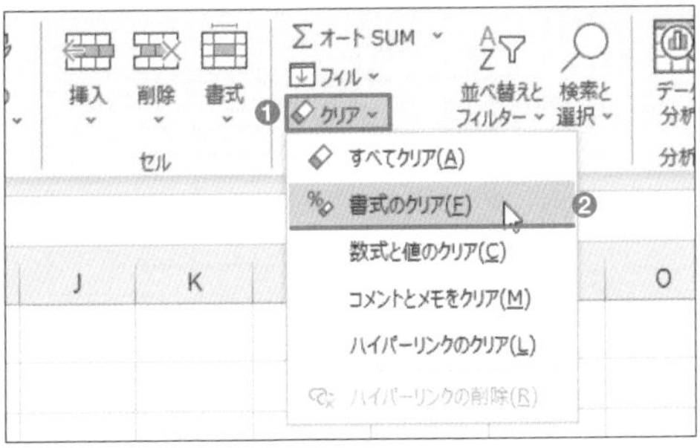

図6 セルの値は残したまま、書式だけを削除したい場合は、対象のセルを選択し、「ホーム」タブの「編集」グループにある「クリア」ボタンのメニューから「書式のクリア」を選ぶ（❶❷）

SECTION
10

「罫線」も書式に含まれる どのセルに属するかがポイント

セルの書式　罫線

セルの書式の中でも、設定が面倒だったり、理解に苦しむケースが多いのが「罫線」だ。例えば、表を移動したりコピーしたりしたとき、一部の罫線だけ移動やコピーがされず、そのまま残ってしまった経験はないだろうか（**図1**）。

そもそも書式は、「セル」単位で管理され、「セルに属する」というのが原則だ。これは罫線も例外ではない。つまり、罫線は「セルとセルの間」に引かれるわけではなく、いずれかのセルに属する書式として設定される（**図2**）。そのため、例えば「D列のセルの左側」に設定した罫線は、C列のセルと一緒には移動したりコピーしたりできない（**図3**）。あくまでD列のセルと行動を共にするのだ（**図4**）。この点をまず理解しておきたい。

厄介なのは、図3のように設定した後、C2～C5セルを選択して「セルの書式設定」画面を確認すると、その右側に罫線が引かれているように表示されることだ。ただし

表の移動時やコピー時に、罫線が付いてこない…

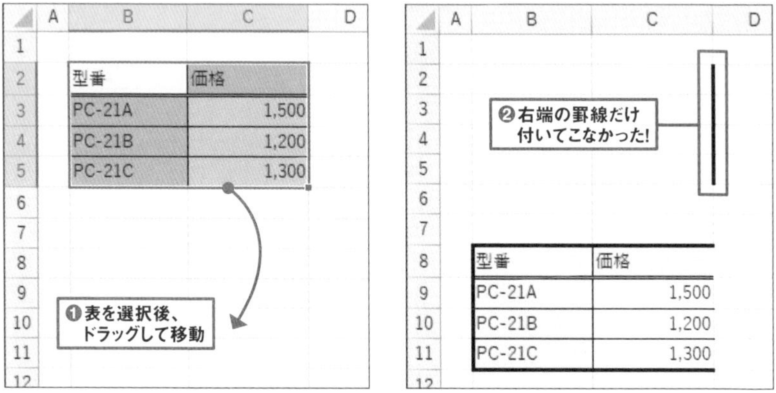

図1　表を範囲選択して、その四辺のいずれかをドラッグすれば、表を移動できる（❶）。その際、四辺の罫線が一部付いてこないことがある（❷）。表をコピーする場合も、同様の現象が起きることがある。原因を理解するには、罫線とセルの関係を理解する必要がある

この表示にだまされてはいけない。「セルの書式設定」画面では便宜上、隣のセルに属する罫線も表示する仕組みになっている。そこで罫線を引き直したり、変更したり、削除したりしない限り、その罫線は隣のセルに属する状態のままだ。図1のような結果を防ぐには、C2～C5セルの側から、罫線を設定し直す必要がある。

罫線は「セルの間」に引かれているわけではない

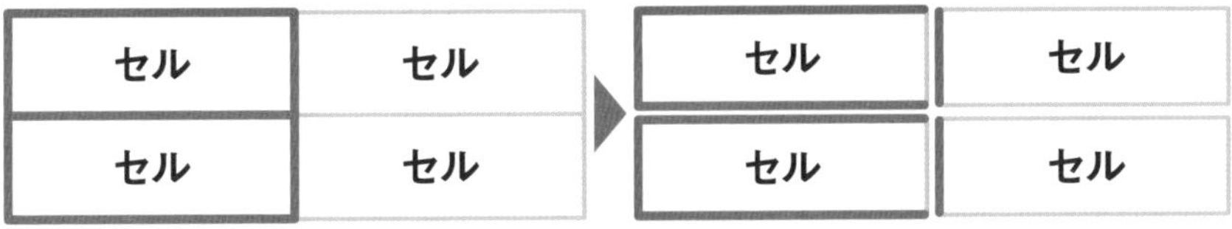

図2 シート内のデータや書式は、原則「セル」単位で管理される。罫線もまた、いずれかのセルに属していて、「セルとセルの間」に引かれるわけではない。セルの間にあるように見えても（左）、どちらかのセルの「外枠」に引かれているのだ（右）。もちろん、両方のセルに引かれている場合もある

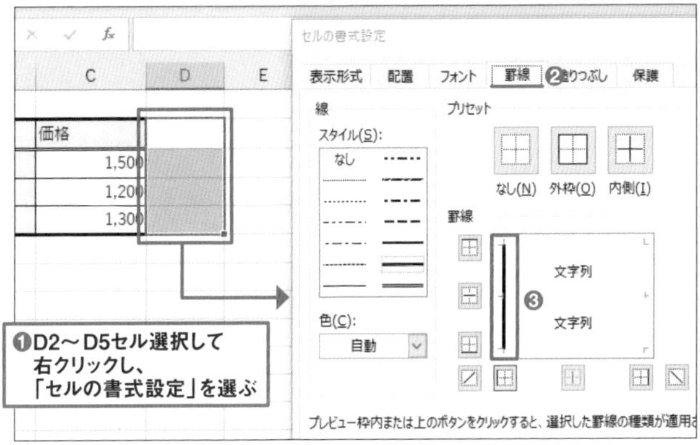

図3 D2～D5セルを選択して「セルの書式設定」画面を開き（❶）、「罫線」タブで左側に罫線を設定した（❷❸）。するとこの罫線は「D2～D5セルの左側の罫線」として保存される。この場合、C2～C5セルを移動したりコピーしたりしても、この罫線は図1のようにそのまま残ることになる

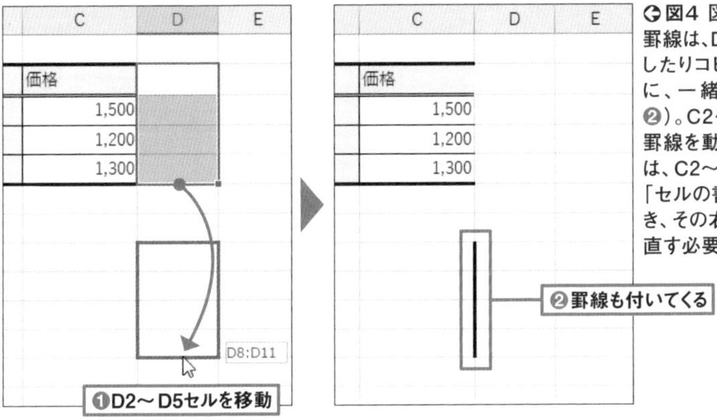

図4 図3のように設定した罫線は、D2～D5セルを移動したりコピーしたりした場合に、一緒に付いてくる（❶❷）。C2～C5セルと一緒に罫線を動かせるようにするには、C2～C5セルを選択して「セルの書式設定」画面を開き、その右側に罫線を設定し直す必要がある

SECTION 11

五十音順での並べ替えに必須 セルの「ふりがな」の仕組み

ふりがな　並べ替え

名簿を五十音順に並べ替えようとしたが、一部の名前が正しい順番に並ばなかったという経験はないだろうか（**図1**）。その原因に気付き、適切に対処するためには、セルが記録する「ふりがな」の仕組みを理解する必要がある。

実はセルには、文字列などの「値」、表示形式や罫線などの「書式」とは別に、漢字の「ふりがな」（読み）が保存されている。セルを選択して「ホーム」タブの「ふりがなの表示／非表示」ボタンを押すと、セルの上部に漢字のふりがなが表示されるは

名簿の並べ替えに失敗するのはなぜ?

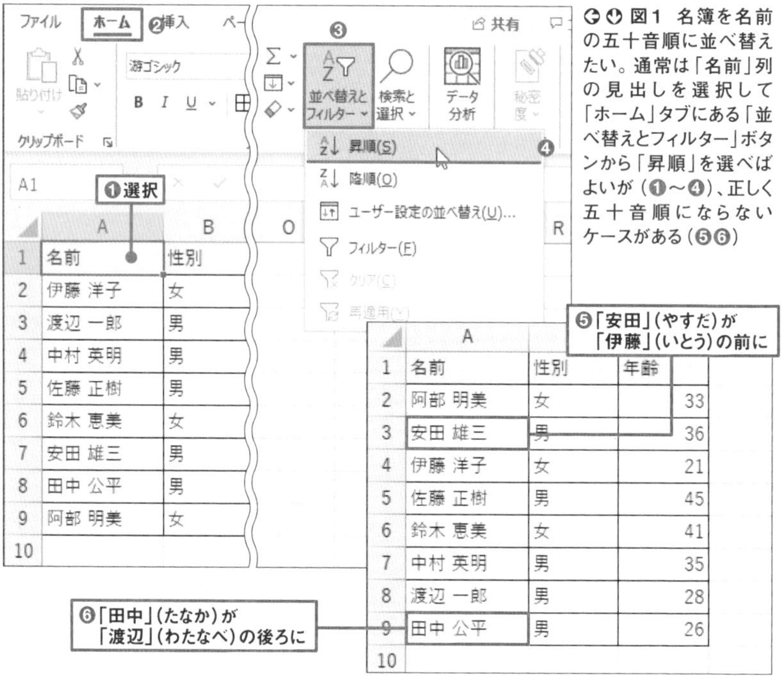

⊖⊕ **図1** 名簿を名前の五十音順に並べ替えたい。通常は「名前」列の見出しを選択して「ホーム」タブにある「並べ替えとフィルター」ボタンから「昇順」を選べばよいが（❶〜❹）、正しく五十音順にならないケースがある（❺❻）

ずだ（**図2**）。名前などの漢字を並べ替えるとき、Excelはこのふりがな情報を基にして五十音順に並べ替える仕組みになっている。そのため、ふりがなの情報が間違っていたり、欠けていたりすると、正しく五十音順に並べ替えられないのだ。

では、ふりがな情報の間違いや欠落は、なぜ起きるのだろうか。実はこのふりがな情報、漢字を入力したときの“かな漢字変換”の操作から取得されている。「やすだ」から「安田」に変換すれば「ヤスダ」、「あんだ」から「安田」に変換すれば「アンダ」というふりがなが自動で保存されるのだ（**図3**）。つまり、誤った読みからかな漢字変換を行った場合、ふりがな情報も誤ったものになる。また、メールやウェブページなど、ほかのアプリからコピーした漢字をセルに貼り付けた場合、セルの中でかな漢字変換

漢字の並べ替えは、セルの「ふりがな」を基準にしている

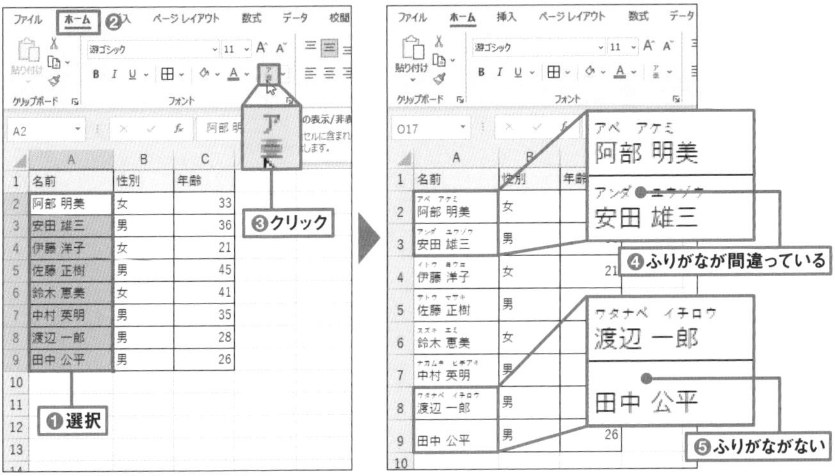

🔼**図2** 名前のセル範囲を選択し（❶）、「ホーム」タブにある「ふりがなの表示／非表示」ボタンをクリックして（❷❸）、セルの「ふりがな」を表示させてみよう。五十音順の並べ替えは、このふりがなを基準にして行われるため、ふりがなが間違っていたり（❹）、ふりがなの情報が欠けていたりすると（❺）、正しい順序に並べ替えができない

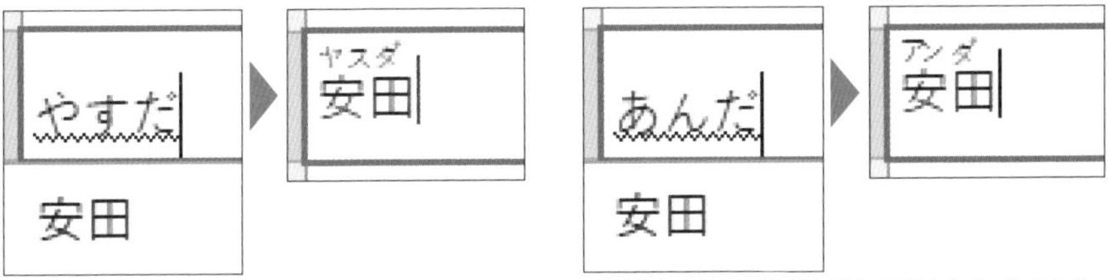

🔼**図3** セルのふりがなは、セルに漢字を入力したときの“かな漢字変換”の情報を基に記録される。そのため、「やすだ」と入れて変換すれば「ヤスダ」（左）、「あんだ」と入れて変換すれば「アンダ」（右）と記録される

を行っていないため、ふりがな情報が取得されず、欠落した状態になる（**図4**）。

従って、正しい順序に漢字を並べ替えるには、間違っていたり欠落していたりするふりがな情報を、修正・追加する必要がある。それには、セルを選択して「ふりがなの表示／非表示」ボタン右側の「∨」をクリックし、「ふりがなの編集」を選ぶ（**図5**）。セルのふりがな部分が編集可能な状態になり、正しいふりがなに修正できる。もともとふりがながないセルでは、ふりがなの候補が自動入力されるので、正しければそのまま「Enter」キーで確定すればよい。セルのふりがな情報を正しく設定すれば、五十音順での並べ替えが適切に行えるようになる。

ほかのアプリからコピペしたデータには「ふりがな」が付かない

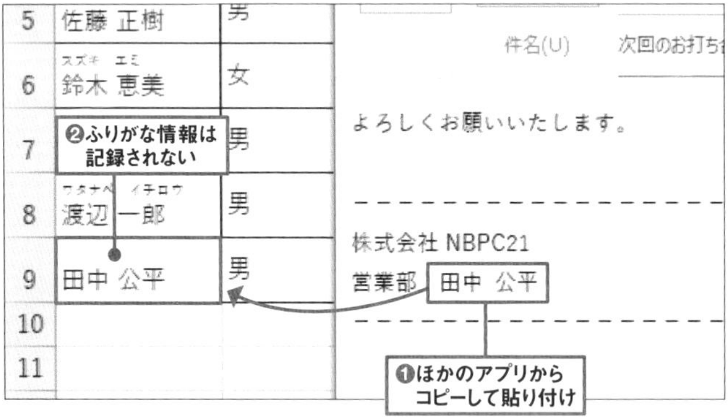

◀ **図4** セルのふりがなは、かな漢字変換の情報を基に記録されるので、メールなどほかのアプリからコピーして貼り付けたデータには、ふりがなが付かない（❶❷）。セルの中でかな漢字変換を行っていないためだ

ふりがなを修正・追加する

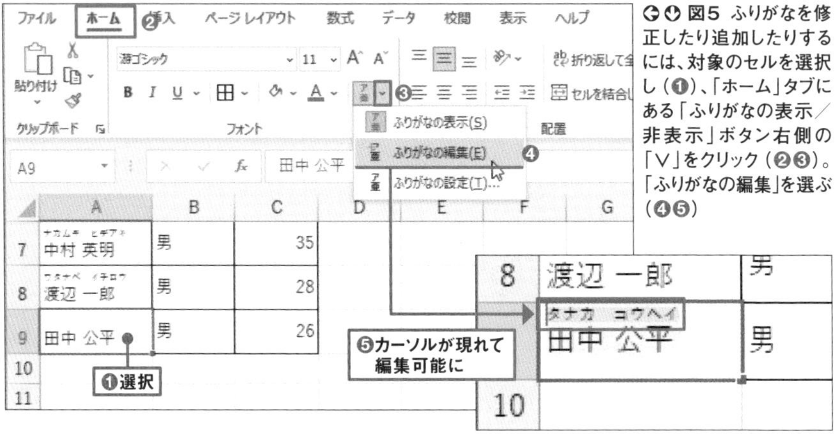

◀▼ **図5** ふりがなを修正したり追加したりするには、対象のセルを選択し（❶）、「ホーム」タブにある「ふりがなの表示／非表示」ボタン右側の「∨」をクリック（❷❸）。「ふりがなの編集」を選ぶ（❹❺）

なお、複数のセルのふりがなを修正・追加する場合、図5の操作を1セルずつ繰り返すのは大変だ。そこで「Alt」+「Shift」+「↑」というショートカットキーを覚えておきたい。これならワンタッチでふりがなを追加でき省力化できる(**図6**)。

また、CSVファイルを読み込んだときなど、ふりがなのないセルが大量にある場合は、マクロ(VBA)を使ってふりがなを自動設定する方法もある(**図7**)。

ただし、これらの機能で自動入力されるふりがなは、あくまでExcelが候補として挙げた一般的な読み方にすぎない。100%正しい読みとは限らないので、珍しい読み方をする名前などでは注意が必要だ。

EXCEL ショートカットキーなら一発でふりがなを編集状態に

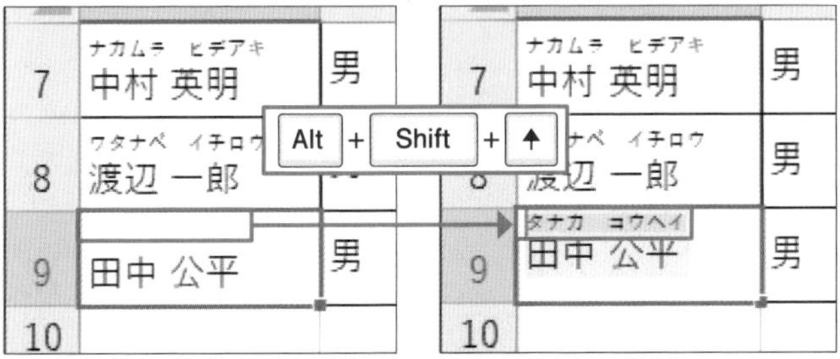

図6 セルを選択して「Alt」キーと「Shift」キーを押しながら「↑」キーを押すと、図5の「ふりがなの編集」メニューを選んだときと同じ状態になる。ふりがなが欠けていた場合は候補が自動入力され、簡単にふりがなを追加できる

EXCEL マクロ(VBA)を使い、選択セルすべてにふりがなを自動設定

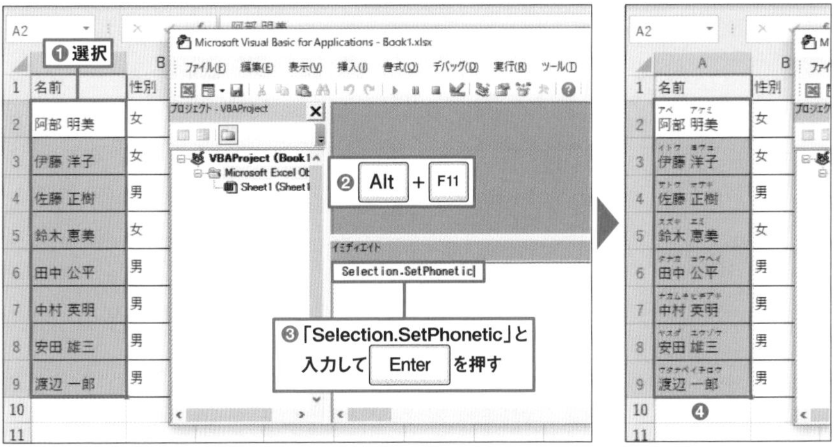

図7 複数のセルにふりがなを一括設定するには、セル範囲を選択して「Alt」+「F11」キーを押し、「Visual Basic Editor」を起動する(❶❷)。「イミディエイトウィンドウ」に「Selection.SetPhonetic」という命令を入力して「Enter」キーを押すと(❸)、選択セルすべてにふりがなを自動設定できる(❹)

COLUMN

「ふりがな」を使わずに、並べ替えを実行する

「『性別』列を基準に並べ替えをして男女のグループに分ける」といったケースでも、ふりがなが正しく保存されていないと、並べ替えに失敗する（**図1**）。しかしこの場合、漢字の読みは重要ではないので、いちいちふりがなを追加する手間は省きたい。

そんなときのために、並べ替えに「ふりがなを使わない」というオプションがあることを知っておこう。「並べ替えとフィルター」ボタンのメニューで「ユーザー設定の並べ替え」を選ぶと、設定画面からオプションを変更できる（**図2**）。

➲図1 「性別」の列を基準に並べ替えをして、「男」と「女」のグループに分けようとしたが、ふりがながないセルが一部あったため、同じ「男」でも先頭と末尾に分かれてしまった

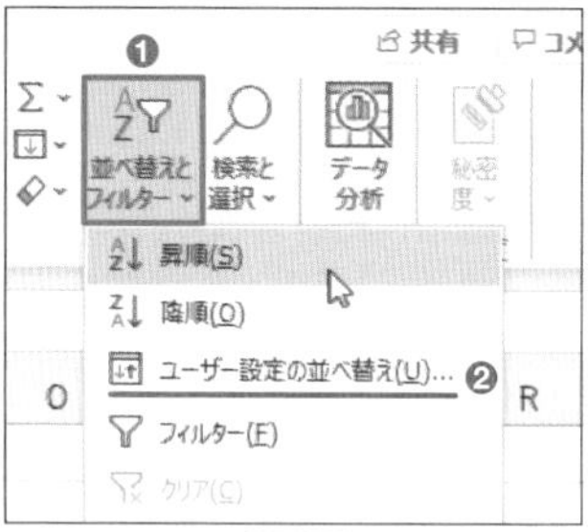

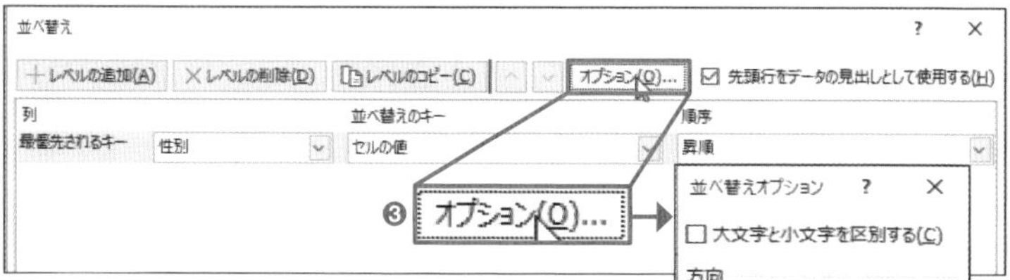

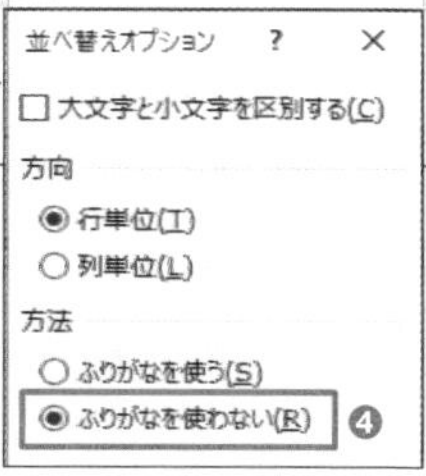

⇧➲ 図2 「性別」列の見出しのセルを選択して「ホーム」タブにある「並べ替えとフィルター」ボタンをクリックし、「ユーザー設定の並べ替え」を選ぶ（❶❷）。すると並べ替えの設定画面が開くので、「オプション」をクリックし（❸）、「ふりがなを使わない」を選ぶ（❹）。これでふりがなの有無にかかわらず、「男」「女」という2つの文字列で並べ替えができる

第2章

数式を知る

「表計算ソフト」であるExcelの本領は「計算」だ。これに使うのが、セルに入力する「数式」。面倒な計算を一発で行い、表の数値を書き換えればリアルタイムで再計算してくれる。この便利な数式を使いこなすには、「参照」の仕組みを理解することが不可欠。数式を効率良く使い回す方法や、数式で条件を判定する方法なども押さえよう。

EXCEL

SECTION 01

「表計算ソフト」の本領 セルに入れる「数式」の基本

数式　演算子

言うまでもないかもしれないが、Excelではセル（表）の値を「計算」できる。Excelが「表計算ソフト」と呼ばれるゆえんだ。そして計算するときに利用するのが「数式」。Excelでは、セルに数式を入力することで、さまざまな計算ができる。第2章では、この「数式」の働きと仕組みについて理解を深めよう。

まずは基本から。試しに、セルに「=3+5」と入力し、「Enter」キーを押してみよう。すると、「8」と表示されるはずだ（**図1**）。Excelでは、セルに数式を入れるとき、先頭に「＝」（イコール）記号を入力する決まりになっている。裏を返せば、セルに「＝」から始まる何かを入力すると、Excelはそれを「数式」として扱う。そして、「＝」の後ろに書かれた計算を実行する。図1の場合は「3+5」なので、その結果である「8」を表示するわけだ。

計算が済んでも、数式自体がなくなるわけではない。計算結果が表示されたセルを選択すると、シート上部の「数式バー」には、基になった数式が表示される。セルの

セルに「数式」を入力して計算する

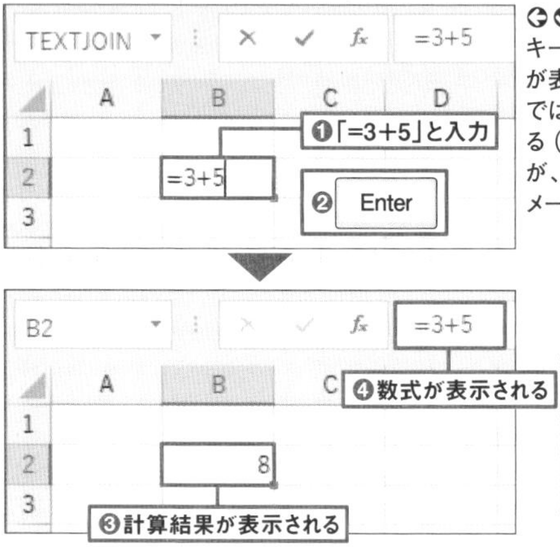

図1 セルに「数式」を入力して「Enter」キーを押すと（❶❷）、セルにはその計算結果が表示される（❸）。入力した数式は消えたわけではなく、シート上部の「数式バー」で確認できる（❹）。セルには数式が保存されているのだが、画面上はその結果のみを表示しているイメージだ（下）

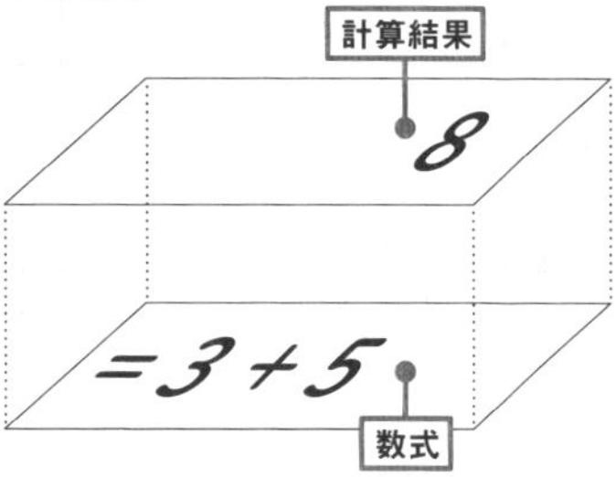

中に数式が保存されていて、その結果のみをセル上に表示しているイメージだ。そのため、セルをダブルクリックすると数式が再び現れ、再編集できる。

しかしながら、「=3+5」といった計算をするためにExcelを使うのは宝の持ち腐れ。Excelの本領は、「ほかのセルに入力された値を参照して計算できる」ことだ。例えば「=B2*C2」という数式を入力すれば、「B2セルとC2セルの掛け算」を実行できる（**図2**）。ExcelではB列の2行目を「B2」、C列の2行目を「C2」というように表現して、セルの位置（アドレス）を特定する。これを「セル参照」と呼ぶ。セル参照を使った数式を利用することで、表に入力された数値を計算して小計や合計を求めたり、平均や割合を求めたりすることが簡単にできるのだ。

さらに、参照先のセルの値を変更すれば、すぐさま数式の計算結果も更新される。数式を入れたセルをダブルクリックして編集状態にすると、参照先のセルを色付きで表示して確認したり修正したりもできる（**図3**）。

なお、図2の数式で示した通り、Excelでは掛け算を「×」ではなく「*」（半角アスタ

セルを「参照」して計算できるのがExcelの真骨頂

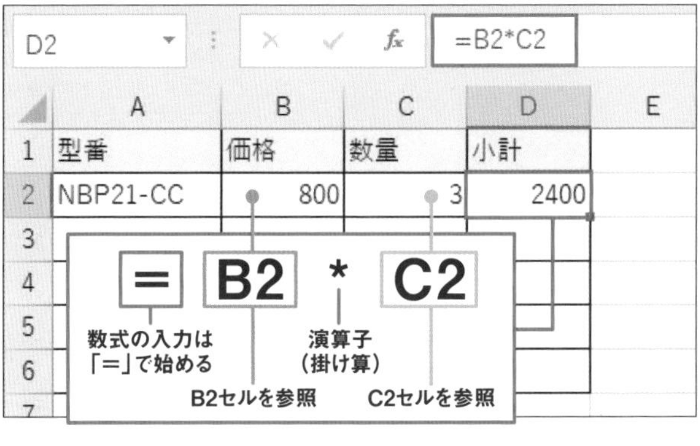

図2 Excelの数式では、「B2」や「C2」のようにセルの位置（アドレス）を指定して、セルを「参照」できる。すると、参照先のセルに入力された値を使って計算ができる。セルに数式を入力するときは「=」で始めるのが基本なので、「=B2*C2」という数式を入力すると、B2セルの値とC2セルの値を掛けた結果が求められる。なお、「*」（半角アスタリスク）は掛け算をするための演算子だ

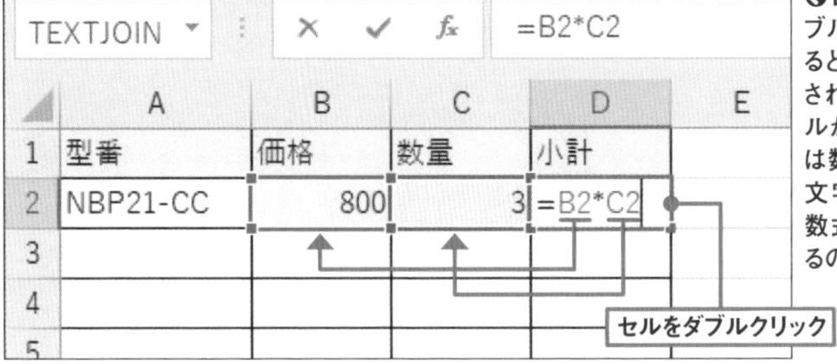

図3 数式の入ったセルをダブルクリックして編集状態にすると、セルの中に数式が表示されると同時に、参照先のセルが色枠で囲まれる。その色は数式内の「B2」や「C2」の文字色と対応しているので、数式がどのセルを参照しているのかわかりやすい

リスク)で指定する。割り算は「÷」ではなく「/」(半角スラッシュ)だ。これらの演算記号を「演算子」と呼ぶが、数学で使う記号とは一部異なるものがあるので注意しよう(**図4**)。

このように数式は、「=」に続けて数値や演算子を入力して式の形にするのが基本。数学で習う計算式と同様、かっこを利用して計算の優先順位を決めることもできる。また、第3章で解説する「関数」も、数式の一部として入力するものだ。つまり、数式を構成する要素には、「値」「演算子」「セル参照」「関数」の4つがある(**図5**)。

数値の計算以外のことができる点も、Excelの数式の特徴だ。例えば「&」(半角アンパサンド)という演算子を使うと、文字列を結合できる(**図6**)。さらに関数を利用すれば、計算はもちろん、データの加工、抽出など、多種多様な処理を実現できる。数式を使いこなすことは、Excelを活用するうえで欠かせないスキルの1つだ。

数式で利用する主な演算子

演算子	意味	使用例	計算結果
+(プラス)	足し算	=10+5	15
−(マイナス)	引き算	=10−5	5
*(アスタリスク)	掛け算	=10*5	50
/ (スラッシュ)	割り算	=10/5	2
^ (キャレット)	べき乗	=10^5	100000
% (パーセント)	パーセントに換算	=10%	0.1
& (アンパサンド)	文字列の連結	=10&"円"	10円

図4 Excelの数式では、掛け算に「×」ではなく「*」(半角アスタリスク)、割り算に「÷」ではなく「/」(半角スラッシュ)を使うので注意。「=」キーの右隣にある「^」(キャレット)を使うと、べき乗の計算ができる。「10%」と入力すると「0.1」の意味になる。なお、演算子はすべて半角で入力する

数式で使えるのは「値」「演算子」「セル参照」「関数」

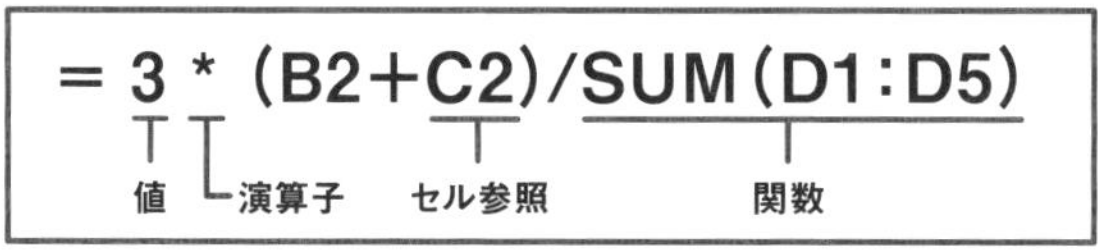

図5 数式には「値」「演算子」「セル参照」「関数」の4種類を利用できる。また、数学で利用する計算式と同様、かっこを使って計算の優先順位を指定することも可能だ

文字列の結合もできる

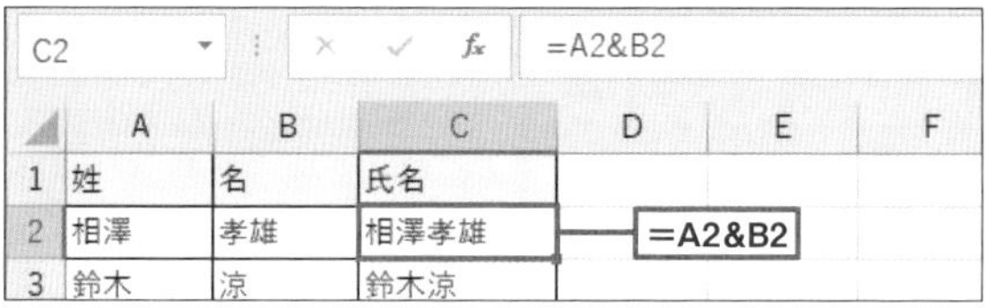

図6 文字列演算子の「&」(半角アンパサンド)を使うと、文字列と文字列を連結できる。対象にする文字列は、セル参照で指定するか、「"」(半角ダブルクォーテーション)で挟んで数式に直接入力する

COLUMN

「=」で始まる文字列を、そのままセルに表示させるには？

表に説明書きを加えようとして「=会員特別価格」などと入力すると、「#NAME?」のようなエラー表示になることがある（**図1**）。ユーザーは説明書きのつもりでも、「=」で始まる入力をExcelは「数式」と見なす。「=」の後ろが計算式ではない場合、Excelは関数やセル範囲の名前として扱おうとするが、該当する関数名などが存在しないという理由でエラーを表示するのだ。実は「+」記号や「-」記号で始まる入力も「数式」と見なされるため、同様のエラーになる。このエラーを防いで、入力した文字列をそのままセルに表示させるには、40ページで紹介した事例と同様、セルの表示形式を「文字列」にしてから入力すればよい（**図2**）。裏ワザとして、先頭に「'」（半角シングルクォーテーション）を付けて入力する方法もある（**図3**）。すると表示形式の設定にかかわらず、「'」の後ろに入力したデータはすべて「文字列」の扱いになる。

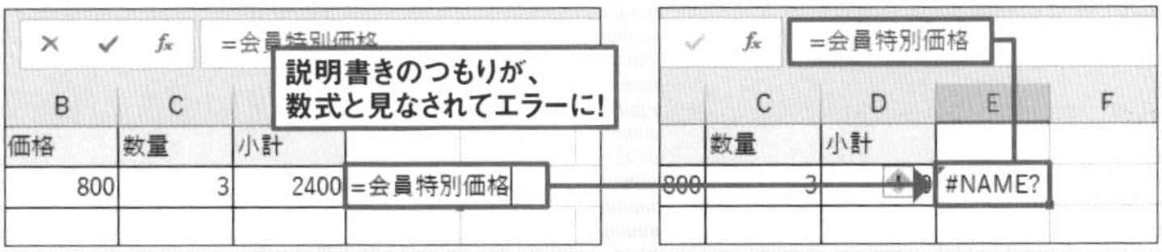

図1 セルに「=」で始まる文字列を入力すると、Excelは「数式」と見なすため、後ろの文字列を関数やセル範囲の名前として扱おうとする。そして「名前の間違い?」という意味のエラー「#NAME?」を表示する

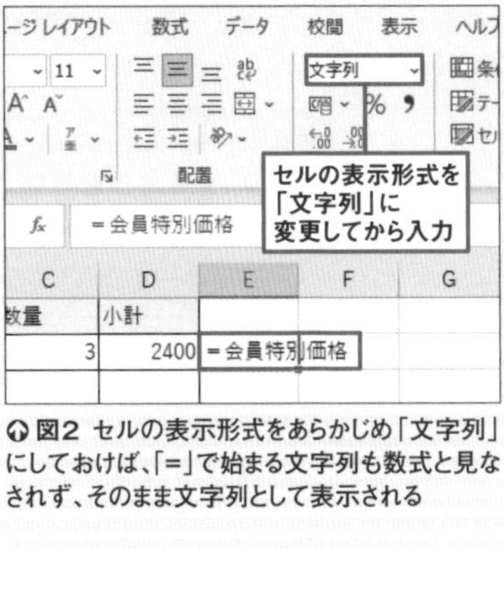

図2 セルの表示形式をあらかじめ「文字列」にしておけば、「=」で始まる文字列も数式と見なされず、そのまま文字列として表示される

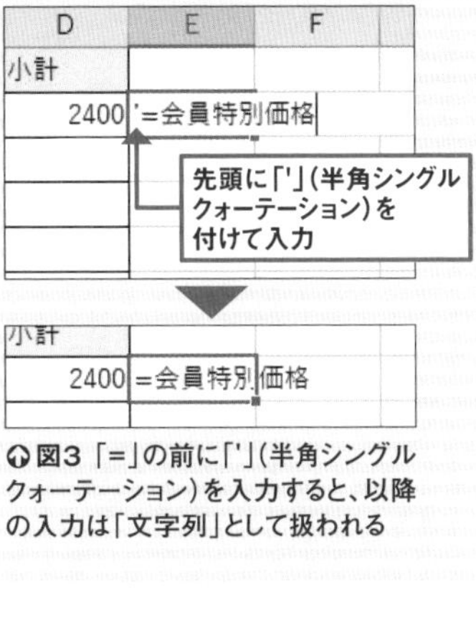

図3 「=」の前に「'」（半角シングルクォーテーション）を入力すると、以降の入力は「文字列」として扱われる

SECTION 02

セル参照を指定する際のコツ セルのモードは「F2」で切り替え

セル参照　セルのモード

ほかのセルを参照する数式を作ることで、表の値を自動計算でき、値の変更にもすぐさま対応できるのがExcelの便利なところだ。この「セル参照」を指定する方法は3つある。「B2」「C2」といったセルのアドレスをキーボードから手入力してもよいが、対象のセルをマウスでクリックしたり、矢印キーを押して選択したりすることでも簡単に指定できる（**図1**）。ただし矢印キーを使う際は、「セルのモード」に注意する必要がある。

マウスでセル参照を指定する方法から確認していこう。数式の始まりであることを示す「＝」を入力した後、計算したいセルをマウスでクリックすると、そのセルのアドレスが数式に指定される（**図2**）。続けて「＊」などの演算子を入力した後、さらに計算対象のセルをクリックして参照を指定。数式が完成したら、「Enter」キーで確定すればよい。するとセルに計算結果が表示される（**図3**）。

数式を修正したいときは、セルをダブルクリックして編集状態にする。計算対象のセルを変更したければ、参照先を表す色枠の枠の部分をマウスでドラッグすればよい（**図4**）。また、数式上で「C2」などの文字列を選択し、その状態で別のセルをクリック

セル参照を指定する効率的な方法は？

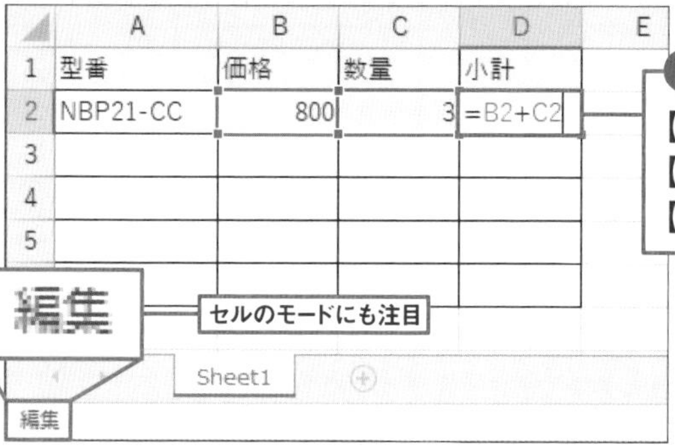

セル参照の指定方法

【1】キーボードから手入力
【2】セルをクリックする
【3】矢印キーで選択する

図1 数式に「B2」「C2」といったセル参照を指定するには3つの方法がある。矢印キーを利用する際は、画面左下に表示されている「セルのモード」にも注目しよう

マウスを使ってセル参照を指定する

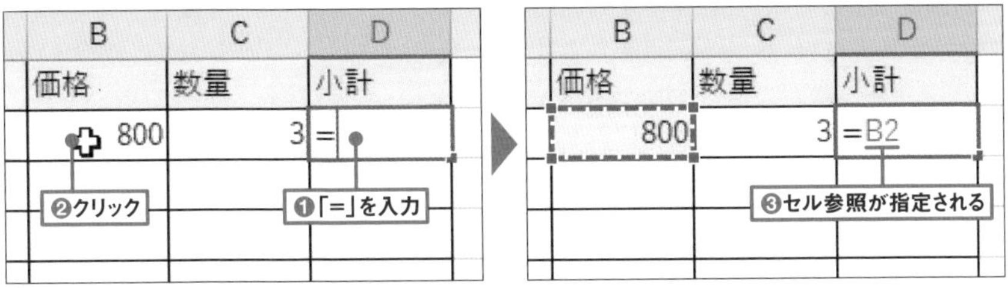

⬆ 図2 数式を入力するときは、まず「=」を先頭に入力する（❶）。セルが編集状態になったら、参照したいセルをマウスでクリック（❷）。すると、「B2」のようにアドレスが入力され（❸）、そのセルが色枠で囲まれる

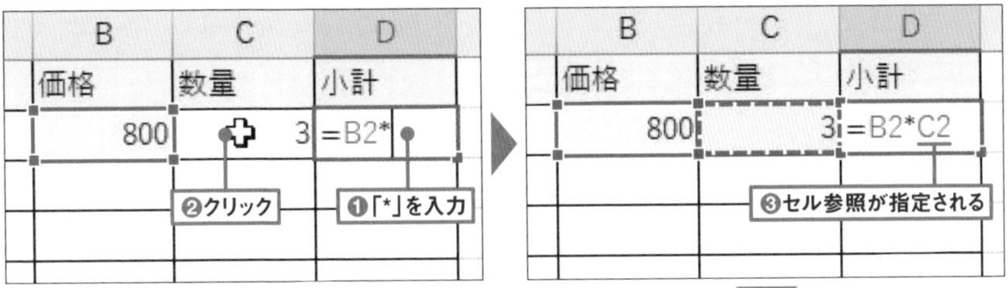

⬆➡ 図3 続けて演算子の「*」を入力し（❶）、さらに掛け算の対象にするセルをクリックする（❷）。アドレスが入力されたら（❸）、「Enter」キーを押して数式を確定（❹）。するとセルに計算結果が表示される

参照先のセルは、色枠をドラッグして変更可能

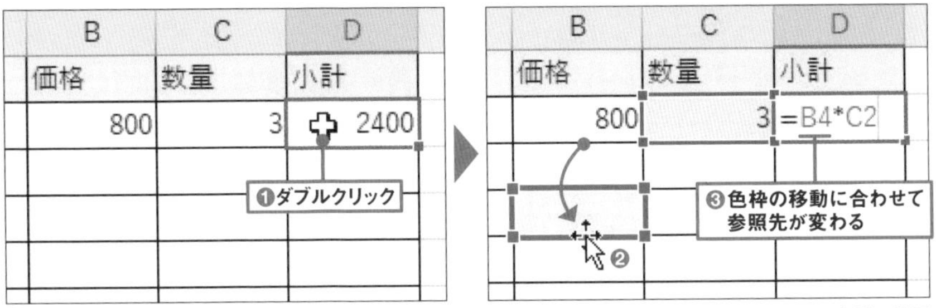

⬆ 図4 55ページ図3でも見た通り、数式を入力したセルをダブルクリックして編集状態にすると（❶）、参照先のセルが色枠で囲まれる。この色枠はマウスのドラッグ操作で移動でき（❷）、枠の移動に合わせて数式の参照先も変わる（❸）

すれば、参照先のアドレスで上書きすることが可能だ（**図5**）。

キーボードで「＝」や演算子を入力した後、いちいちマウスまで手を伸ばすのは面倒だという人には、矢印キーを使う方法をお勧めしたい。「＝」を入力した後、例えば「←」キーを2回押せば、2つ左にあるセルの参照が数式に指定される（**図6**）。続けて演算子を入力し、さらに矢印キーを押して別の参照先を選択するという具合に、キーボードだけで効率良く数式を入力できる。

ところが、このような矢印キーの機能が、ユーザーを戸惑わせる場面がある。例えば、「=B2+C2」と数式を入力した後で、「＋」の部分は「*」の間違いだと気付いた場合。修正するためにカーソル位置を戻そうと「←」キーを押すと、セル参照を指定する操作と見なされ、もともとあるセル参照が変更されたり、意図せぬセル参照が入力されたりしてしまうのだ（**図7**）。

マウスのクリックで参照先を変更する

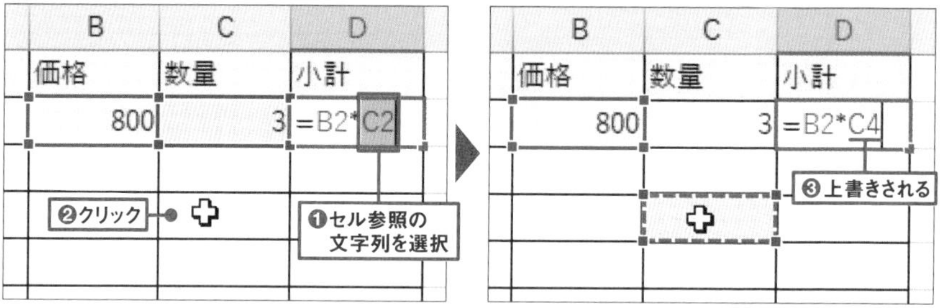

図5 「C2」などのセル参照を指定した文字列を選択し（❶）、別のセルをマウスでクリックすると（❷）、クリックしたセルに参照先が置き換わる（❸）

矢印キーでセル参照を指定する

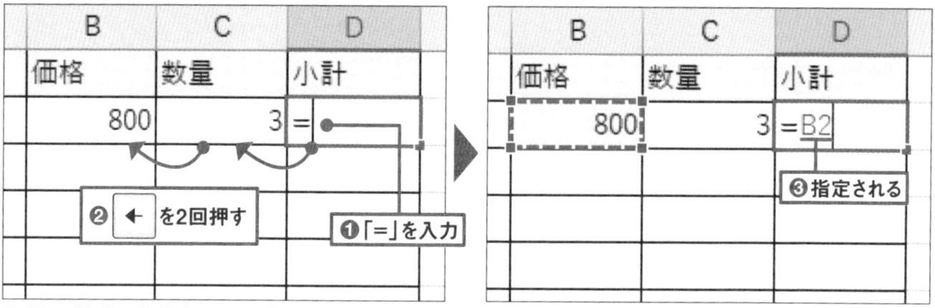

図6 数式の入力中にキーボードの矢印キーを押すと（❶❷）、押した方向と回数だけ移動した先のセルを数式で参照できる（❸）。矢印キーを使う方法なら、「=」や「*」などの演算子を手入力した後、キーボードから手を離さずに参照先のセルを指定できるので効率が良い

このような矢印キーの動作を止めて、セル内でカーソルを移動するには、「F2」キーを押せばよい（**図8**）。実はセルの入力・編集には、「入力」「参照」「編集」という3つのモードがある（**図9**）。セルに初めて数式を入力するときは、「入力」および「参照」モードとなり、矢印キーがセル参照を指定するキーになる。このとき、「F2」キーを押して「編集」モードに切り替えると、矢印キーでセル内でのカーソル移動が可能になる。

入力済みのセルをダブルクリックして再編集する際は既定で「編集」モードになるが、これも「F2」キーを押すと「入力」モードに変えられる。すると矢印キーを押すことで「参照」モードに変わり、セル参照を指定できる。少々わかりにくいが、とにかく「F2」キーを押すとセルのモードが変わるということは覚えておくとよい。

数式内でのカーソル移動は、「F2」キーを押してから

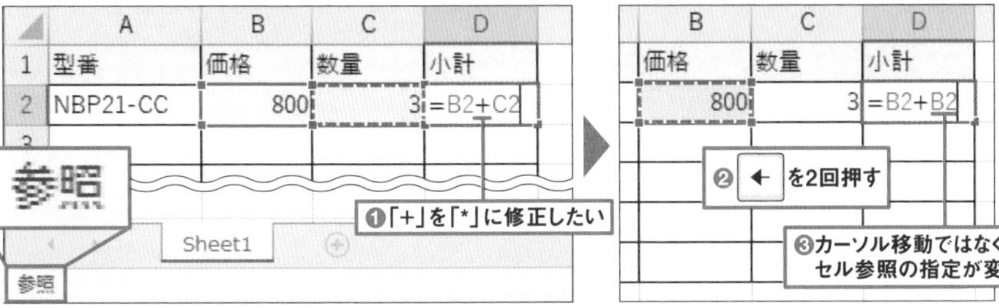

図7 数式の誤りを修正するために（❶）、「←」キーを押してカーソル移動をしようとしたら、セル参照の指定が変わってしまった（❷❸）。セルが「参照」モードになっていると、こんな動作に悩まされる

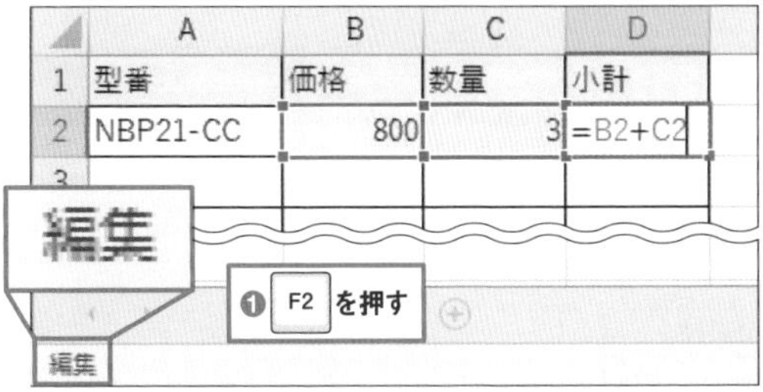

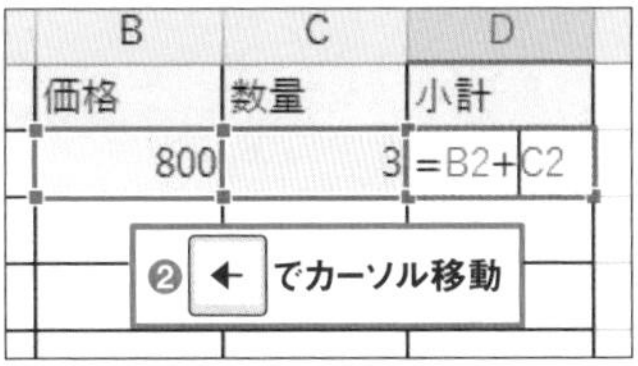

図8 「F2」キーを押すとセルが「編集」モードに変わり（❶）、矢印キーでセル内のカーソル移動ができるようになる（❷）

モード	矢印キーを押したときの動作
入力	数式を確定、または「参照」モードへの移行
参照	参照先の選択（数式にセル参照を指定）
編集	セル内のカーソル移動

図9 セルのモードによる矢印キーの動作の違い。「入力」モードの場合、セル参照を指定可能な位置にカーソルがあると、矢印キーで「参照」モードに移行する。「F2」キーを押して「編集」モードにしておけば、セル内でのカーソル移動が可能。入力済みのセルをダブルクリックした場合は、最初から「編集」モードになる

SECTION
03

参照形式を正しく理解して数式をコピーする

相対参照　絶対参照　複合参照

Excelの数式が便利なのは、コピーして使い回せることだ。例えば**図1**のような表の「小計」欄で、「価格×数量」の計算をしたい場合、先頭のD2セルに「=B2*C2」のような数式を入力し、それをD6セルまでコピーすればよい。すると、各行に入力された数値に応じて、正しく計算できる。

ただし、表の作りや計算の内容によっては、数式の使い回しが必ずしもうまくいくとは限らない。このとき必要になるのが、「参照形式」についての正しい理解だ。参照形式の知識は、「関数」を使う際にも不可欠になるので、ここでしっかりと身に付けておきたい。

そもそも図1のような「行ごとの計算」ができるのは、数式に入力した「B2」や「C2」というセル参照が、文字通りの「B2セルを参照せよ」「C2セルを参照せよ」という指定にはなっていないからだ。実はExcelの数式では、参照するセルを"そのセルから見た相対的な位置"で決めるのが標準になっている。D2セルに入れた数式で「B2」とある場合、それは「2列左にあるセル」を意味するのだ。「C2」とあれば「1列左にある

数式をコピーして使い回せるのもExcelの利点

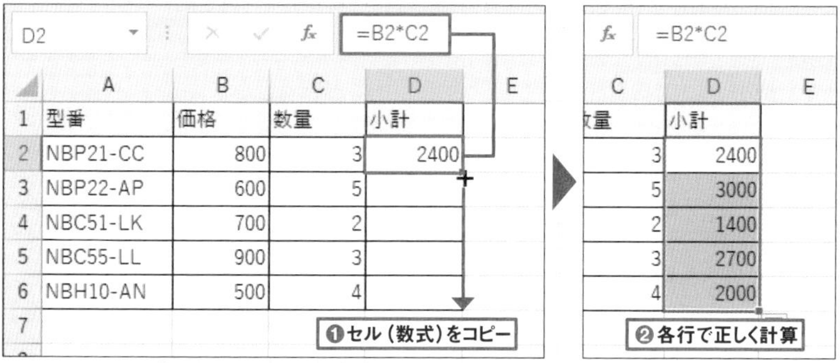

↑図1 D2セルに、「価格×数量」を計算する「=B2*C2」という数式を入れてある。このセルをD6セルまでコピーすると、各行に対応した「価格×数量」を計算できる（❶❷）

セル」を意味する。つまり、D2セルに入れた「＝B2*C2」という数式は、「2列左にあるセル×1列左にあるセル」という計算をする。そのため、数式を下方向にコピーした場合、3行目も4行目でも常に「2列左にあるセル×1列左にあるセル」という計算をすることになり、行ごとに「価格×数量」という計算ができる。

実際に、コピーされた数式を確認してみよう。セルを選択して数式バーを見てもよいが、すべての数式を見比べるには、「数式」タブにある「数式の表示」ボタンを押すとよい（**図2**）。D2～D6セルに、行番号が2、3、4…と変化した数式が入っていることがわかる。このように、コピー先の位置に応じて参照先が相対的に変化する参照形式を「相対参照」と呼ぶ。

なお図1、図2では連続したセルにコピーした数式を例にしているが、離れた場所にあるセルに数式をコピーしても、同様に相対参照となる。図1の数式なら、どの場所

基本の「相対参照」は、コピー時に参照先がずれる

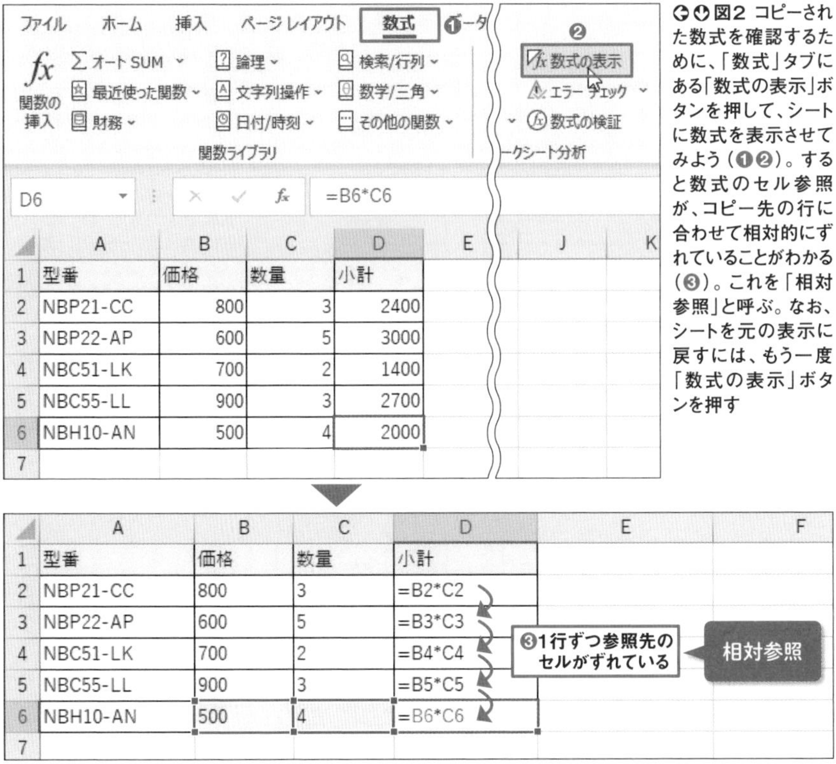

←↓**図2** コピーされた数式を確認するために、「数式」タブにある「数式の表示」ボタンを押して、シートに数式を表示させてみよう（❶❷）。すると数式のセル参照が、コピー先の行に合わせて相対的にずれていることがわかる（❸）。これを「相対参照」と呼ぶ。なお、シートを元の表示に戻すには、もう一度「数式の表示」ボタンを押す

にコピーした場合も、「2列左にあるセル×1列左にあるセル」という計算をする。

一方、この相対参照の仕組みがあだとなり、コピー先の計算に失敗するケースもある。例えば**図3**のような例だ。G2セルに入力した「割引率」を参照して、20%引きの「割引特価」を求めたい。E2セルでは「=D2*(1-G2)」という数式で計算できるが、この数式を各行にコピーすると、2行目以降ではうまく計算ができない。なぜなら、相対参照の仕組みにより、「割引率」を参照するための「G2」という指定が、「G3」「G4」…「G6」のようにずれていってしまうからだ。

もちろん、対処法はある。それが「絶対参照」という指定の方法だ。具体的には、参照がずれてしまっては困る「G2」の部分を、「$G$2」という「$」記号を付けた形に変更すればよい(**図4**)。「G2」の部分にカーソルを置いて「F4」キーを押せば、一発で「$」を挿入できるので簡単だ。そのように数式を修正したうえでコピーすると、コピー先でもG2セルの「割引率」を参照できるようになり、正しく計算できる(**図5**)。

数式を表示してみると、「小計」を参照する「D2」の部分は「D3」「D4」…「D6」と

参照先がずれると困るケースもある

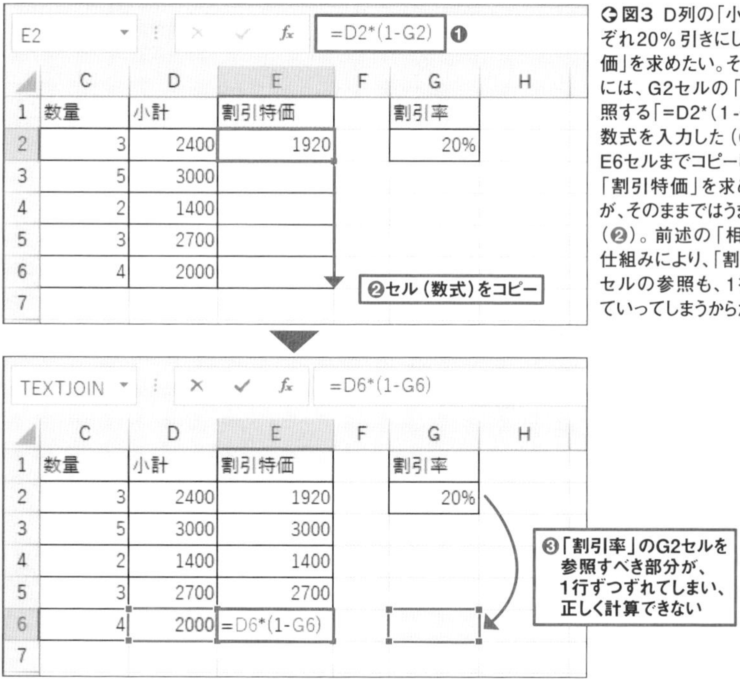

図3 D列の「小計」を、それぞれ20%引きにして「割引特価」を求めたい。そこでE2セルには、G2セルの「20%」を参照する「=D2*(1-G2)」という数式を入力した(❶)。これをE6セルまでコピーして、各行で「割引特価」を求めようとしたが、そのままではうまくいかない(❷)。前述の「相対参照」の仕組みにより、「割引率」のG2セルの参照も、1行ずつずれていってしまうからだ(❸)

「絶対参照」で指定すると、コピー先でも同じセルを参照できる

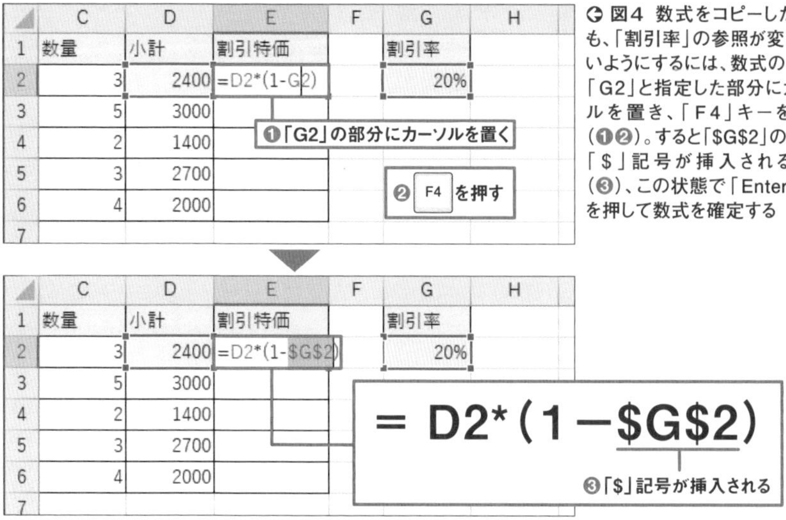

⬅ 図4　数式をコピーした先でも、「割引率」の参照が変わらないようにするには、数式の中で、「G2」と指定した部分にカーソルを置き、「F4」キーを押す(❶❷)。すると「$G$2」のように「$」記号が挿入されるので(❸)、この状態で「Enter」キーを押して数式を確定する

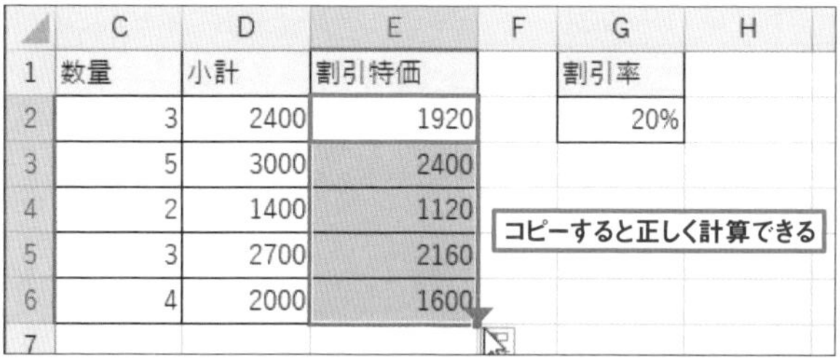

⬅ 図5　数式を図4のように修正してからコピーすると、今度はすべての行で正しく計算される

⬆ 図6 「数式」タブの「数式の表示」ボタンを押して数式を表示させてみると、「$G$2」の部分は固定されたまま、数式がコピーされていることがわかる。このように「$」記号を付けて参照先を固定する参照形式を「絶対参照」と呼ぶ。この「$」記号は、図4のように「F4」キーで挿入しても、キーボードから手入力してもよい

ずれていくが（相対参照）、「$」を付けた「$G$2」の部分は、コピーしても変化していないことがわかるだろう（前ページ**図6**）。この相対参照と絶対参照をうまく使い分けることは、Excelで数式を活用するために不可欠だ。

さらに、両者の中間ともいえる「複合参照」という形式も押さえておきたい。例えば**図7**のように、B列の「単価」と2行目の「個数」を掛け合わせる計算を、表全体で行いたいことがある。この場合、下方向にコピーするときは「常に2行目を参照」できるようにして、右方向にコピーするときは「常にB列を参照」できるようにする必要がある。

それには、列と行の指定のうち、固定したいほうだけに「$」記号を付けて「$B3」「C$2」のように指定すればよい（**図8**）。すると、下方向にコピーするときは、「単価」については4行目、5行目…とずれていくが、「個数」については常に2行目で固定された

「行だけ」「列だけ」固定する「複合参照」を使いこなす

	A	B	C	D	E
1	価格早見表			個数	
2	型番	単価	12	24	36
3	PEN80	80	960	1920	2880
4	PEN95S	95	1140	2280	3420
5	PENE10	100	1200	2400	3600
6	PENE12	120	1440	2880	4320
7					

単価×個数を求めたい

↻図7 行見出しのB列に単価が入力されていて、列見出しの2行目に個数が入力されている。これらをそれぞれ掛け合わせた価格を手早く計算するにはどうすればよいだろうか

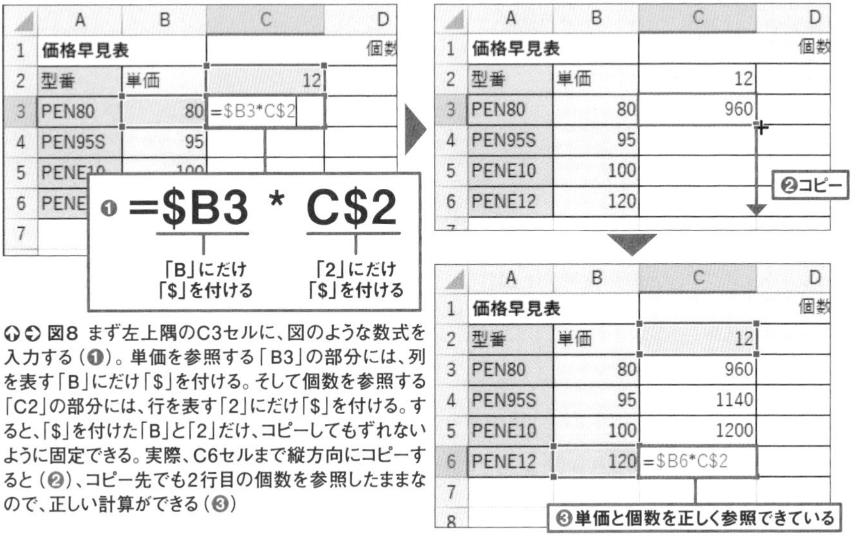

図8 まず左上隅のC3セルに、図のような数式を入力する（❶）。単価を参照する「B3」の部分には、列を表す「B」にだけ「$」を付ける。そして個数を参照する「C2」の部分には、行を表す「2」にだけ「$」を付ける。すると、「$」を付けた「B」と「2」だけ、コピーしてもずれないように固定できる。実際、C6セルまで縦方向にコピーすると（❷）、コピー先でも2行目の個数を参照したままなので、正しい計算ができる（❸）

ままになる。また右方向にコピーするときは、「単価」については常にB列で固定だが、「個数」についてはD列、E列とずれていく（**図9**）。これで、1つの数式のコピーで、表全体をカバーすることができるようになる（**図10**）。

こうした絶対参照や複合参照への変更は、「F4」キーを繰り返し押すことで順次切り替えられるので、覚えておくとよい（**図11**）。

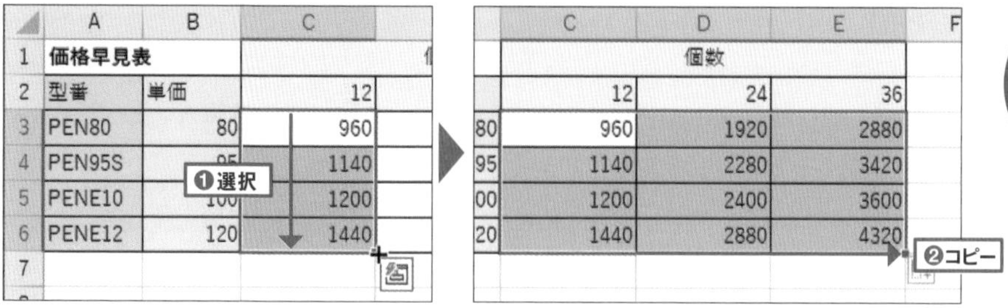

図9 続いて、C3～C6セルを範囲選択して、その右下隅を右方向にドラッグして、セル範囲ごとコピーする（❶❷）。するとすべてのセルで正しく「単価×個数」を計算できる。これならセルがいくつあっても簡単だ

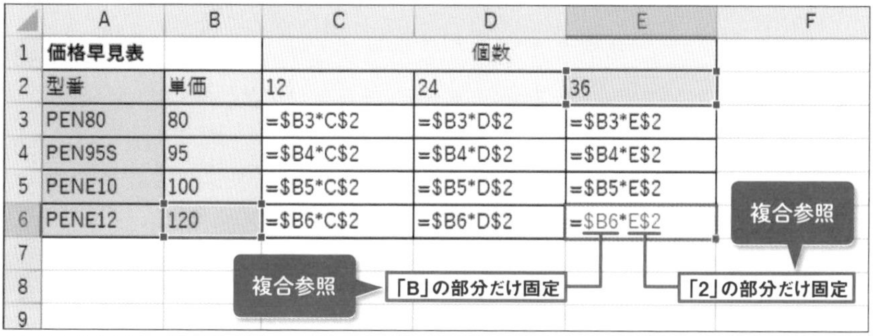

図10 「数式」タブの「数式の表示」ボタンを押して数式を確認してみると、「$」を付けた「B」と「2」の部分だけは、どのセルにコピーしても固定されたままになっていることがわかる。ほかの部分は、行や列に応じて相対的に変化している。このように、相対参照と絶対参照を組み合わせたような参照形式を「複合参照」という

「F4」キーで、参照形式を切り替える

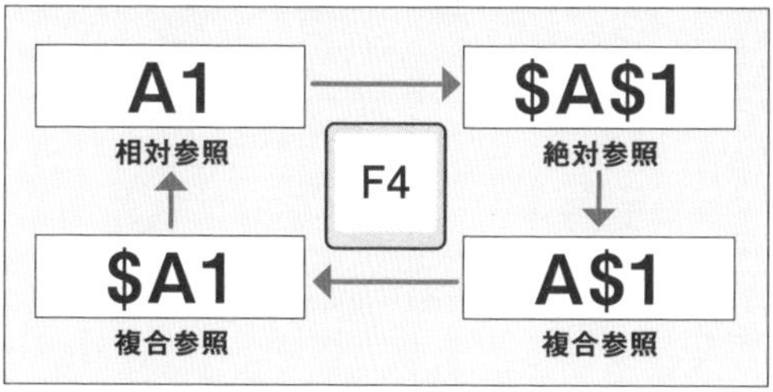

図11 数式の中でセル参照を指定した部分にカーソルを置き、「F4」キーを押すと、相対参照→絶対参照→複合参照（行のみ固定）→複合参照（列のみ固定）のように順番に切り替えられる

SECTION
04

書式を崩さずに数式をコピー 「Ctrl」+「Enter」で一括入力も

書式なしコピー　「Ctrl」+「Enter」

表で行ごとに計算をする場合、先頭のセルに数式を入れ、それをコピーして使い回すのが一般的だ。ただし、表に「1行置きの塗りつぶし」といった書式が設定されていると、コピー元のセルの書式で上書きされ、見た目が崩れてしまう(**図1**)。これを防ぐにはどうすればよいだろうか。

セルの右下隅のフィルハンドルをドラッグする「オートフィル」機能を使ってセルをコピーした場合は、コピー後に現れるボタン(スマートタグ)をクリックし、「書式なしコピー(フィル)」を選べば元の書式に戻せる(**図2**)。「コピー」→「貼り付け」の操作を行っていた場合も、貼り付け後に表示されるボタンをクリックし、「数式と数値の書式」というオプションを選べば、元の書式に戻せる。

後から書式を元に戻す操作が面倒なら、最初から書式を崩さずに数式を入れる方法がある。「Ctrl」キーを押しながら「Enter」キーを押すテクニックだ。これは、「選択したセル範囲にデータを一括入力する」というキー操作。一括入力したいセル範囲を選択し、そのままキーボードを打つと、通常は先頭にある、灰色に反転していな

数式をコピーした後、書式が崩れるのを防ぐには?

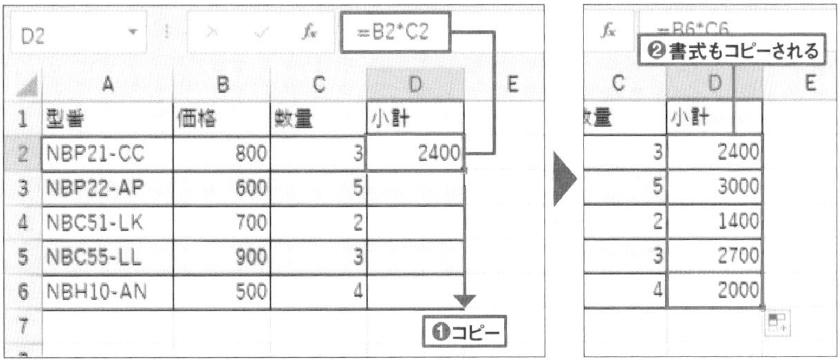

図1 1行置きに塗りつぶされた表で、1行目に数式を入れ、それを各行にコピーすると、書式も一緒にコピーされるため見た目が崩れてしまう(❶❷)

い白いセルに文字が入力される。このセルを「アクティブセル」と呼ぶが、アクティブセルに入力された文字列を、通常の「Enter」キーではなく「Ctrl」+「Enter」キーで確定すると、選択範囲全体に同じ文字列を一括入力できる。これを数式の入力に応用するのだ。

数式を入力する範囲をまとめて選択したら、そのまま「=」のキーを打つ。するとアクティブセルに「=」が入るので、アクティブセルに必要な数式を入力しよう（**図3**）。完

EXCEL コピーした後で「書式なしコピー」に切り替え

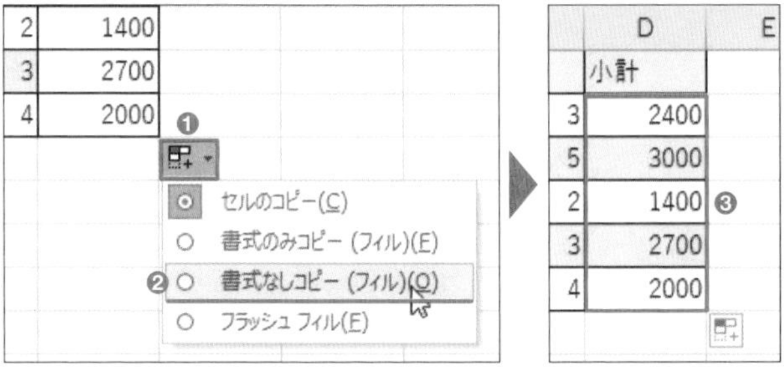

図2 オートフィル機能でコピーした場合は、右下に現れるボタン（スマートタグ）をクリックし（❶）、開くメニューから「書式なしコピー（フィル）」を選ぶことで（❷）、元の書式を復元し、数式だけコピーした形にできる（❸）

EXCEL 「Ctrl」+「Enter」キーで数式を一括入力

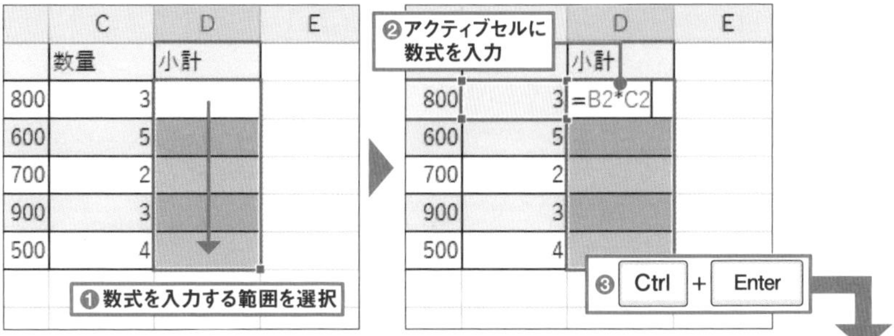

図3 あらかじめ、数式を入力したいセル範囲を選択（❶）。そのまま数式の入力を始めると、通常は先頭にある「アクティブセル」に数式が入る（❷）。アクティブセルに適した形で数式を入力したら、「Ctrl」キーを押しながら「Enter」キーを押す（❸）。すると、書式を変更することなく、選択範囲に数式を一括入力できる（❹）。数式を表示させてみると、相対参照により参照先が適切に変化していることがわかる（❺）

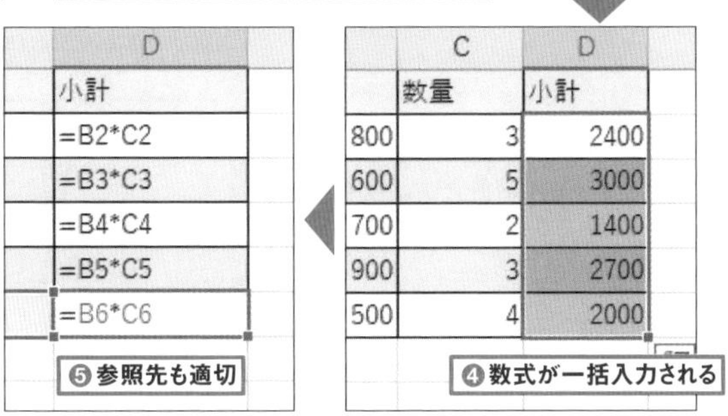

成したら、「Ctrl」キーを押しながら「Enter」キーを押して確定。すると、同じ数式が範囲全体に一括入力される。

数式を表示して確認するとわかるが、「Ctrl」+「Enter」キーで一括入力した場合も、数式は、相対参照のルールに従って、参照先が自動的にずれる。これにより、各セルで正しい計算ができるというわけだ。しかも、この操作は厳密にいうと「入力」であり「コピー」ではない。そのため、設定済みの書式を崩すこともない。数式を入力した後でセルをコピーしたり、さらに書式を直したりといった手間が省ける。

66〜67ページで入力・コピーした、「単価×個数」を縦横に掛け合わせる数式も、「Ctrl」+「Enter」キーを使えば表全体に一括入力が可能だ（**図4**）。数式を入力する範囲をまとめて選択したら、そのままキーを打ってアクティブセルに必要な数式を入力する。このとき、数式をコピーする際と同様に、「複合参照」の形式にするのを忘れないようにすること。「Ctrl」+「Enter」キーで確定すると、「$」を付けた部分は固定されたまま、それ以外の部分のみ相対的に変化する形で、選択範囲全体に数式を一括入力できる。

複合参照の数式も一括入力

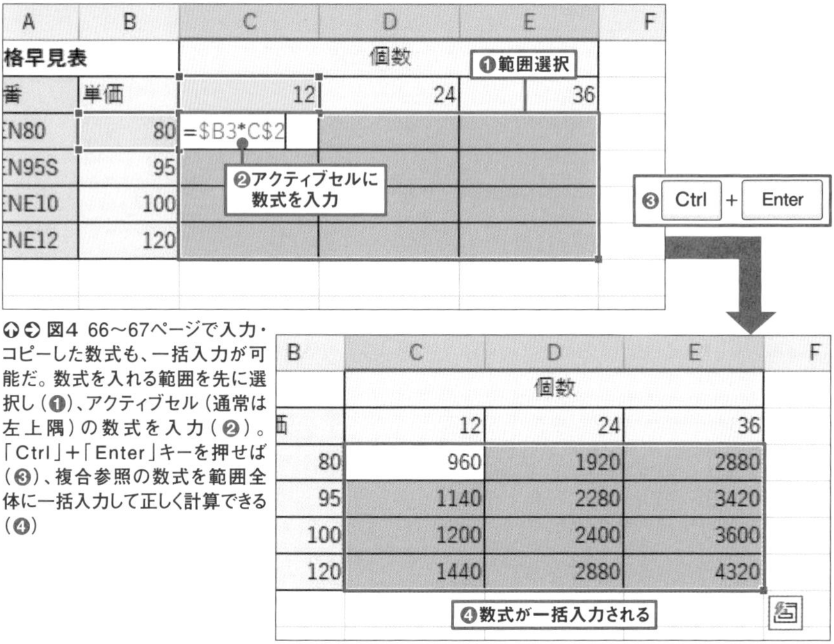

↑→ 図4 66〜67ページで入力・コピーした数式も、一括入力が可能だ。数式を入れる範囲を先に選択し（❶）、アクティブセル（通常は左上隅）の数式を入力（❷）。「Ctrl」+「Enter」キーを押せば（❸）、複合参照の数式を範囲全体に一括入力して正しく計算できる（❹）

SECTION
05

「条件付き書式」の条件を数式で指定する

条件付き書式　複合参照

Excelでは、セルの値に応じて書式を自動的に変化させることができる。「条件付き書式」という機能だ。例えば、「セルの値が50以上なら赤色にして強調する」「セルに『日経』という文字が含まれていたら、太字にする」といった具合だ。

この「条件付き書式」を使うと、**図1**のように「『合計』欄が80以上なら、その行全体に色を塗る」といった設定もできる。ただしこれには、前項までに解説した数式と「複合参照」の知識が必要になる。複合参照の応用テクニックとして紹介したい。

まずは「条件付き書式」の基本的な使い方を復習しておこう。「合計」欄のD2〜D7セルを対象に、「80以上ならセルに色を塗る」という設定をしてみる。それには、D2〜D7セルを選択した状態で、「ホーム」タブにある「条件付き書式」ボタンをクリック（次ページ**図2**）。「セルの強調表示ルール」としていくつかのメニューが用意されているが、「指定の値以上」というルールは用意されていないので、「新しいルール」を選ぶ。開く設定画面では、上部で「ルールの種類」、その下で「ルールの内容」を指定する（**図3**）。「80以上なら色を塗る」というルールにするには、上部で「指定の値を含むセルだけを書式設定」を選択。その下で「セルの値」「次の値以上」「80」と順番に指定する。これで条件が決まるので、「書式」ボタンを押して塗りつぶしの色を

「条件付き書式」を使い、条件に合う行全体に色を塗る

	A	B	C	D	E
1	名前	1回目	2回目	合計	
2	田中	32	36	68	
3	広瀬	40	37	77	
4	櫻井	28	34	62	
5	松岡	42	45	87	
6	橋本	35	40	75	
7	西野	41	45	86	
8					

合計が80以上なら、行全体に色を付ける

図1 D列の「合計」の値が「80以上」なら、行全体に色を塗って強調したい。「条件付き書式」機能を使うと、このような書式を自動で設定することができるが、使いこなすには「複合参照」の数式の知識が不可欠だ

指定。「OK」ボタンを押せば、80以上のセルにだけ色が付く。

このように、ある条件を指定して、その条件に当てはまるセルの書式を変えるだけなら簡単だ。しかし、前ページ図1のように、あるセルが条件を満たす場合に、その行全体の書式を変えるには、「数式」を使って条件を指定する必要がある。

具体的にはまず、色を付けたい表全体を選択し、「条件付き書式」の「新しいルール」を選ぶ（**図4**）。開く設定画面の上部で、「数式を使用して、書式設定するセルを決定」を選ぼう（**図5**）。すると「次の数式を満たす場合に値を書式設定」という入力欄が現れるので、ここに条件を指定する数式（条件式）を入力する。

「条件付き書式」の基本

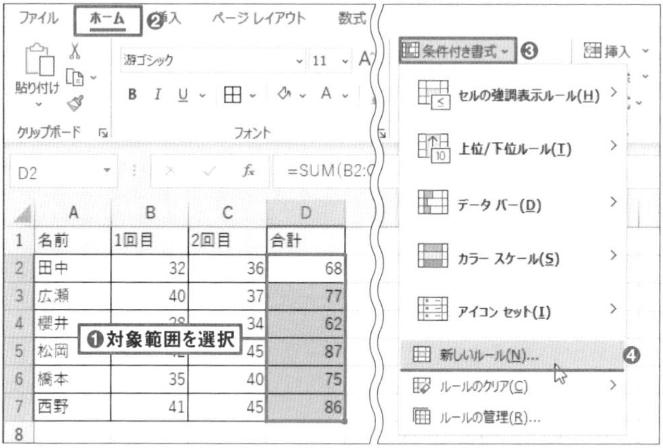

図2「合計」のセルだけに色を付けるのなら簡単。「合計」のセル全体を選択し（❶）、「ホーム」タブにある「条件付き書式」ボタンをクリック（❷❸）。開くメニューから「新しいルール」を選ぶ（❹）

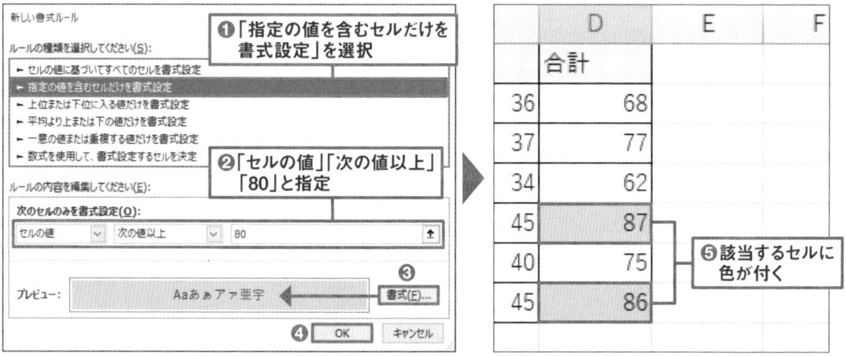

図3「ルールの種類…」欄で「指定の値を含む…」を選択（❶）。「ルールの内容…」欄で「セルの値」「次の値以上」を選んで「80」と入力すると、80以上のセルにだけ書式を設定できる（❷）。「書式」ボタンを押して適用する書式を指定（❸）。「OK」を押すと、該当するセルに書式が設定される（❹❺）

この入力欄に条件式を指定するときの決まりとして覚えておきたいのは、先頭に「=」(イコール)を入力すること。セルに数式を入れるときと同じだ。設定画面の入力欄でも、「=」に続けて値や演算子、関数などを用いた数式を入力する。条件式の場合、「A=B」(AとBが等しい)や「A>B」(AがBより大きい)といった値を比較する式(論理式)を、「=」に続けて入力する。例えば「セルの値が80以上」という条件にするなら、「=セル>=80」という形になる。半角の大なり記号とイコールを続けた「>=」が「以上」を表す比較演算子だ(詳細は次項)。

それでは、条件とするセルはどのように指定すればよいだろうか。表全体を選択し

数式を使って条件を指定する

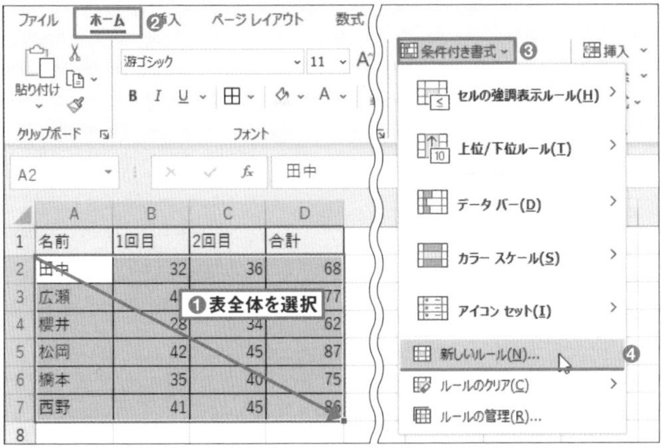

図4 あるセルが条件を満たす場合に、その行全体に色を付けるには、対象とする表全体を選択して(❶)、「ホーム」タブにある「条件付き書式」→「新しいルール」を選ぶ(❷～❹)

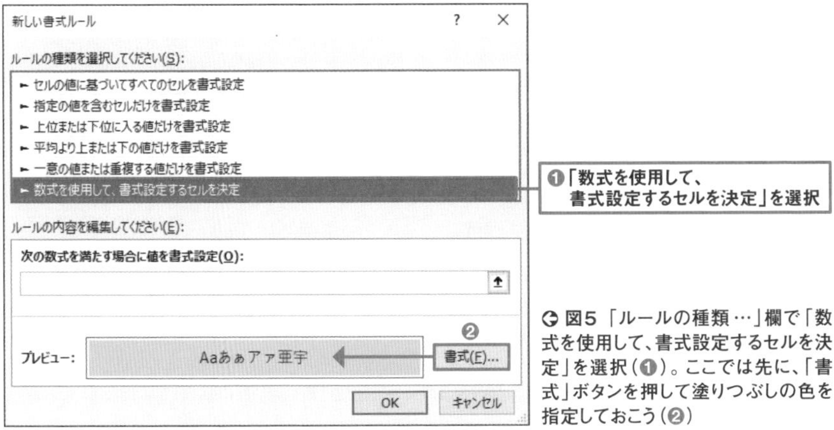

図5 「ルールの種類…」欄で「数式を使用して、書式設定するセルを決定」を選択(❶)。ここでは先に、「書式」ボタンを押して塗りつぶしの色を指定しておこう(❷)

ているので、どこを指定すればよいのか迷うかもしれない。正解は、選択範囲の中で灰色に反転していない「アクティブセル」を基準にすること（**図6**）。A2セルがアクティブセルなら、A2セルに色を塗る条件を考える。ここでは、同じ2行目の「D2セルが80以上」のとき色を塗りたいので、条件式は「=D2>=80」とする。ただし、この「D2」の部分はあくまでA2セルの場合で、表全体で考えると「D列にある同じ行のセルが80以上」という条件にする必要がある。ここでものをいうのが複合参照の知識だ。つまり、「$D2」のように指定して、列は「D」に固定、行は相対的にずれる複合参照にするのだ。すると、70ページ図4で数式を一括入力したときのように、選択範囲の各セルに合った条件式を、一括して設定することができる（**図7**）。

図6のように条件式を入力して「OK」ボタンを押せば、「合計」が80以上の行全体

複合参照で条件式を作成し、「行全体」を塗りつぶす

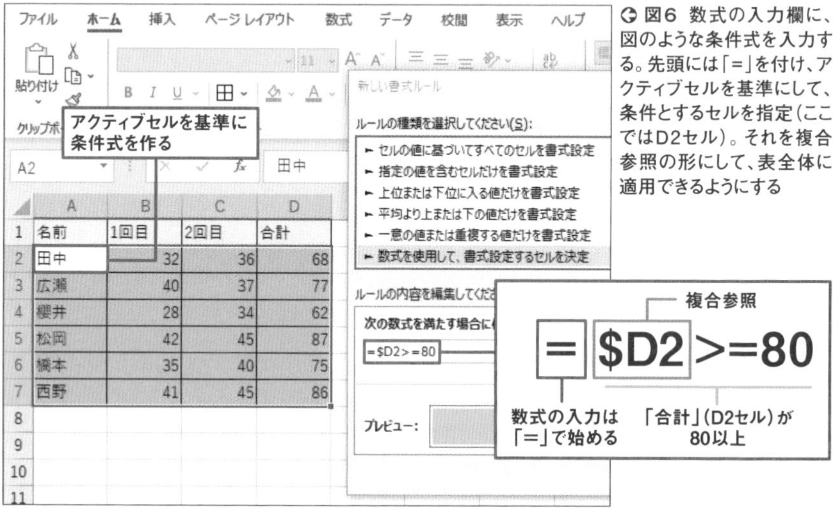

⊙ 図6 数式の入力欄に、図のような条件式を入力する。先頭には「=」を付け、アクティブセルを基準にして、条件とするセルを指定（ここではD2セル）。それを複合参照の形にして、表全体に適用できるようにする

	A	B	C	D
1	名前	1回目	2回目	合計
2	=$D2>=80	=$D2>=80	=$D2>=80	=$D2>=80
3	=$D3>=80	=$D3>=80	=$D3>=80	=$D3>=80
4	=$D4>=80	=$D4>=80	=$D4>=80	=$D4>=80

⊙ 図7 複合参照にして条件式を作れば、どのセルからも「D列にある同じ行のセル」を参照して、それが80以上かどうかを判定できる

に、自動で色が塗られる。一度設定しておけば、表の数値を修正して「合計」が変わった場合も、自動で条件に応じた書式が設定される（**図8**）。

練習のために、もう1つ例を挙げよう。**図9**のように横方向に日付を並べた予定表を作ることはよくある。この表の土日の列全体に、自動で色を付けてみたい。先ほどは「行全体」を塗りつぶしたが、今度は「列全体」を塗りつぶすように、「条件付き書式」を設定するわけだ。

まず、B1セル以降の表全体を範囲選択して、「条件付き書式」→「新しいルール」を選び、「条件付き書式」の設定画面を開く。「ルールの種類…」欄で「数式を使用して、書式設定するセルを決定」を選択したら、条件式を入力する（次ページ**図10**）。見出し列を除くB1セル以降を範囲選択したので、アクティブセルはB1セル。ここを基準に条件式を考えると、「=B2="日"」という式になる。「2行目の文字が『日』である」という意味だ。これを表全体で使える条件式にするためには、2行目を表す「2」

❶数値を変更すると…

				D
1	名前	1回目	2回目	合計
2	田中	45	36	68
3	広瀬	40	37	77
4	櫻井	28	34	62
5	松岡	42	45	87
6	橋本	35	40	75
7	西野	41	45	86
8				
9				

❷書式も自動で変わる

	A			D
1	名前	1回目	2回目	合計
2	田中	45	36	81
3	広瀬	40	37	77
4	櫻井	28	34	62
5	松岡	42	45	87
6	橋本	35	40	75
7	西野	41	45	86
8				
9				

図8 図6のように条件式を入力して「OK」ボタンを押すと、「合計」が80以上の行全体が自動で塗りつぶされる。表の数値を入れ直して「合計」の値が変われば、書式も自動的に更新される（❶❷）

条件に合う「列全体」に色を付けるには？

	A	B	C	D	E	F	G	H	I	J	K	L	M	N	O
1	日付	1	2	3	4	5	6	7	8	9	10	11	12	13	14
2	曜日	水	木	金	土	日	月	火	水	木	金	土	日	月	火
3	相澤		○	○	○	○	○	○	○		○	○	○	○	○
4	山本	○	○	○		○	○	○	○	○		○	○		○
5	佐藤	○	○		○	○	○		○	○	○	○	○	○	○
6	鈴木	○		○	○	○	○	○		○	○		○	○	
7															
8															

図9 横方向に日付が並んだ予定表で、土日の列に色を付けたい――。これも「条件付き書式」を使えば自動化できる。なお、ここで「曜日」欄は「文字列」データになっているものとする

の部分に「$」を付けた複合参照にする必要がある。「=B$2="日"」のように指定すれば、セルの位置に応じて参照する列は変化するが、2行目の曜日は固定して参照できるようになる（**図11**）。あとは「書式」ボタンから塗りつぶしの色を設定して「OK」ボタンを押せば、「日」の列全体に色が塗られる。

「土」の列に色を塗る場合も、同じ要領で「新しいルール」を追加すればよい。条件式は、曜日の文字だけ変えて「=B$2="土"」のようにする。

なお、ここで説明した条件式は、2行目のデータが「文字列」データになっている場合の例であることに注意してほしい。「日付」データに表示形式を設定して曜日を表示させることも可能だが（32ページ参照）、その場合は条件式の作り方も違ってくる。130ページ図1のようにTEXT（テキスト）関数を使っていれば「文字列」なので、ここで紹介した方法を利用できる。

「条件付き書式」の中で「数式」を使うと、そのセルを含む行全体や列全体に書式を設定できる。そのカギを握るのが、「複合参照」の活用だ。

複合参照で条件式を作成し、列全体を塗りつぶす

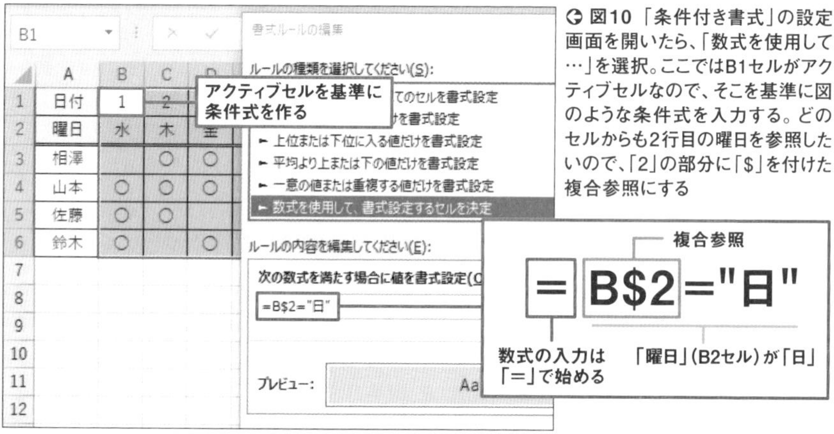

図10 「条件付き書式」の設定画面を開いたら、「数式を使用して…」を選択。ここではB1セルがアクティブセルなので、そこを基準に図のような条件式を入力する。どのセルからも2行目の曜日を参照したいので、「2」の部分に「$」を付けた複合参照にする

	A	B	C	D
1	日付	=B$2="日"	=C$2="日"	=D$2="日"
2	曜日	=B$2="日"	=C$2="日"	=D$2="日"
3	相澤	=B$2="日"	=C$2="日"	=D$2="日"
4	山本	=B$2="日"	=C$2="日"	=D$2="日"

図11 図10のような複合参照の数式で条件式を作れば、どのセルからも「同じ列にある2行目のセル」を参照して、それが「日」という文字かどうかを判定できる。なお、数式で文字を扱うには「"」（半角ダブルクォーテーション）で挟むのがルールだ

COLUMN

設定画面の中にある入力欄でも、「F2」キーでモード切り替え

「条件付き書式」の設定画面で条件式を入力・編集しているとき、数式の間違いに気付いて修正しようと「←」キーを押して、面食らったことはないだろうか。突然、「+$A$1」といったセル参照が入力されてしまうからだ（**図1**）。

この動作は、入力欄の「モード」に起因する。セルに数式を入力するときと同様、設定画面の入力欄も、標準では「参照」モード、すなわち矢印キーで参照先のセルやセル範囲を選択するモードになっているためだ（61ページ参照）。

このようなときは、「F2」キーを押してモードを変更すればよい。セルの場合と同様、編集中に「F2」キーを押すと、入力欄が「編集」モードに変わる。すると、矢印キーを使って入力欄内でのカーソル移動ができるようになる（**図2**）。

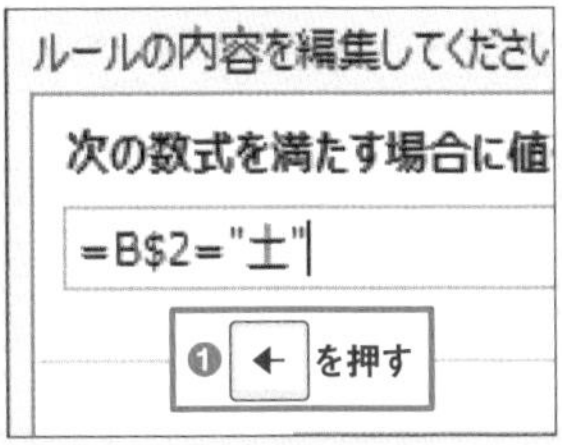

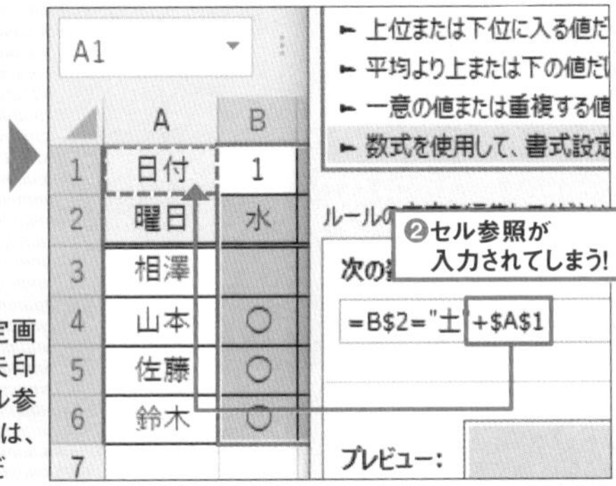

↑→ 図1 「条件付き書式」の設定画面にある条件式の入力欄では、矢印キーを押すと「+$A$1」といったセル参照が入力されてしまう（❶❷）。これは、入力欄が「参照」モードであるためだ

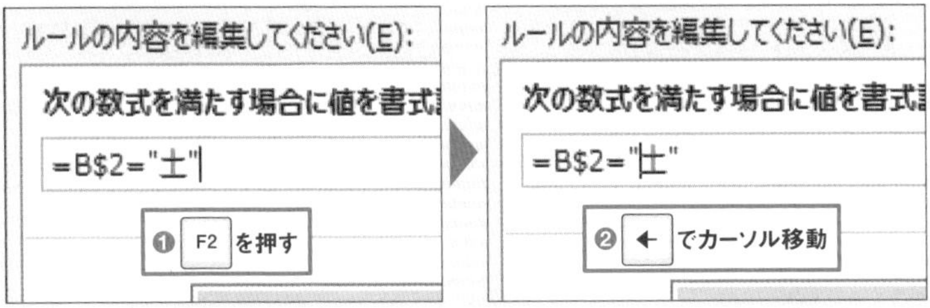

↑ 図2 セルに数式を入力するときと同様、入力欄のモードは「F2」キーで切り替えられる。設定画面にある入力欄でも、「F2」キーを押した後で矢印キーを押せば、数式の中でのカーソル移動ができる（❶❷）

SECTION
06

条件式に使う「論理式」とは何か「TRUE」と「FALSE」の意味

論理式　論理値

前項では「条件付き書式」の設定に数式を利用したが、そこで条件を指定するために入力した、「A=B」「A>B」のような形の式を「論理式」という。この論理式は、セルに入力して使うこともでき、「=」(イコール)に続けて「=B3="男"」のような数式を入れると、「B3セルが『男』」という条件を判定できる(**図1**)。「=」が2つあるので変な感じがするが、先頭の「=」は、後ろに入力したものが「数式」であることを示すためのものだ。

論理式の結果は、条件が成り立てば「TRUE」(トゥルー、真の意)、成り立たなければ「FALSE」(フォルス、偽の意)と表示される。つまり、論理式を使えば、次章で解説するIF(イフ)関数などを使わなくても、判定だけはできてしまうのだ。条件を指定するための「比較演算子」には、**図2**のようなものがある。「以上」や「以下」、「等しくない」を表す比較演算子は、通常の数学で使うものとは異なるので注意しよう。

ちなみに、論理式の結果である「TRUE」と「FALSE」のことを「論理値」と呼ぶ。

条件判定が簡単にできる「論理式」

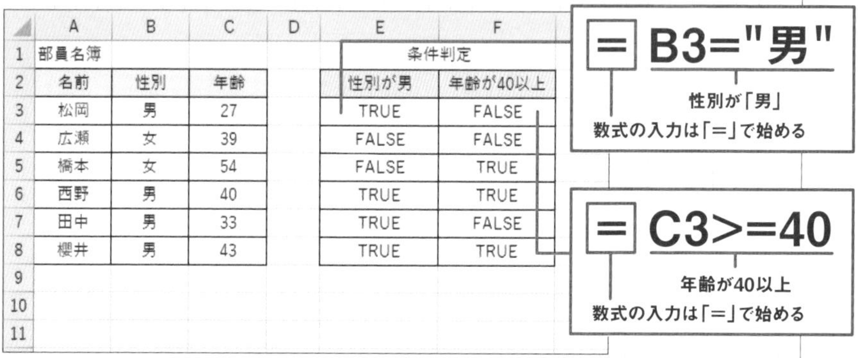

図1 「A=B」「A>=B」といった形で左右の値を比較する「論理式」の例。セルに入力するときは、先頭に「=」を付けて数式として入力する。条件が成り立てば「TRUE」(トゥルー)、それ以外は「FALSE」(フォルス)と結果が表示される。この「TRUE」「FALSE」を「論理値」という

セルの数式では、「TRUE」と「FALSE」をそれぞれ「1」と「0」と見なして計算する。そのため、2つの論理式で判定した結果を掛け合わせた結果が「1」になれば、両方の条件を満たすと判断できる（**図3**）。掛け算の場合、「1×0」「0×1」「0×0」はすべて「0」となり、「1×1」のときだけ「1」となるからだ。この掛け算の結果を合計すれば、2つの条件を満たすデータの個数を数えられることも、知っておくとよいだろう。

なお、マクロ（VBA）の場合は、「True」を「−1」として計算するので注意したい。同じ論理値でも扱いに微妙な違いがある。

EXCEL 論理式で利用する「比較演算子」

比較演算子	使用例	意味
＝（イコール）	A=B	AはBと等しい
＜（小なり）	A<B	AはBより小さい
＞（大なり）	A>B	AはBより大きい
<=（小なりとイコール）	A<=B	AはB以下
>=（大なりとイコール）	A>=B	AはB以上
<>（小なりと大なり）	A<>B	AはBと等しくない

図2 論理式で利用する「比較演算子」。いずれも半角で入力する。「以下」や「以上」は、「≦」や「≧」ではなく、小なり記号や大なり記号とイコールを組み合わせて「<=」や「>=」のように表現する。また「等しくない」は「≠」ではなく小なりと大なりを続けて「<>」のように入力する

EXCEL 論理値は「1」と「0」に置き換えて計算が可能

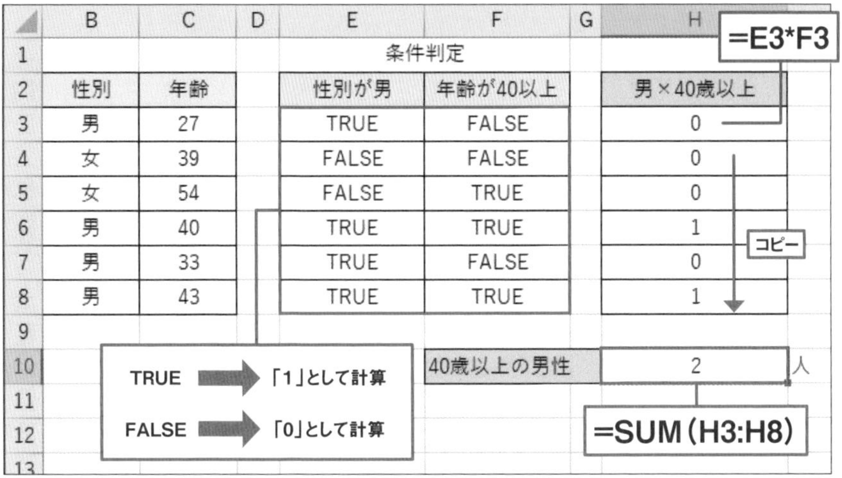

図3 Excelの数式は、論理値の「TRUE」と「FALSE」をそれぞれ「1」と「0」として扱う。そのため、論理値同士の掛け算では、両方が「TRUE」のときだけ「1」、それ以外は「0」という計算結果になる。この結果を「オートSUM」（SUM関数）で合計すれば、2つの条件に合致するデータの数を求められる

数式で別シートのセルを参照する 別ブックのセルも参照可能

別シートの参照　別ブックの参照

Excelのブック(ファイル)は、複数のワークシート(シート)を持つことができる。「1月」「2月」「3月」…のように月別のシートを作成して、売上高などを管理している人も多いだろう。そのようなブックで「前月比」を求めたい場合、隣のシートにある前月の売上高を数式で参照する必要がある。そこで、別シートのセルを参照して計算する方法も身に付けておきたい。さらに、「前年のデータは別のブックにある」といった場合のために、別のブックのセルを参照する方法も解説しよう。

まずは、月別に分けられたシートで、隣のシートにある前月の売上高を参照して「前月比」を求める(**図1**)。といっても難しいことは何もない。同じシート内にあるセルを参照するときのように、マウスのクリック操作で参照を指定できるからだ。

前月比は、「今月の売上高÷前月の売上高」という計算で求められるので、まずは

別シートのセルを参照して計算する

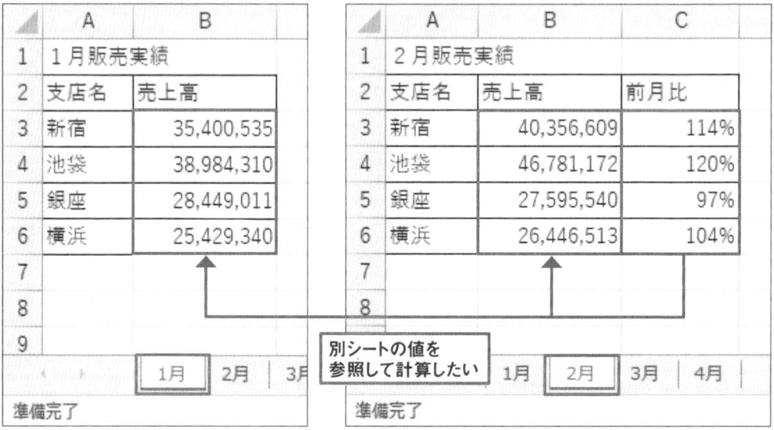

	A	B
1	1月販売実績	
2	支店名	売上高
3	新宿	35,400,535
4	池袋	38,984,310
5	銀座	28,449,011
6	横浜	25,429,340

	A	B	C
1	2月販売実績		
2	支店名	売上高	前月比
3	新宿	40,356,609	114%
4	池袋	46,781,172	120%
5	銀座	27,595,540	97%
6	横浜	26,446,513	104%

図1 「1月」「2月」「3月」…という月別のシートに、売上高が記入されている。「2月」のシートで「前月比」を計算するために、「1月」のシートの売上高を参照したい。このように別シートのセルを参照する数式の作り方を押さえよう

同じシートにある今月の売上高（ここではB3セル）を割る数式を、「＝B3/」まで入力（**図2**）。そのまま前月のシート見出しをクリックして、表示された前月のシートで、前月の売上高をクリックして選択すればよい。セルが指定されたことを数式バーで確認できたら、「Enter」キーを押そう。すると今月のシートに戻り、計算結果が表示される。

完成した数式を見ると、前月シートのセルを参照する部分は、「'1月'! B3」のようになっている（**図3**）。Excelの数式では、シート名の後ろに「!」（半角の感嘆符）を付けて、続けてセル参照を指定することで、別シートのセルやセル範囲を参照できるのだ。シート名が数字で始まったり、空白や特定の記号を含んだりする場合は、シート名が

別シートのセルをマウス操作で選択

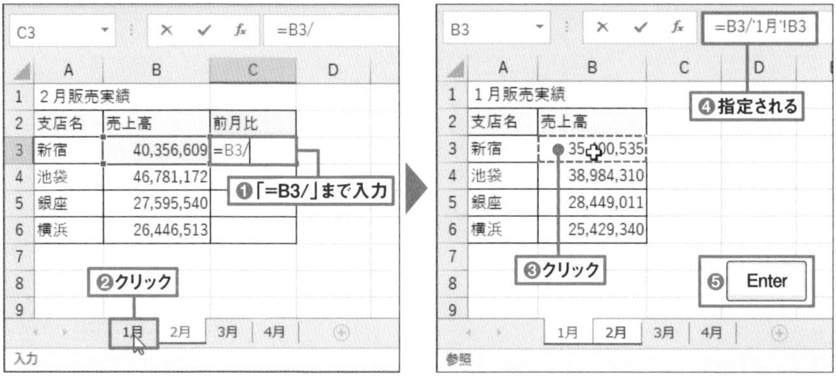

↑ 図2 前月比は、「今月の売上高÷前月の売上高」という計算で求められるので、まず今月の売上高を割る数式を「=B3/」まで入力（❶）。そのまま「1月」のシート見出しをクリックする（❷）。するとシートが切り替わるので、割る数としたいB3セルの売上高をクリック（❸）。数式バーを見ると、セルが指定されたことを確認できるので（❹）、「Enter」キーを押して確定する（❺）

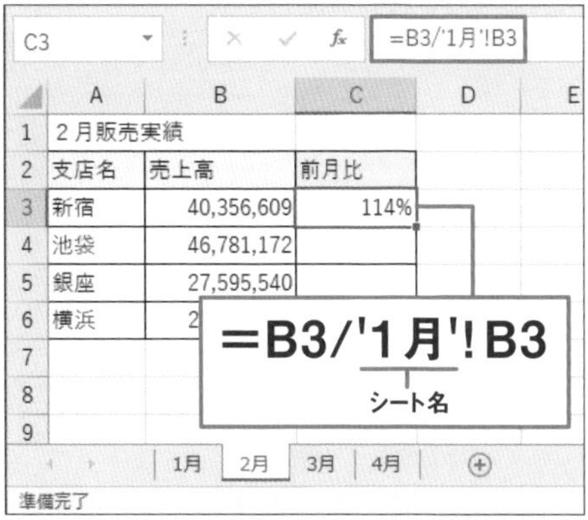

別シートのセルを参照する

シート名!セル参照

← ↑ 図3 数式が完成し、計算結果が表示される。数式バーに表示された数式を見ると、「1月」シートのB3セルは、「'1月'! B3」のように指定されているはずだ（左）。Excelでは、シート名の後ろに「!」（半角感嘆符）を付け、続けてセル参照を指定することで、その名前のシートのセルを参照できる（上）。なお、シート名が数字で始まる場合など、「'」（半角シングルクォーテーション）で囲まれるケースがある

「'」(半角シングルクォーテーション)で囲まれる。

別シートのセルを参照する数式でも、相対参照や絶対参照、複合参照の仕組みは変わらない。「=B3/'1月'!B3」という数式を下方向にコピーすれば、数式内の「B3」の部分が「B4」「B5」…のようにずれていく。これにより、別シートのセルも1行ずつずれて参照されるので、シート(表)の作りが同じなら、各行で正しい計算ができる(**図4**)。

「シート名!セル参照」という書き方で別シートを参照できることがわかれば、キーボードから直接、この形の数式を手入力してもよい(**図5**)。ただ、マウスを使って選択したほうが、シート名の間違いなどを防げるので確実だ。

別シートのセルでも、相対参照・絶対参照の仕組みは同じ

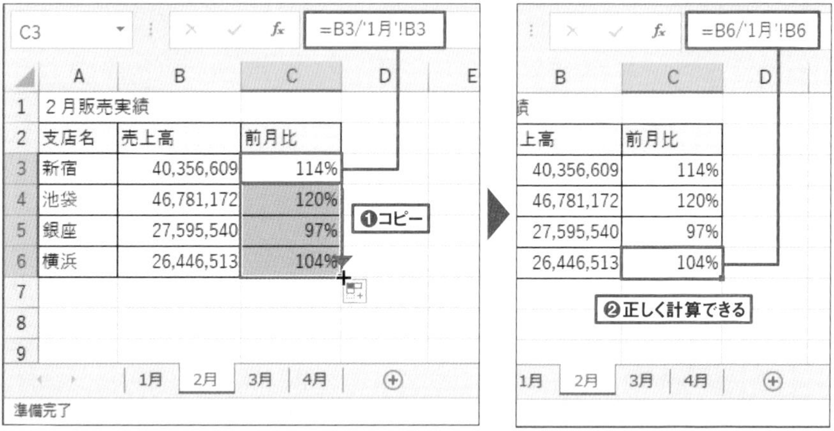

図4 C3セルに入力した「=B3/'1月'!B3」という数式をC6セルまでコピーすると(❶)、別シートのセルも相対参照の仕組みにより1行ずつずれ、すべて正しく計算できる(❷)。なお、「前月比」のセルには、「パーセントスタイル」の表示形式を設定してある

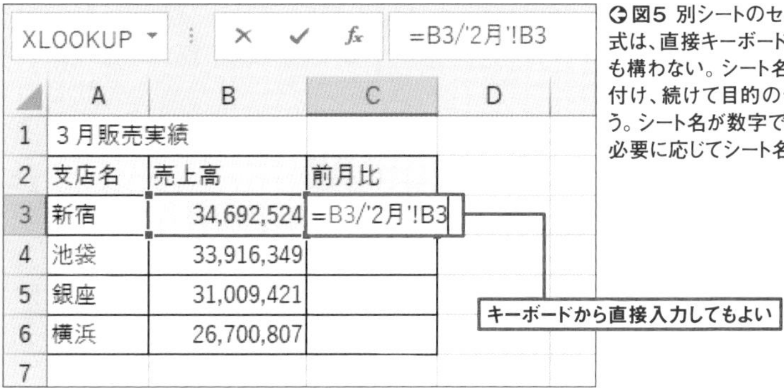

図5 別シートのセルを参照する数式は、直接キーボードから手入力しても構わない。シート名の後ろに「!」を付け、続けて目的のセルを指定しよう。シート名が数字で始まるときなど、必要に応じてシート名を「'」で囲む

次に、数式で参照したいデータが、別のブックにある場合を考えてみよう。月別や年別の売上高を、別のブックに分けて保存しているケースは少なくない。

別ブックのセルを数式で参照する方法も、基本的には別シートを参照する場合と同じだ。マウス操作でウインドウを切り替えながら、参照するセルをクリックして選択すればよい。そのためには、あらかじめ対象のブックを開いておく必要がある。

ここでは、別ブックにある前年の売上高を参照して「前年比」を求めてみる（**図6**）。前年のブックを参照して、「今年の売上高÷前年の売上高」を計算するのだ。前年のブックを開いて準備ができたら、先ほどと同様、今年の売上高（ここではB3セル）を割る数式を、「=B3/」まで入力（次ページ**図7**）。その状態で、前年のブックをクリックして、ウインドウを切り替える。全画面表示で作業していた場合は、「表示」タブにある「ウィンドウの切り替え」ボタンをクリックし、メニューから前年のブックを選択してもよい。前年のブックが表示されたら、目的のセルをクリック（**図8**）。そのセルが数式に指定されたことを数式バーで確認し、「Enter」キーを押そう。すると画面が今年のブックに戻り、計算結果が表示される。

別ブックのセルを参照して計算する

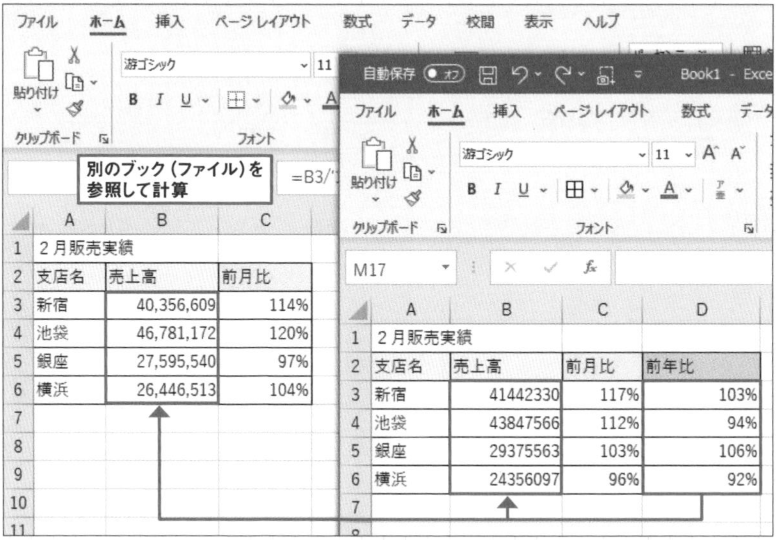

図6 Excelでは、別ブック（ファイル）のセルを参照することも可能だ。ここでは、前年の実績を記録した「R2実績」というブックを参照して「前年比」を求めてみる

入力された数式を見ると、別ブックの参照は、「[ブック名]シート名!セル参照」という形式で指定されていることがわかる（**図9**）。シート名が数字で始まる場合などは、ブック名からシート名までが「'」で囲まれる。

注意したいのは、この数式をコピーして使い回すときだ。マウス操作で数式を作成すると、標準ではセルが絶対参照で指定される。そのため、今回のようなケースは、「F4」キーを使うなどして相対参照に変更してから数式をコピーする必要がある（**図10、図11**）。

参照したいブックをあらかじめ開いておく

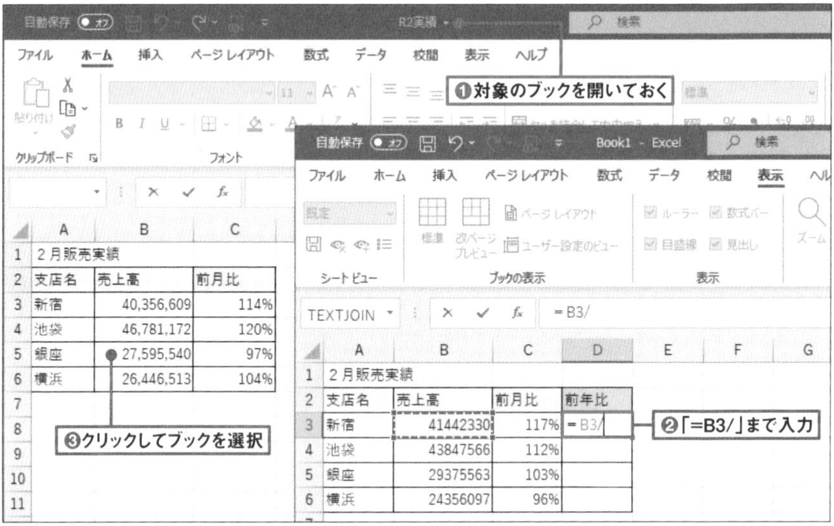

図7 別ブックのセルを数式で参照するときは、そのブックを開いた状態にしておく必要がある。あらかじめブックを開いた状態で（❶）、数式の入力を開始し、別ブックのセルを参照する箇所まで入力したら（❷）、ウインドウを切り替える（❸）

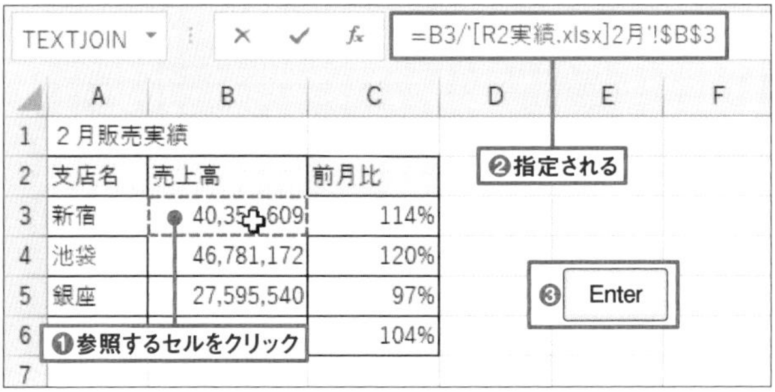

図8 別シートを参照するときと同様、参照したいセルをクリックして選択すると（❶）、そのセルが数式に指定される（❷）。それを数式バーで確認できたら、「Enter」キーで確定する（❸）

なお、別ブックを参照する数式を含むブックを開くと、「外部ソースへのリンクが1つ以上含まれています」などと書かれた警告画面が表示されることがある。その場合は、「更新する」を選ぶことで、参照先のブックの最新データを反映させることができる。ただし、参照先のブックを別の場所に移動したり、削除したりすると、リンクが途切れてデータを更新できなくなるので注意が必要だ（174ページ参照）。その場合は警告画面が表示されるので、更新せずに「続行」するか、「リンクの編集」を選んで「リンク元の変更」などを行う。

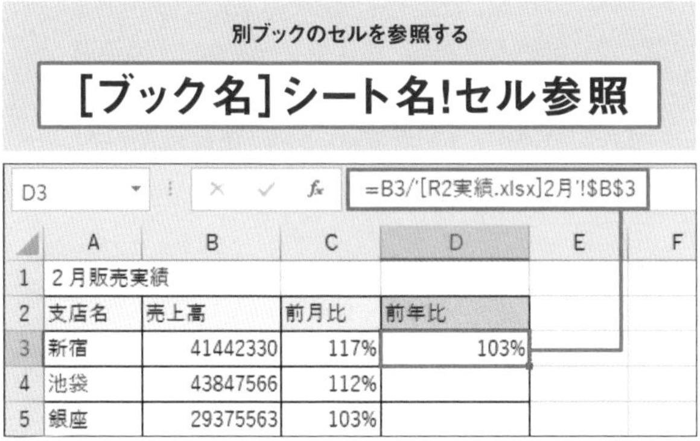

図9 数式を確定すると、計算結果が表示される。数式で別ブックを参照するには、ブック名を半角の角かっこで囲み、その後ろにシート名と「!」記号、そしてセル参照を指定する。なお、シート名が数字で始まる場合などは、ブック名からシート名までが「'」で囲まれる

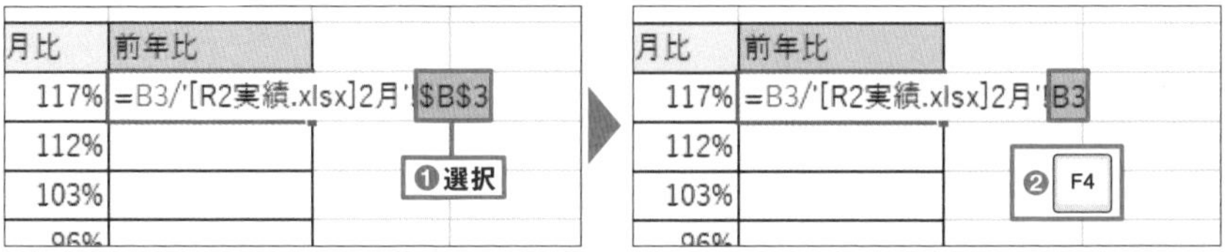

図10 注意したいのは、図7、図8の要領で別ブックのセル参照を指定した場合、そのセルは絶対参照で指定されること。この数式をコピーして使い回す場合は、「F4」キーを使って相対参照に変更しよう（❶❷）

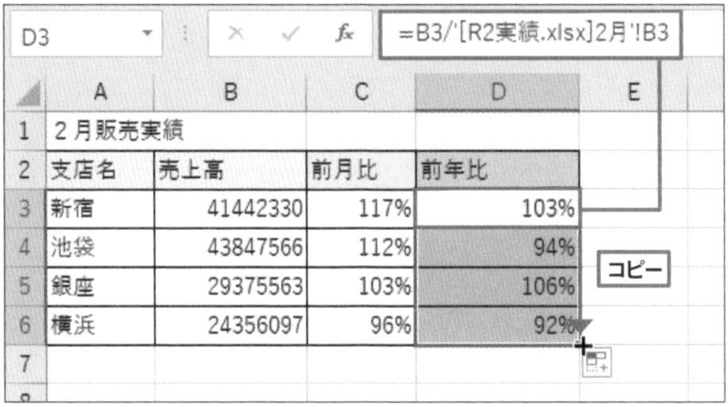

図11 表の作りが同じなら、相対参照に変えたうえでD3セルの数式をコピーすることで、ほかの行でも同様に計算ができる

COLUMN

数式が入っているセルを一発で選択する

数式はセルの裏側に隠れていて、普段は画面上に表示されない。そのため、シート内のどのセルが手入力した値で、どのセルが数式で計算したものなのかわからなくなることもある。そんなときは「ジャンプ」機能を使うと、シート内にある数式が入ったセルだけを選択して、確認したり、色を塗って目立たせたりすることができる（**図1、図2**）。調べたい範囲を選択した状態で実行すると、その範囲内にある数式のセルだけを選択できる。

そのほか「ジャンプ」機能では、空白セルだけを選択したり、「条件付き書式」が設定されたセルだけを選択したりすることも可能だ。

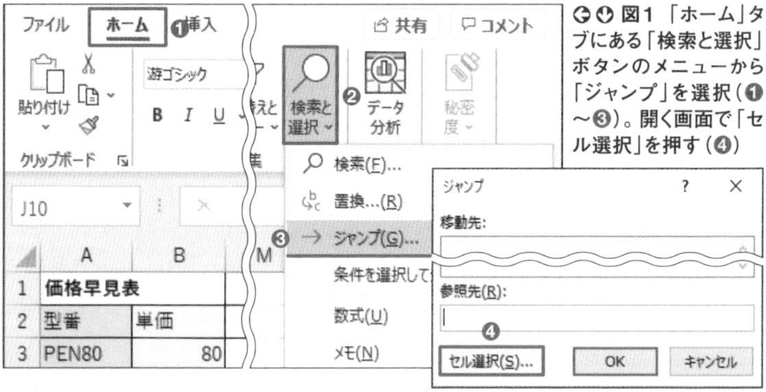

図1 「ホーム」タブにある「検索と選択」ボタンのメニューから「ジャンプ」を選択（❶～❸）。開く画面で「セル選択」を押す（❹）

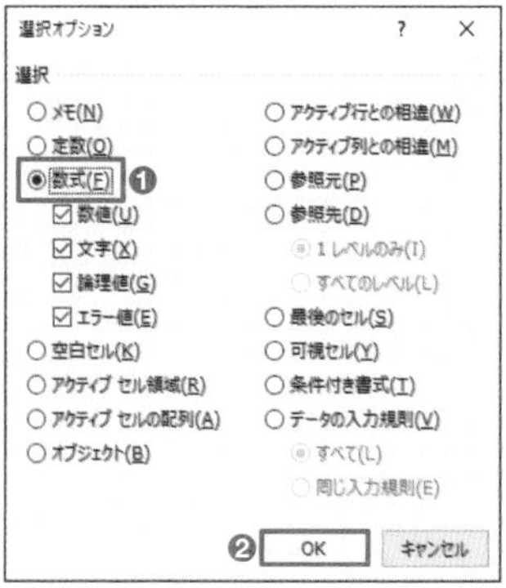

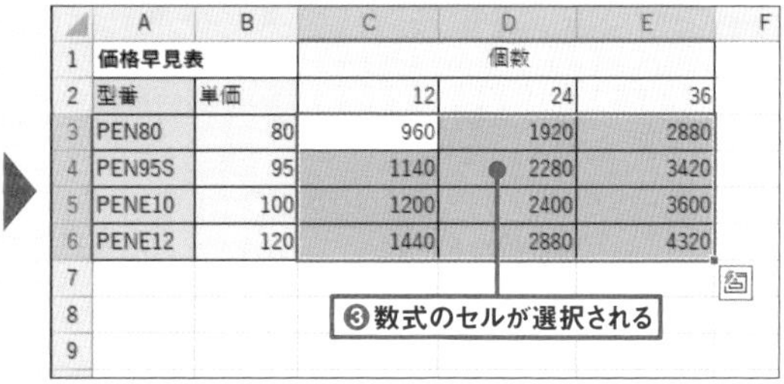

図2 「選択オプション」画面で「数式」を選んで「OK」を押すと（❶❷）、数式が入力されたセルが選択される（❸）。同様に、「条件付き書式」が設定されたセルだけを選択することなども可能だ

第3章

関数を知る

「関数（かんすう）」と聞いて、「何だか難しそう」と思った人は、安心してほしい。Excelの関数は、むしろ数学などが苦手な人こそ使うべき“自動計算機”のようなものだ。計算だけでなく、データの加工や抽出など、多彩な機能を簡単に実現してくれる。ただし、やみくもに使うのはNG。定番の関数を基礎から学習することで、その威力を最大限に発揮できるようになる。

EXCEL

SECTION 01

「関数」とは何か 使い方のキホンを押さえる

関数　引数

この章では、Excelの主要な機能の1つである「関数（かんすう）」について理解を深めたい。関数とは、あらかじめ決められた手順でデータを処理してくれる機械のようなもの（**図1**）。必要なデータを与えると、それを自動処理してくれる。関数には、数値を計算するものだけでなく、文字列を加工したり、日付を求めたり、表を参照してそのデータを取り出してきたりと、多種多様なものがある。Excelには500近くの関数が用意されているが、すべてを覚える必要はない。定番的な関数を20個程度でもマスターすれば、実務で必要な計算やデータ処理は大方こなせるようになる。

まずは入門者向けに、関数の基礎の基礎から確認していこう。最も簡単で、最もよく使う関数といえるのが、数値の合計を求めるSUM（サム）関数だ。これを例にとる。

SUM関数は利用頻度が高いため、「ホーム」タブにあるボタンから自動入力できるようになっている。「オートSUM」ボタンがそれ。表の合計欄を選択して「オートSUM」ボタンを押すと、「=SUM（…）」という数式が自動入力される（**図2**）。関数の

「関数」は、決まった手順でデータを処理をしてくれる機械

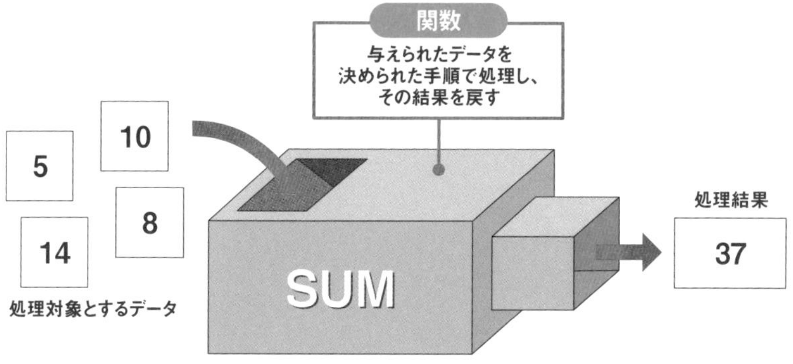

図1 関数とは、あらかじめ決められた手順に従って、与えられたデータを処理する機械のようなものだ。例えば「SUM」という関数は、「数値を合計する」という処理を実行する関数。数値を投げ込めば、それらの合計を結果として出してくれる

式では、関数名の後ろにかっこを付けて、その中に処理対象の値などを指定する。これを「引数(ひきすう)」と呼び、引数の内容は関数ごとに異なる。SUM関数の場合は合計対象とする数値やセル範囲を指定するが、「オートSUM」ボタンで入力した場合、隣接する数値のセル範囲が自動で選択され、引数に指定される。B2～B4セルなら「B2:B4」という具合だ。自動選択された範囲で問題なければ、そのまま「Enter」キーを押すと、選択範囲の合計が表示される。このように関数が結果を出すことを、「返す」や「戻す」と表現することも多い。

セルに関数の式を入力する方法はいくつかあるが、関数名を直接キーボードから手入力して式を作成してもよい。実務的には、直接入力する方法をむしろお勧めす

「オートSUM」も、関数の式を入力するボタン

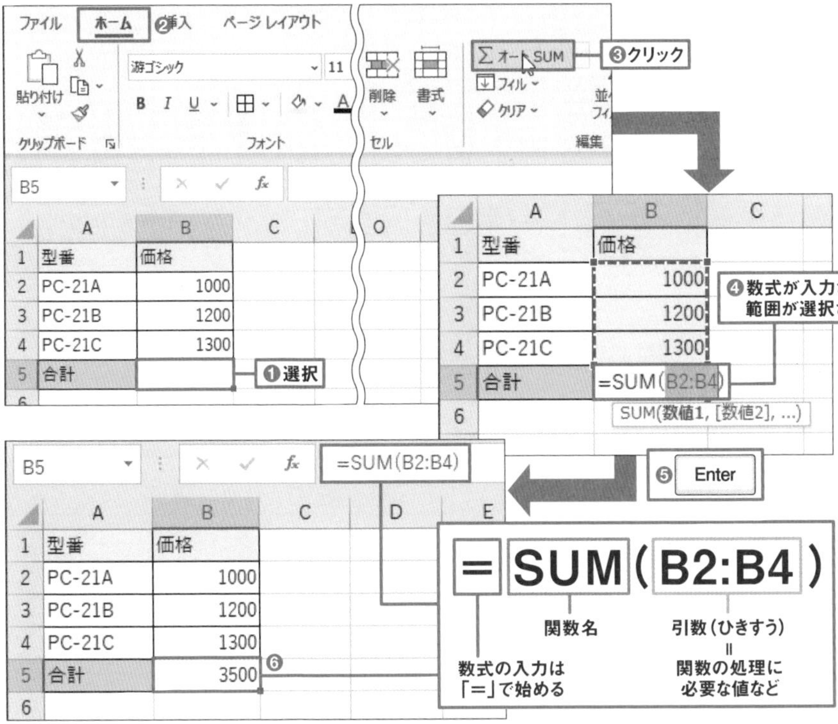

↑図2 数値を合計するとき、「ホーム」タブにある「オートSUM」ボタンを利用している人は多いだろう。セルを選択して「オートSUM」ボタンを押すと(❶～❸)、「=SUM(…)」という数式が自動入力される(❹)。これがSUM関数の式だ。通常は合計対象の範囲も自動選択されるので、そのまま「Enter」キーを押して確定すれば、選択範囲の合計が表示される(❺❻)。SUM関数では、かっこ内に合計対象の範囲を「B2:B4」のように指定する。このように関数の処理対象などを指定するかっこ内の値を「引数(ひきすう)」と呼ぶ

る。というのも、後述するように、関数は組み合わせて使うのが王道。メニューから関数を選択する方法だと、関数を1つずつしか入れられず、組み合わせにくいのだ。

ここでは、SUM関数の式を手入力して、複数のセル範囲を合計してみよう（**図3**）。先頭に「=」を入力するのは、通常の数式と同じ。続けて「SUM」という関数名と、引数を入れるための「(」を入力する。合計するセル範囲は、マウスでドラッグすれば自動入力できる。2つめの範囲を選択する際は、引数を区切る「,」（半角カンマ）を手入力すること。SUM関数の場合、引数「数値1」「数値2」…として数値やセル、セル範囲を「,」で区切って複数指定できる。必要な数だけ引数を指定したら、引数を閉じる「）」を入力し、「Enter」キーを押す。これで、複数の範囲の合計が求められる。

SUM関数の式を手入力してみる

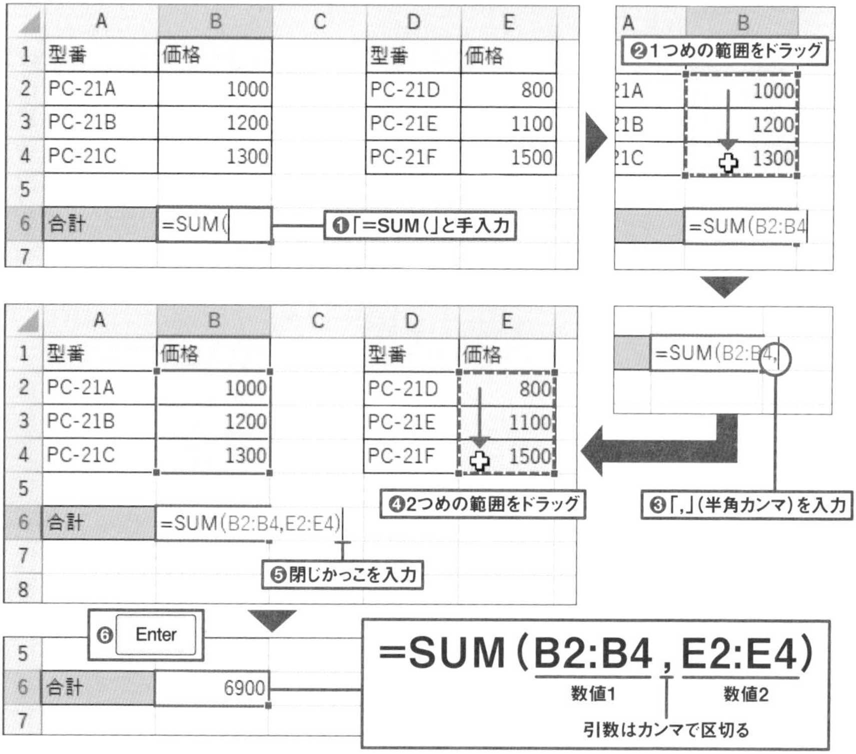

↑図3 手入力でSUM関数の式を入力してみよう。まず、数式の始まりを表す「=」と関数名の「SUM」、さらに引数を指定するための「(」を入力（❶）。1つめの合計対象の範囲をドラッグして選択したら（❷）、引数を区切る「,」（半角カンマ）を入力（❸）。続けて2つめの範囲をドラッグして指定したら（❹）、引数の終わりを示す「）」を入力し（❺）、「Enter」キーで確定する（❻）

COLUMN

関数をメニューから選んではダメ！手入力が上達への近道

Excel入門書の多くは、関数をメニューから選び、「関数の引数」ダイアログを使って引数を指定する方法を解説している（**図1**）。だが、このダイアログを使う方法は決してお勧めしない。というのも後述する通り、関数は「組み合わせて使う」ことで真価を発揮する。それなのに、図1のやり方では関数を組み合わせるのが困難なのだ。

直接セルに入力する方法でも、「=」に続けて関数名を入れ始めると、その文字で始まる関数がリスト表示される（**図2**）。このリストから関数を選ぶか、関数名を手入力して「(」まで入れると、引数もポップアップで教えてくれるので、うろ覚えでも迷うことはない。従って、「○○したいときは○○関数を使えばよい」などと当たりさえ付けられるようにしておけば、誰でも簡単に関数を使うことができる。「関数の式はセルで入力するもの」と覚えておこう。

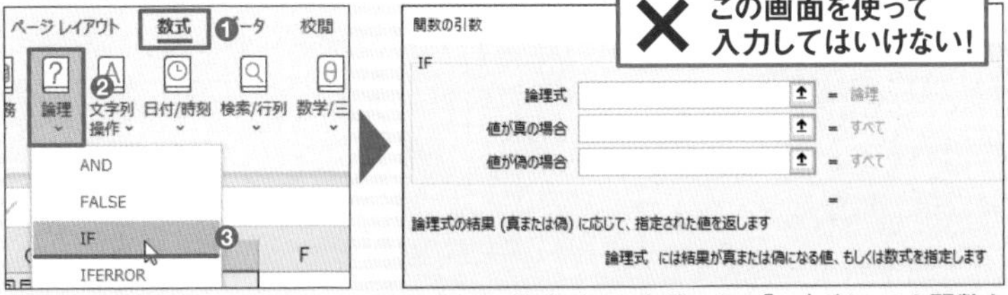

図1 「数式」タブにあるボタン（❶〜❸）や、数式バーの左端にある「fx」ボタンから関数を選んで入力することもできる。しかし、ダイアログボックスで引数を指定するこの方法は、関数を組み合わせて使うことが難しいので、お勧めできない。関数は、セルに手入力して使うのが基本だと心得よう

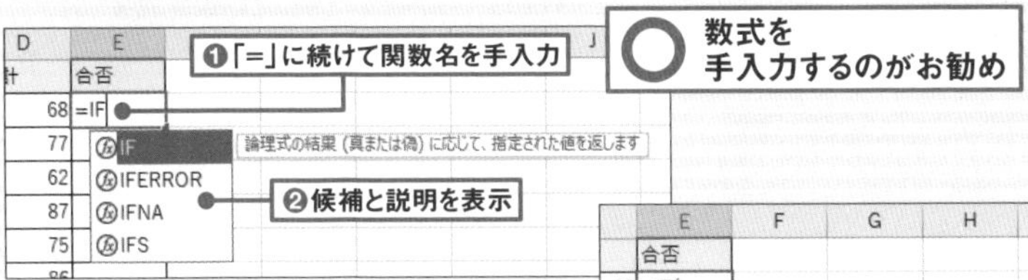

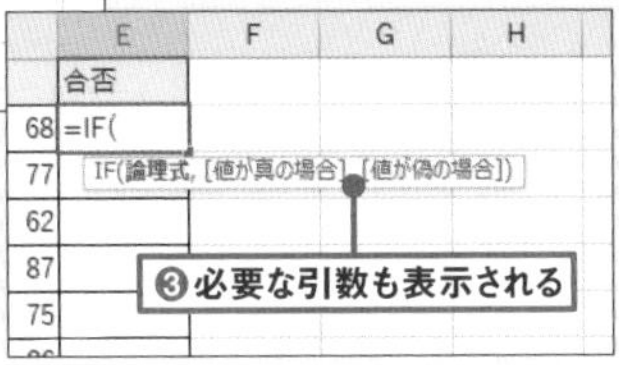

図2 日本語入力がオフの状態で、「=」に続けて関数名を入れ始めると、その文字で始まる関数名が候補としてリスト表示される（❶❷）。ここから選択するか、関数名をすべて入力して「(」まで入れると、必要な引数も示してくれる（❸）

SECTION 02

関数で何ができるのか 大きく分けて3種類の関数がある

関数の種類　引数の種類

関数の基本的な使い方がわかったところで、関数でどんなことができるのかを見通しておこう。個々の関数を順番に覚える学習法では、本当の意味で関数を使えるようにはならない。なぜなら、関数は組み合わせて使うことで本領を発揮するからだ。賢く組み合わせて使うには、関数の働きをより広い視点で理解しておく必要がある。

Excelには500近い関数が用意されていて、メニューでは「財務」「統計」「数学／三角」「検索／行列」「論理」「エンジニアリング」…などの分類に整理されている。だがこの分類は、「こんな場面で使うことが多い」といった程度の意味しかないので、覚える必要はない。関数を探すときの参考になるかもしれないが、覚えたからといって関数を使えるようにはならない。

より重要なのは、関数はその働きによって3つに分けられるということ。すなわち、①値を返す関数、②セルを参照する関数、③計算を制御する関数の3種類だ（**図1**）。この3つの違いがわかると、個々の関数を学んだり使ったりする際にも、その働きをよく理解できるようになるし、「自分が何をしたいのか」に応じて、必要な関数を組み合わせられるようになる。

関数は大きく3種類に分けられる

❶ 値を返す関数	計算したり加工したりした結果を返す 例：SUM、MAX、LEFT、DATEなど
❷ セルを参照する関数	別の場所にあるセルの内容を返す 例：VLOOKUP、INDEX、INDIRECTなど
❸ 計算を制御する関数	計算を切り替えたり、別の処理をしたりする 例：IF、IFERROR、SWITCHなど

図1 Excelには500近い関数があり、「財務」「統計」「検索／行列」「文字列操作」「エンジニアリング」など10以上の分類に分けられているが、「どんな働きをするか」という観点で考えると、図の3種類に大別できる

順番に見ていこう。①値を返す関数には、いわゆる計算をする関数が含まれる。合計を求めるSUM（サム）や、平均を求めるAVERAGE（アベレージ）、最大値を求めるMAX（マックス）など、計算対象を引数に指定すると、計算結果を値として返すものだ（**図2**）。計算だけでなく、文字列を切り出すLEFT（レフト）やRIGHT（ライト）、日付や時刻を求める関数などもこれに含まれる（**図3**）。

②セルを参照する関数は、別の場所にあるセルの内容を返す関数だ。関数の中でも人気の高いVLOOKUP（ブイルックアップ）などがこれに相当する（**図4**）。詳細は後述するが、この関数は数値を計算したりデータを加工したりはしない。セルを参

❶値を返す関数の例

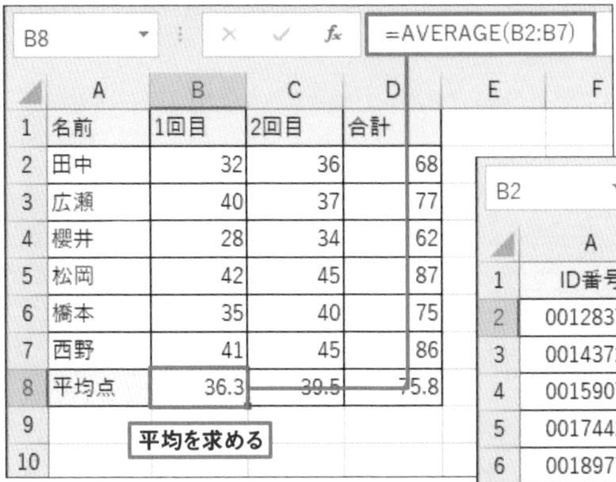

図2 最もイメージしやすいのが、合計や平均といった計算結果を値として返す関数だ。財務や数学の分野で使うような複雑な計算をこなすものもある

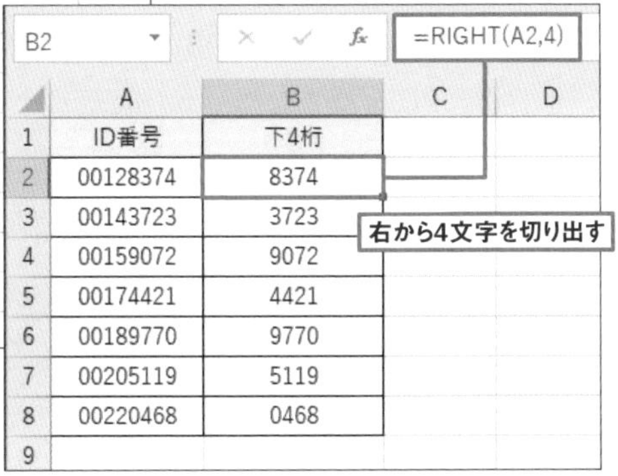

図3 計算だけでなく、文字列の加工や日付・時刻の処理などをして、その結果を値として返す関数もある

❷セルを参照する関数の例

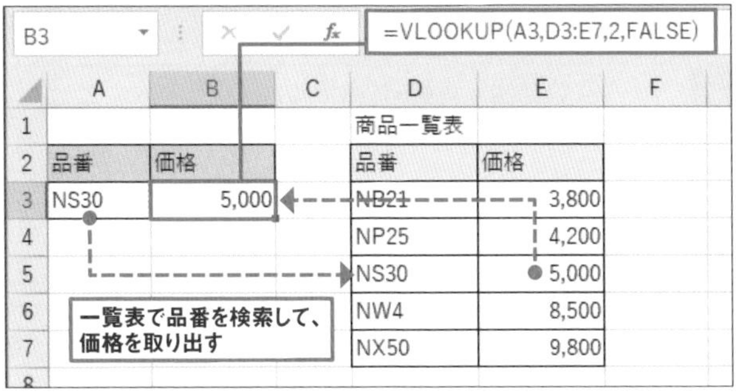

図4 VLOOKUP関数を使うと、指定した品番を商品一覧表で検索し、その価格を取り出す、といった処理を実現できる。別の場所にあるセルの内容を参照して取り出す関数の代表格だ。Excelで最も人気のある関数の1つといえる

照して、その値を持ってくる働きをする。単なる数式と異なるのは、参照すべきセルを目的に応じて変えられる点にある。

③計算を制御する関数の代表格はIF(イフ)。有名なので、知っている人も多いだろう。**図5**の例は、C列の「500円引き適用」欄に「○」が付いている場合だけ500円引きの価格を計算し、それ以外は元の価格を表示するという“条件分岐”を実現したものだ。計算を制御する関数を使うと、このように計算や処理の仕方を場面に応じて切り替えられる。ほかの関数による計算や処理も制御できるため、複数の関数を組み合わせて使うケースも多い。計算を制御する関数を使えるようになると、関数の応用力が格段にアップする。

なお、関数に指定する「引数」は、大別すると「値」と「セル」の2種類に分類できる。関数の式を引数に組み込んで、その結果の「値」や「セル」を利用することもできる。引数の名称は関数ごとに異なり、多種多様なものがあるが、「値」なのか「セル」なのかを意識することで、引数の指定を間違えたり、迷ったりすることはなくなるだろう(**図6**)。

❸計算を制御する関数の例

D3　=IF(C3="○",B3-500,B3)

	A	B	C	D	E
1					
2	品番	価格	500円引き適用	販売価格	
3	NB21	3,800	○	3,300	
4	NP25	4,200		4,200	
5	NS30	5,000	○	4,500	
6	NW4	8,500	○	8,000	
7	NX50	9,800		9,800	
8					

図5 計算を制御する関数の代表格がIF。条件が成り立つかどうかに応じて、処理を切り替えることができる。図では「500円引き適用」欄に「○」が付いている商品の価格だけ「B3−500」という引き算をして、500円引きにしている

引数は大別して2種類

値 (数値、文字列、論理値)	・直接入力する　・別のセルを参照する ・関数の結果を使う(関数を引数に組み込む)
セル (単一セル、セル範囲)	・直接記述する(セル参照) ・セル参照を返す関数の結果を使う

図6 関数に指定する引数は、「値」と「セル」の2種類に分けられる。値は、数式内に直接指定しても、ほかのセルに入っている値を参照してもよい。また、引数の中に別の関数を組み込んで、その関数の結果を使うこともできる。セルは、「A1」などとアドレスを指定するのが基本だが、セル参照を返す関数を使って指定することもできる

SECTION
03

関数は組み合わせて使うもの “作業セル”を活用してもよい

LEFT関数　FIND関数　作業セル

関数の基本的な使い方や大まかな分類がわかったところで、より実践的な関数の使い方を紹介しよう。具体的には、「関数は組み合わせて使う」ということ。前項まででも何度か触れたが、関数は組み合わせてこそ本領を発揮する。この点を実例を交えて説明したい。

ここでは、東京都の区名以下の住所が入力された名簿から、区名だけを取り出す例を考えてみよう（**図1**）。顧客名簿を区ごとに集計・分析する場合など、区名だけを別の列に並べておくと、何かと便利に使えるものだ。

このような「文字列の切り出し」には、LEFT（レフト）関数やRIGHT（ライト）関数などを使う。それぞれ「左から○文字」「右から○文字」のように、指定した文字数だけを切り出せる関数だ。例えば「港区北青山…」という住所から、「港区」だけを切り出すには、LEFT関数の引数「文字数」に「2」と指定すればよい（次ページ**図2**）。ご

区名以下の住所から、区名だけを取り出すには?

	A	B	C
1	名前	住所	区名
2	山田 英範	港区北青山6-55-00	港区
3	小野 慶一	千代田区神田9-59-00	千代田区
4	小野 智朗	中央区日本橋5-83-00	中央区
5	山崎 恵	港区六本木2-22-00	港区
6	増田 恭子	渋谷区恵比寿5-18-00	渋谷区
7	田辺 京子	千代田区内幸町5-74-00	千代田区
8	土橋 一登	中央区銀座9-79-00	中央区
9	平澤 秀樹	品川区東品川5-85-00	品川区
10			
11			
12			

区名のみを取り出す

図1 区名以下の住所が入力された名簿がある。こうした名簿で、区ごとの集計などをするために、区名のみを別セルに取り出したい。手作業で抜き出そうとすると非常に手間がかかるが、関数を使えば簡単だ

く簡単な関数なので、LEFT関数の使い方に戸惑う人はいないだろう。

ところが、名簿にあるほかの住所から区名を取り出そうとすると、ひと筋縄ではいかない。図2の式をほかの行にコピーしてみると、どの住所からも2文字分しか取り出せないので、2文字以外の区名はうまく取り出せない（**図3**）。

従って、どの住所からもうまく区名を切り出すには、まず区名の文字数を調べる必要がある。そんなときに活用するのがFIND（ファインド）。ある文字列の中で、指定した文字が先頭（左）から何文字目にあるかを調べる関数だ。ここでは区名の文字数を知りたいので、「区」という文字を引数「検索文字列」に指定すればよい。引数に文字を直接指定するときは、その文字を「"」（半角ダブルクォーテーション）で挟む必要があるので注意しよう。

“左端”から文字列を切り出すにはLEFT関数で

LEFT《レフト》　【「左から○文字」を切り出す】

=LEFT(文字列, 文字数)

「文字列」の左端から、「文字数」で指定した数の文字を取り出す

	B	C	D
1	住所	区名	
2	港区北青山6-55-00	港区	
3	千代田区神田9-59-00		
4	中央区日本橋5-83-00		

=LEFT(B2 , 2)
文字列　文字数

図2 LEFT関数を使うと、「左から○文字」のように、指定した文字数分だけ、左端から切り出せる。「港区」を切り出すには、引数「文字数」に「2」と指定すればよい

	B	C	D
1	住所	区名	
2	港区北青山6-55-00	港区	
3	千代田区神田9-59-00	千代	
4	中央区日本橋5-83-00	中央	
5	港区六本木2-22-00	港区	
6	渋谷区恵比寿5-18-00	渋谷	
7	千代田区内幸町5-74-00	千代	
8	中央区銀座9-79-00	中央	
9	品川区東品川5-85-00	品川	
10			
11			

×
コピー

図3 ところが、図2の数式を下の行にコピーすると、左のような結果になる。図2の数式では、どの区であっても「左から2文字」を一律で切り出すため、2文字ではない区名を正しく切り出せないのだ

ここでは、空いているD列にFIND関数の式を入力して、「区」の文字の位置を調べることにする（**図4**）。このように、空いているセルを使って途中の計算をするのは、決して悪いことではない。一歩ずつ計算することでミスを防げるし、後から計算過程を確認しやすいというメリットもある。途中計算用のセルを“作業セル”と呼ぶが、作業セルをうまく活用することも、関数を使いこなすうえで大切なことだ。

FIND関数を使って「区」が何文字目にあるのかわかったら、その数をLEFT関数の引数「文字数」に指定すれば、「区」の位置に応じて切り出す文字数を変化させられる（**図5**）。こうしてLEFT関数とFIND関数を組み合わせることで、初めて「区名の切り出し」が実現できるわけだ。FIND関数は、単体では文字の位置を調べることしかできず、何の役に立つ関数なのかわからないかもしれない。しかし、LEFT関

EXCEL 「区」の文字の位置をFIND関数で特定する

FIND《ファインド》【指定した文字が何文字目かを調べる】

=FIND(検索文字列, 対象, 開始位置)

「対象」に指定した文字列内で「検索文字列」を探し、先頭から何文字目かを調べる。「開始位置」を数値で指定すると、その位置以降の文字だけを検索する（省略可）

	B	C	D	E
1	住所	区名	区の位置	
2	港区北青山6-55-00		2	
3	千代田区神田9-59-00		4	
4	中央区日本橋5-83-00		3	
5	港区六本木2-22-00		2	
6	渋谷区恵比寿5-18-00		3	
7	千代田区内幸町5-74-00		4	
8	中央区銀座9-79-00		3	
9	品川区東品川5-85-00		3	
10				

=FIND("区", B2)
（"区"：検索文字列、B2：対象）

コピー

図4 あらかじめD列を使い、「区」の文字が何文字目にあるかを調べてみよう。FIND関数を使うと、指定した文字列が先頭から何文字目に位置するかを調べられる

=LEFT(B2, D2)
（B2：文字列、D2：文字数）

	B	C	D
1	住所	区名	区の位置
2	港区北青山6-55-00	港区	2
3	千代田区神田9-59-00	千代田区	4
4	中央区日本橋5-83-00	中央区	3
5	港区六本木2-22-00	港区	2
6	渋谷区恵比寿5-18-00	渋谷区	3

○

図5 図4の結果を、LEFT関数の引数「文字数」に指定すれば、「区」の文字の位置に応じて、あるときは2文字、あるときは4文字、というように、適切な文字数分をLEFT関数で切り出せるようになる

数などほかの関数と組み合わせて使うものだと知れば、FIND関数の便利さを実感できるに違いない。

なお、D列のような途中計算用の作業セルは、邪魔なら「非表示」にして隠すこともできる（**図6**）。だから途中の計算では、心おきなく作業セルを活用するとよい。もちろん、今回のようにシンプルな関数の組み合わせであれば、FIND関数の式をLEFT関数の引数に直接入力して、数式1つにまとめることも可能だ（**図7**）。いずれにしても、「関数は組み合わせて使う」という点を、まず心に刻んでおいてほしい。

途中計算用の“作業セル”を非表示にして隠す

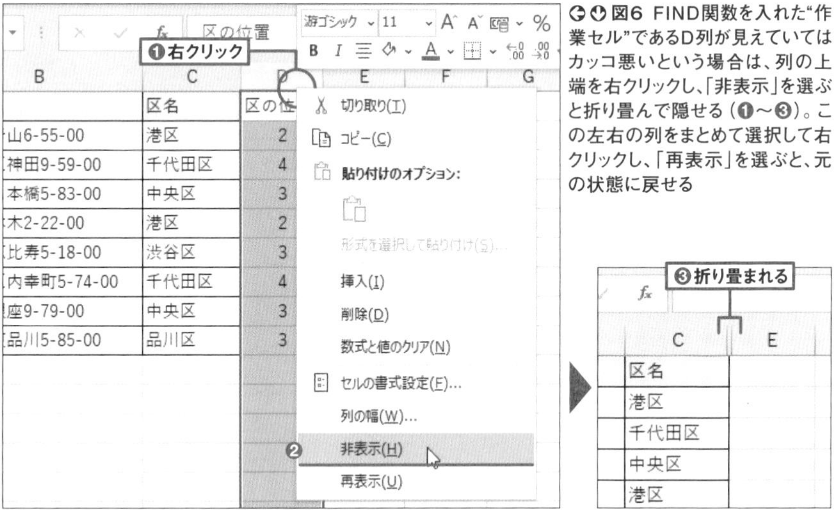

←↓ 図6 FIND関数を入れた“作業セル”であるD列が見えていてはカッコ悪いという場合は、列の上端を右クリックし、「非表示」を選ぶと折り畳んで隠せる（❶～❸）。この左右の列をまとめて選択して右クリックし、「再表示」を選ぶと、元の状態に戻せる

作業セルを使わずに、数式1つで一気に処理する

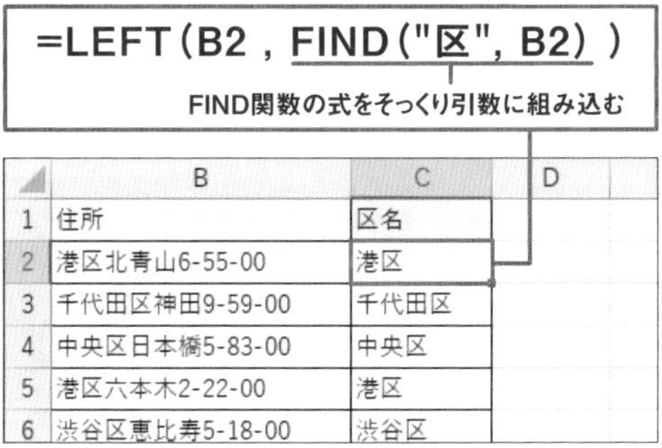

← 図7 作業セルを使わずに、数式1つで済ませたい場合は、LEFT関数の引数「文字数」の部分に、FIND関数の式をそっくり組み込んでしまえばよい。こうした関数の組み合わせにより、多彩な処理を実現するのが、関数の醍醐味だ

COLUMN

関数式で処理した結果を「値」に変換する

左ページ図7のように区名を取り出した後、元の住所は不要だからと「Delete」キーでB列を消去すると、C列の区名も消えてエラーが表示される(図1)。C列に入っているのはあくまで関数の式であり、区名の表示は元データを参照して処理した結果にすぎない。そのため、元データを消去したりセルを削除したりすれば、処理できなくなるからだ。

元データを消しても結果だけは残るようにしたければ、関数の結果を"単なる値"に変換する。それには、当該セルを「コピー」して、「値」として貼り付けて上書きすればよい(図2)。すると数式は消え、手入力した文字列や数値と同様に扱えるようになる。

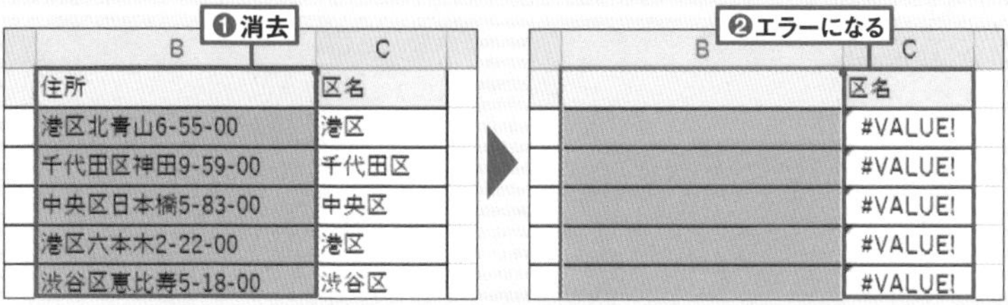

⇧図1 C列に表示された区名は、あくまで関数式の結果なので、関数が参照しているB列のデータを消したりセルを削除したりすると(❶)、計算ができなくなりエラーが表示される(❷)

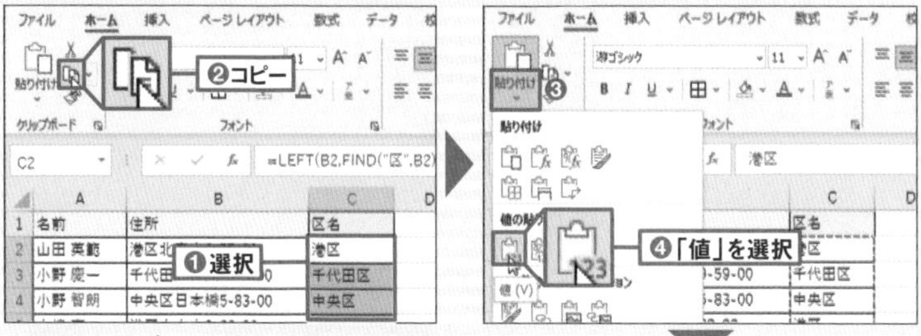

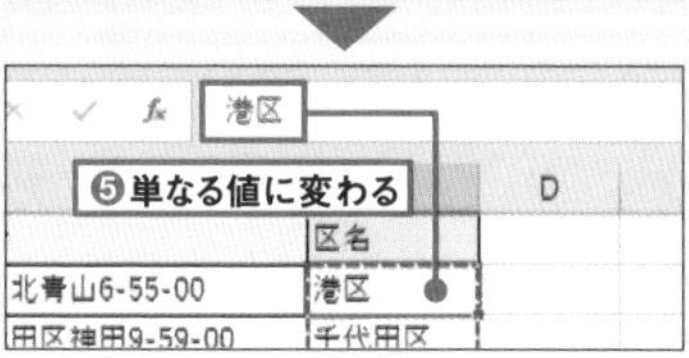

⇧⮕図2 元データを消去・削除しても関数の結果が残るようにするには、関数の結果を"単なる値"に変換する。それにはセルを範囲選択して「コピー」し(❶❷)、そのまま「貼り付け」ボタンのメニューから「値」を選んで貼り付ける(❸❹)。すると、数式だったセルが、その結果の文字列に置き換わる(❺)

SECTION 04

IF関数を使いこなす アイデア次第で組み合わせ自在

IF関数 MAX関数 SUM関数

次に、「計算を制御する関数」の代表格であるIF(イフ)関数の使い方を見ていく。IF関数も、「組み合わせて使う」ことで、関数活用の幅を大きく広げてくれるものだ。IF関数を使いこなせるようになれば、ほかの関数による計算を制御して、さまざまな難題をクリアできるようになる。

ごく簡単な例で基本を確認しておこう。**図1**は、D列の合計点が「70点以上」かどうかを判定し、70点以上なら「合格」、それ以外(70点未満)なら「不合格」と表示する式だ。この式を各行にコピーすれば、全員分の合否をあっという間に判定できる。

指定した条件が成り立つかどうかで場合分け

IF《イフ》【条件に応じて処理を切り替える】

=IF(論理式, 値が真の場合, 値が偽の場合)

「論理式」に指定した条件が成り立つときは「値が真の場合」の処理を実行し、成り立たないときは「値が偽の場合」の処理を実行する

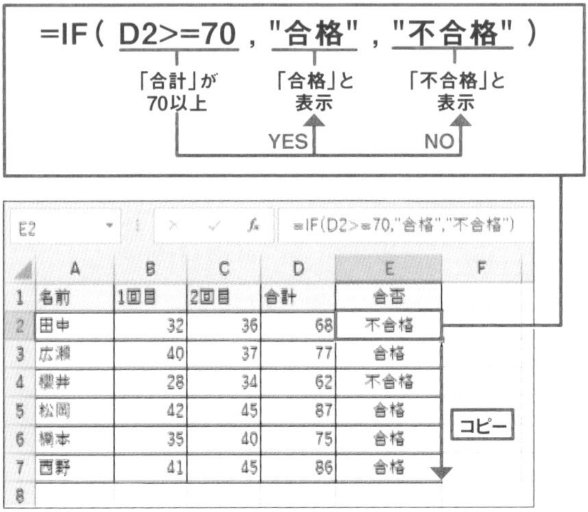

	A	B	C	D	E	F
1	名前	1回目	2回目	合計	合否	
2	田中	32	36	68	不合格	
3	広瀬	40	37	77	合格	
4	櫻井	28	34	62	不合格	
5	松岡	42	45	87	合格	
6	橋本	35	40	75	合格	
7	西野	41	45	86	合格	
8						

図1 IF関数を使うと、指定した条件が成り立つかどうかで、2つの結果を切り替えることができる。引数「値が真の場合」と「値が偽の場合」に文字列を指定すれば、結果としていずれかの文字列を表示できる。文字列を指定するときは、「"」(半角ダブルクォーテーション)で挟む

IF関数は、引数「論理式」に条件を表す論理式を指定して、それが成り立つ場合と成り立たない場合の処理を、引数「値が真の場合」と「値が偽の場合」に指定する。論理式の作り方は、78ページで解説したが、引数の中では、論理式の手前に「=」を付ける必要はない。関数自体が、既に数式になっているからだ。

このようにIF関数を使うと、条件に応じて2つの処理を選択できる。一方、合計点に応じて80点以上なら「A」、70点以上なら「B」、それ以外(70点未満)なら「C」という3段階で評価する場合はどうすればよいだろうか。時々「3つに分岐できるIF関数はありますか?」なんて質問を受けることがあるが、そのような関数を使わなくても、IF関数だけで実現が可能だ。

それには、IF関数の引数に、別のIF関数を組み込んで“入れ子”にすればよい(**図2**)。1つめの条件として「80点以上」を指定し、これが成り立てば「A」と表示させる。これが成り立たない場合の「値が偽の場合」として、もう1つIF関数の式をそっくり組み込むのだ。すると、2つめの条件である「70点以上」を判定し、成り立てば「B」、それ以外は「C」と評価することができる。このテクニックはIF関数の「ネスト」ともいう。

EXCEL IF関数の中にIF関数を組み込んで分岐を増やす

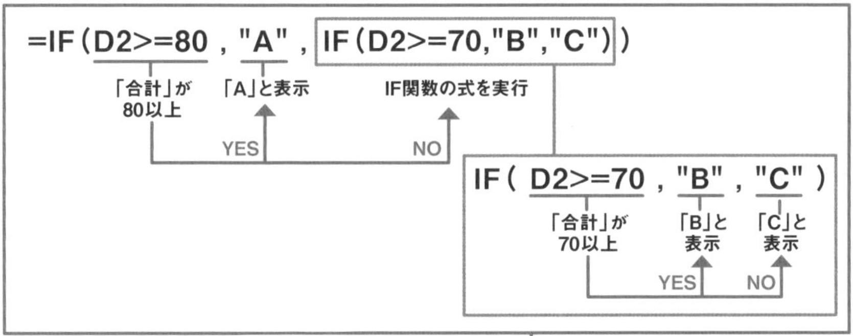

	A	B	C	D	E	F
1	名前	1回目	2回目	合計	評価	
2	田中	32	36	68	C	
3	広瀬	40	37	77	B	
4	櫻井	28	34	62	C	コピー
5	松岡	42	45	87	A	
6	橋本	35	40	75	B	
7	西野	41	45	86	A	
8						
9						

⬆⬅ 図2 80点以上は「A」、70点以上は「B」、それ未満は「C」という評価をしたいときは、IF関数の引数「値が偽の場合」に、別のIF関数の式を組み込めばよい。すると、1つめのIF関数で「80以上」という条件を判定し、成り立てば「A」と表示。成り立たないときは2つめのIF関数の処理に移り、今度は「70以上」という条件を判定して「B」または「C」と表示できる

実は、最新のExcelには、複数の条件分岐を実現するIFS（イフエス）という関数が追加されていて、IF関数をネストすることなく、関数1つで図2のような処理を実現できる。だが、「関数を組み合わせる」という考え方を身に付けていれば、新しい関数など覚えなくても、IF関数同士の組み合わせで済むというわけだ。

IF関数の引数「論理式」に指定する条件の中で、ほかの関数を組み合わせることもできる。**図3**は、合計点が「合計」列の最大値である場合に、「最高点」と表示するようにIF関数の式を立てた例。MAX（マックス）関数を使って最大値を求め、それが合計点と一致するかどうかを判定している。IF関数の式を下の行にコピーしたとき最大値を求める「合計」列の範囲がずれていかないように、MAX関数の引数は絶対参照にする必要がある。該当しないセルを空欄のままにするには、「""」のように半角ダブルクォーテーションを2つ続けて指定する。「"」は式の中に文字を指定するための記号だが、間に何も挟まずに「""」のようにすると、「文字なし」ということで「空白」の意味になる。

IF関数とこの「""」を利用すると、値の「抽出」も可能だ。**図4**のように、ある条件に

EXCEL 条件の指定に、ほかの関数を使うことも可能

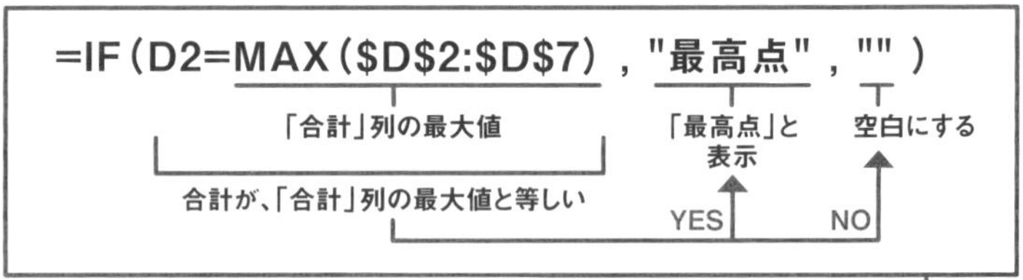

	A	B	C	D	E	F	G
1	名前	1回目	2回目	合計	評価	備考	
2	田中	32	36	68	C		
3	広瀬	40	37	77	B		
4	櫻井	28	34	62	C		
5	松岡	42	45	87	A	最高点	
6	橋本	35	40	75	B		
7	西野	41	45	86	A		
8							

コピー

↑図3 MAX関数を使えば、「合計が、『合計』列の最大値と等しい」という条件式を作れる。これをIF関数の引数「論理式」にすれば、最高点を出した人に「最高点」と表示することなども可能だ。「最高点」以外のセルを空欄のままにするには、IF関数の引数「値が偽の場合」に、半角ダブルクォーテーションを2つ続けて「""」と指定する。「空白文字」などと呼ばれる指定方法で、セルを空欄のように見せられる

当てはまるときだけ値を取り出すようにIF関数の式を立てれば、作業セルに、必要な値だけを抽出できる。すると、その作業セルを対象に合計や平均、個数などを求めることで、「条件に合うデータのみの集計」を実現できる（**図5**）。もちろん、SUMIF（サムイフ）関数やAVERAGEIF（アベレージイフ）関数といった専用の関数も用意されているので、それらを使うほうが速いのだが、基本的な関数だけでもアイデア次第で多彩な処理を実現できるということは覚えておこう。1つの目的を達成する計算の仕方は多数あり、関数の選択や使い方に「正解」はないのだ。

EXCEL IF関数でデータを抽出すれば、条件付きの集計もできる

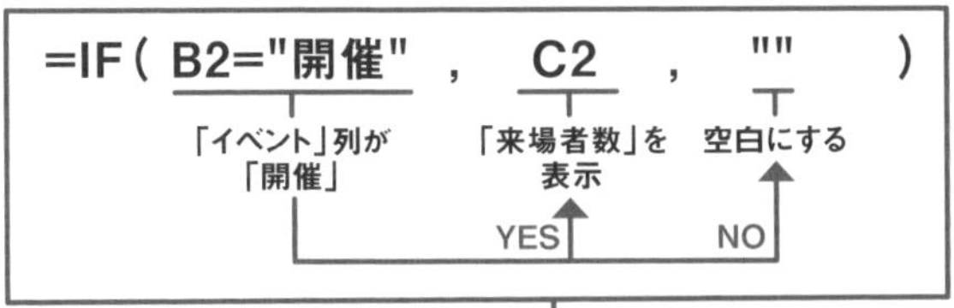

	A	B	C	D	E	F
1	日程	イベント	来場者数		開催日のみ	
2	1日目	開催	5648		5648	
3	2日目		3230			
4	3日目	開催	4698		4698	
5	4日目	開催	5132		5132	
6	5日目		3243			
7	6日目		2830			
8	7日目	開催	3984		3984	
9	8日目	開催	4325		4325	
10	9日目		3604			
11	10日目	開催	5409		5409	
12						
13	イベント開催日の来場者数			合計	29196	
14				平均	4866	
15				回数	6	
16						

コピー

=SUM(E2:E11)

=AVERAGE(E2:E11)

=COUNT(E2:E11)

図4 「イベント」列に「開催」と記入されている日の来場者数だけを、IF関数を使ってE列に取り出した。それ以外の行は、「""」（空白文字）で空欄にしている。すると、E2～E11セルをSUM関数で合計することで、イベント開催日だけの来場者数の合計を求められる。同様に、AVERAGE関数で開催日だけの平均、COUNT関数で開催日の回数を計算可能だ。IFと基本的な関数だけでも、組み合わせればさまざまな集計ができる

SUM（サム）	合計を求める	AVERAGE（アベレージ）	平均を求める
MAX（マックス）	最大値を求める	COUNT（カウント）	数値を含むセルの個数を求める
MIN（ミン）	最小値を求める	COUNTA（カウントエー）	空欄ではないセルの個数を求める

図5 数値の集計に使う基本的な関数。引数にセルやセル範囲を指定するだけで利用できる

条件に合うデータのみを合計 担当者別の集計も一発で

SUMIF関数　SUMIFS関数

ここからは、代表的な関数の使い方を、実際の利用シーンに即して紹介していこう。まずは、前項でも少し触れたSUMIF（サムイフ）関数から。「1行1件」のルールで入力された「データベース形式」（138ページ参照）のデータの中から条件に該当するものを探し、必要な数値を合計できる関数だ。

SUMIF関数は、例えば「担当」「地区」「売上額」などの列を持つデータで、担当者別や地区別に売上額を合計するときに活躍する。引数「範囲」に検索したい列、

担当者別の売上額を合計する

SUMIF《サムイフ》　【条件に合うデータを合計する】

=SUMIF(範囲, 検索条件, 合計範囲)

「範囲」内で、指定した「検索条件」に合うデータを探し、該当したセルに対応する位置にある「合計範囲」内の数値を合計する

=SUMIF（ $B$2:$B$26 , F3 , $D$2:$D$26）

- $B$2:$B$26：範囲「担当」列
- F3：検索条件「山本」
- $D$2:$D$26：合計範囲「売上額」列

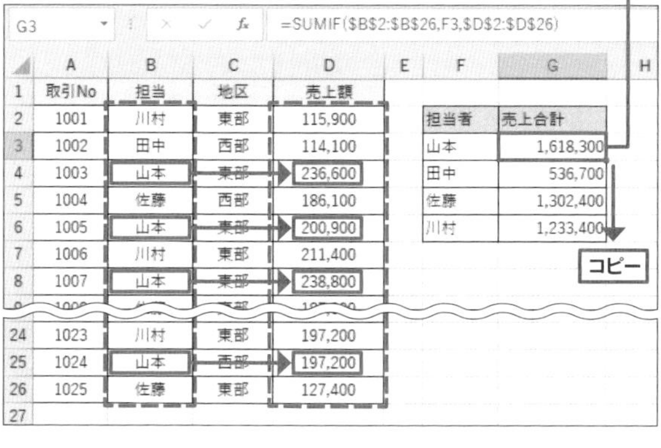

図1 SUMIF関数を使って担当者別の売上額を合計した例。図の式は、「担当」列で「山本」（F3セル）を探し、該当した行の「売上額」のみを合計する。この式をG6セルまでコピーすれば、ほかの担当者の売上額も合計できる。引数の「範囲」と「合計範囲」は、コピーしてもずれないように絶対参照にする

「検索条件」に目的のデータを指定するが、「検索条件」は、引数に直接入力しても、セルを参照してもよい。**図1**のように各担当者をそれぞれ集計したければ、セルを参照して検索条件を指定するほうが効率的。数式をコピーして使い回せるからだ。

SUMIF関数は、検索の条件を1つしか指定できないが、SUMIFS（サムイフエス）という“SUMIFの複数形”を使えば、「担当が山本で、かつ地区が東部」といった複数の条件を指定することができる。そして、すべての条件に該当するデータのみを抽出して合計できる（**図2**）。SUMIFSは、SUMIFの強化版といえる関数だが、合計範囲を指定する引数の場所が、微妙に異なるので注意しよう。SUMIFは最後に「合計範囲」を指定するが、SUMIFSは最初に「合計対象範囲」を指定する。

なお、SUMIFSと同じ使い方ができる“条件付き集計”の関数に、AVERAGEIFS（アベレージイフエス）やMAXIFS（マックスイフエス）、MINIFS（ミンイフエス）という関数がある（**図3**）。それぞれ平均、最大値、最小値を求める関数だ。

複数の条件を満たすデータの合計はSUMIFS関数で

SUMIFS《サムイフエス》 【複数の条件に合うデータを合計する】

=SUMIFS(合計対象範囲, 条件範囲1, 条件1, 条件範囲2, 条件2, …)

「条件範囲1」で「条件1」、「条件範囲2」で「条件2」…という具合に複数の条件でデータを検索し、すべてに該当したデータに対応する「合計対象範囲」内の数値を合計する

=SUMIFS(D2:D26 , B2:B26 , "山本", C2:C26 , "東部")

合計対象範囲　「担当」が「山本」　「地区」が「東部」

	A	B	C	D	E	F	G	H
1	取引No	担当	地区	売上額				
2	1001	川村	東部	115,900		担当者	売上合計	
3	1002	田中	西部	114,100		山本	1,618,300	
4	1003	山本	東部	236,600		田中	536,700	
5	1004	佐藤	西部	186,100		佐藤	1,302,400	
6	1005	山本	東部	200,900		川村	1,233,400	
7	1006	川村	東部	211,400				
8	1007	山本	東部	238,800		山本の東部地区の売上額		
9	1008	佐藤	東部	187,300			916,900	
10	1009	山本	西部	240,600				

図2 「担当が山本で、かつ地区が東部」というように、2つ以上の条件でデータを探し、該当するものだけを合計したければ、SUMIFS関数を使う。ここでは「山本」「東部」という条件を式に直接入力した。文字列を引数に指定するときは、「"」（半角ダブルクォーテーション）で挟む

AVERAGEIFS（アベレージイフエス）	複数の条件に合うデータの平均を求める
MAXIFS（マックスイフエス）	複数の条件に合うデータの最大値を求める
MINIFS（ミンイフエス）	複数の条件に合うデータの最小値を求める

図3 SUMIFS関数の仲間。複数の条件を満たすデータの平均、最大値、最小値を求められる。使い方は同じだ

SECTION
06

条件に合うデータの個数を調べる ワイルドカードを使って検索も

COUNTIF関数　COUNTIFS関数

データを整理したり分析したりするとき、データの「件数を数える」のは基本中の基本だ。Excelにはデータ全体を数えるCOUNTA（カウントエー）関数や、数値のみを数えるCOUNT（カウント）関数もあるが、より実用性が高いのがCOUNTIF（カウントイフ）関数。前項で紹介したSUMIF関数などと同様、特定の条件を指定して、それに該当するデータのみを数えられる関数だ。

図1は、顧客住所録の「都道府県」列を使って、都道府県別の顧客数を調べたもの。引数「範囲」には「D:D」のように指定して、「D列全体」を指定している。「検索条件」には、数えたいデータを「"東京都"」のように直接入力することもできるが、集計表の行見出しであるG3セルを参照する形にした。これにより、数式をコピーするだ

住所録を基に地域別の人数を調べる

COUNTIF《カウントイフ》【条件に合うデータの個数を調べる】

=COUNTIF(範囲, 検索条件)

「範囲」内で「検索条件」に合うデータを探し、該当するデータの個数を調べる

➲➋ **図1** 顧客住所録などで、地域別の人数を分析することなどがある。図の式では、COUNTIF関数の引数「範囲」に「D列全体」を指定。「検索条件」に都道府県名を指定して、都道府県別の人数を調べている。「D列全体」を指定するには、行番号を入れずに「D:D」のように入力すればよい

=COUNTIF(D:D , G3)

範囲 D列全体　検索条件「東京都」

	A	B	C	D	E	F	G	H	I
1	ID	名前	年齢	都道府県	住所				
2	001	吉田紀夫	52	埼玉県	川越市旭町0-00		都道府県	人数	
3	002	佐々木美香	55	東京都	昭島市朝日町0-00		東京都	330	
4	003	宮崎宏明	42	千葉県	浦安市舞浜0-00		埼玉県	72	
5	004	田中桜	55	東京都	文京区大塚0-00		千葉県	90	
6	005	河野真由美	67	東京都	港区白金0-00		神奈川県	108	
7	006	福田章一	82	東京都	大田区池上0-00				
8	007	高橋進	87	神奈川県	川崎市川崎区池田0-0				
9	008	小林佐智子	43	埼玉県	所沢市東町0-00				

コピー

けで、ほかの都道府県の人数も手早く集計できる。調べる「範囲」に列全体を指定しておけば、コピー時に相対参照か絶対参照かを気にする必要がないうえ、新たに追加した顧客データも自動的に集計対象に含められるので便利だ。

COUNTIF関数の「検索条件」には、“任意の文字列”を表すワイルドカード「*」(半角アスタリスク)も利用できる。そのため「"港区*"」のように指定すれば、「『港区』で始まる」という条件で検索が可能だ(**図2**)。数値を検索する場合は、等号や不等号を使って「100以上」や「100より小さい」といった条件も指定できる(**図3**)。この点は、SUMIF関数など“条件付き集計”の関数すべてに共通している。

ワイルドカードを使い、「前方一致」で検索する

図2 “任意の文字列”を表すワイルドカード「*」(半角アスタリスク)を加えれば、「〜で始まる」といった検索条件にすることも可能。都道府県名や市区町村名が分割されていなくても、検索が可能だ

=COUNTIF(E:E , "港区*")

範囲 E列全体 / 検索条件 「港区」で始まる

	A	B	C	D	E	F	G	H	I
1	ID	名前	年齢	都道府県	住所				
2	001	吉田紀夫	52	埼玉県	川越市旭町0-00				
3	002	佐々木美香	55	東京都	昭島市朝日町0-00		港区	42	
4	003	宮崎宏明	42	千葉県	浦安市舞浜0-00				
5	004	田中桜	55	東京都	文京区大塚0-00				
6	005	河野真由美	67	東京都	港区白金0-00				

条件の意味	入力例	条件の意味	入力例
〜と等しい	"PC"	〜より大きい	">100"
〜で終わる	"*PC"	〜以下	"<=100"
〜を含む	"*PC*"	〜より小さい	"<100"
〜と異なる	"<>PC"	指定セルと等しい	A1
〜以上	">=100"	指定セルより小さい	"<"&A1

図3 COUNTIF関数やSUMIF関数などで「検索条件」を指定する方法。条件を「"」(半角ダブルクォーテーション)で挟み、「文字列」として指定するのがポイントだ

	D	E	F	G	H	I
	都道府県	住所				
2	埼玉県	川越市旭町0-00				
5	東京都	昭島市朝日町0-00		港区	0	
2	千葉県	浦安市舞浜0-00		千代田区		✕
5	東京都	文京区大塚0-00		品川区		
7	東京都	港区白金0-00				
2	東京都	大田区池上0-00				

=COUNTIF(E:E, "G3*")

図4 セル参照と記号を組み合わせるときは要注意。セル参照を「"」の中に入れてしまうと、それ自体が「文字列」の扱いになり、図の例では「『G3』で始まる」の意味になってしまう

注意したいのは、「検索条件」の指定に、セル参照と「*」や「>」などの記号を組み合わせるときだ。これらの記号を使う場合、条件を「文字列」として指定するために「"」(半角ダブルクォーテーション)で挟む必要があるが、「G3」といったセル参照の指定まで「"」で挟んでしまうと、セル参照ではなく「G3」という文字列と見なされてしまう(前ページ**図4**)。そのため、セル参照は「"」の外側に置いて記号だけを「"」で囲み、両者を「&」記号で結合する形にする(**図5**)。「G3セルの値で始まる」なら「G3&"*"」という具合だ。

一方、複数の条件を指定して、それに該当するデータを数えることもできる。それにはCOUNTIFS(カウントイフエス)関数を使う(**図6**)。調べる範囲と検索条件を対にして順番に並べていけば、すべてに該当するデータの個数がわかる。「30歳以上、かつ40歳未満」といった条件を指定して、多彩なデータ分析が可能だ。

検索条件にセル参照を組み合わせる

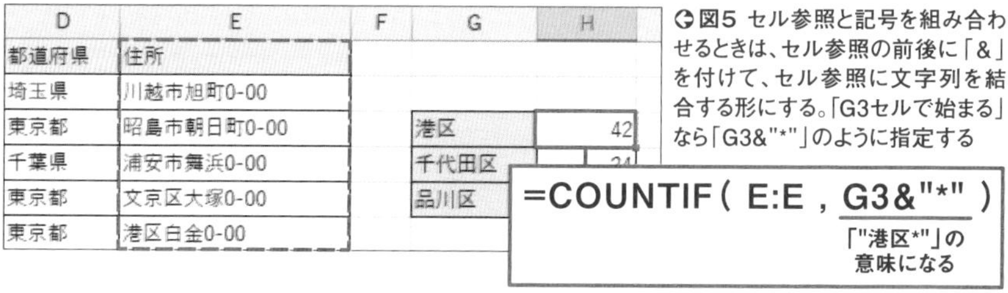

図5 セル参照と記号を組み合わせるときは、セル参照の前後に「&」を付けて、セル参照に文字列を結合する形にする。「G3セルで始まる」なら「G3&"*"」のように指定する

複数の条件に該当するデータを数える

COUNTIFS《カウントイフエス》 【複数の条件に合うデータの個数を調べる】

=COUNTIFS(検索条件範囲1, 検索条件1, 検索条件範囲2, 検索条件2, …)

「検索条件範囲1」で「検索条件1」、「検索条件範囲2」で「検索条件2」…という具合に複数の条件でデータを検索し、すべてに該当したデータの個数を調べる

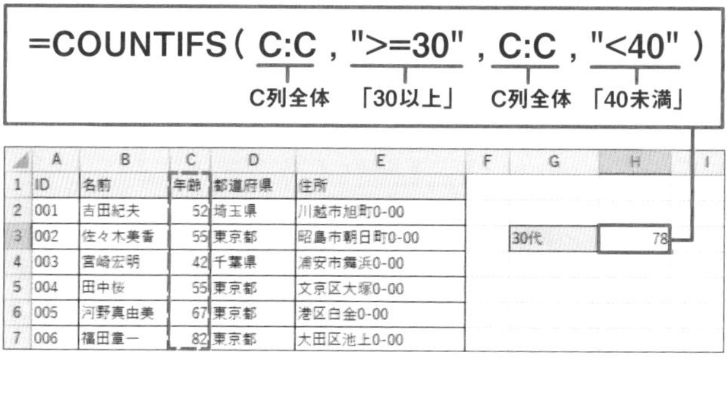

図6 COUNTIF関数にも"複数形"のCOUNTIFS関数がある。調べる範囲と検索条件を、順番に複数指定すれば、すべての条件に該当するデータの個数を調べられる。図の例では「年齢」列で「30以上」と「40未満」という2つの条件に当てはまるデータを数えて、「30代」の人数を調べている

SECTION 07

“ROUND系”の関数で数値の端数を処理する

ROUND関数　ROUNDUP関数　ROUNDDOWN関数

数値を計算して値を返す関数としては、“端数処理”の関数も押さえておきたい。よく使うのが「四捨五入」。割り切れない数の小数部分を一定の桁で丸めたり、桁の大きな整数において100未満を丸めたりするケースだ。

「丸める」という言葉通り、こうした端数処理には“ROUND系”の関数を使う。その代表がROUND（ラウンド）関数（**図1**）。指定した「数値」を、指定した「桁数」で四

数値の端数を「四捨五入」する

ROUND《ラウンド》　【四捨五入する】

=ROUND(数値, 桁数)

「数値」を、指定した「桁数」で四捨五入する

	A	B	C	D
1	セール価格早見表			
2	品番	価格	15%引き	100円未満四捨五入
3	NB21	3,800	3,230	3,200
4	NP25	4,200	3,570	3,600
5	NS30	5,000	4,250	4,300
6	NW4	8,500	7,225	7,200
7	NX50	9,800	8,330	8,300

=ROUND(C3 , −2)
数値　桁数

コピー

図1 C列の価格の100円未満を四捨五入して、100円単位になるように丸めたい。このようなときはROUND関数を使い、引数「桁数」を「-2」と指定すればよい

引数「桁数」	処理する位	「123.4567」の場合
−2	十の位	100
−1	一の位	120
0	小数点第1位	123
1	小数点第2位	123.5
2	小数点第3位	123.46
3	小数点第4位	123.457

図2 ROUND関数の引数「桁数」は、整数桁を処理するときにはマイナスの値、小数点第1位を処理して整数化するときは「0」、小数点以下の桁を処理するときにはプラスの値を指定する

捨五入できる。引数「桁数」の指定方法は前ページ**図2**の通り。小数点以下を処理したいときは、処理した結果、何桁分を残したいかを整数で指定すればよい。小数点以下をすべて丸めたいときは「0」だ。整数部分を丸めるときは、マイナスの値で指定する。これが少々わかりにくいが、小数点以下をすべて処理する場合が「0」なので、そこから1桁上がるごとに「−1」していくと考えればよいだろう。

四捨五入ではなく、「切り上げ」や「切り捨て」で処理したい場合は、ROUND関数の仲間であるROUNUP（ラウンドアップ）関数やROUNDDOWN（ラウンドダウン）関数を使えばよい（**図3**）。使い方はROUND関数と全く同じだ。

数値の「桁」で単純に切り上げ、切り捨てするのではなく、ある数値の“倍数”になるように、数値を切り上げたり切り下げたりすることも可能だ。これに使うのが、CEILING.MATH（シーリング マス）関数とFLOOR.MATH（フロア マス）関数。それぞれ、指定した「基準値」の倍数への切り上げと切り下げができる。

例えば、1ケースに24個入っている商品をケース単位でしか注文できない場合、必要な個数を満たすには、必要個数以上の「24の倍数」に切り上げればよい。つまり、CEILING.MATH関数を使って24の倍数に切り上げれば、発注個数がわかる（**図4**）。それを24（1ケース当たりの個数）で割れば、発注ケース数がわかる。

一方、この商品をケース単位とは別に単品でも注文できる場合は、必要個数以下の「24の倍数」を計算して、その個数分をケース単位で、残りを単品で注文するのが効率的だ。そこで、FLOOR.MATH関数で24の倍数に切り下げて、その分は

“ROUND系”関数で切り上げも切り捨ても自在

ROUNDUP《ラウンドアップ》 【切り上げる】

=ROUNDUP(数値, 桁数)

「数値」を、指定した「桁数」で切り上げる

ROUNDDOWN《ラウンドダウン》 【切り捨てる】

=ROUNDDOWN(数値, 桁数)

「数値」を、指定した「桁数」で切り捨てる

=ROUNDUP(C3 , −2)

=ROUNDDOWN(C3 , −2)

	C	D	E	F	G
1					
2	15%引き	100円未満四捨五入	100円未満切り上げ	100円未満切り捨て	
3	3230	3,200	3,300	3,200	
4	3570	3,600	3,600	3,500	
5	4250	4,300	4,300	4,200	
6	7225	7,200	7,300	7,200	
7	8330	8,300	8,400	8,300	
8					

図3 端数を切り上げたいときはROUNDUP関数、切り捨てたいときはROUNDDOWN関数を使う。使い方はROUND関数と同じだ

ケース単位で発注。その数を必要個数からマイナスして残りを計算し、単品で発注すればよい（**図5、図6**）。

なお、ExcelにはもともとCEILING関数とFLOOR関数があったが、Excel 2013でこれらの強化版であるCEILING.MATH関数とFLOOR.MATH関数が追加された。これらは3つめの引数「モード」で、数値が負の数の場合の処理の仕方を指定できるようになっている。正の数を処理する場合は、「モード」は省略して構わない。

ある“倍数”への切り上げや切り下げも可能

CEILING《シーリング》.MATH《マス》 【基準値の倍数に切り上げる】

=CEILING.MATH(数値, 基準値, モード)

「数値」を「基準値」の倍数のうち、最も近いものに切り上げる。数値が負の場合に、0に近いほうに切り上げるのか、0から遠いほうに切り上げるのかを「モード」で指定できる（省略可）

=CEILING.MATH(C3 , B3)

C3：数値　B3：基準値

	A	B	C	D	E
1	仕入れ単位早見表				
2	品番	1ケース個数	必要個数	ケース個数換算	ケース数
3	NB21	24	200	216	9
4	NP25	15	200	210	14
5	NS30	30	200	210	7

=D3/B3

図4 1ケース24個入りの商品をケース単位で発注するような場合に、CEILING.MATH関数を使うと、必要数を満たすために何ケース注文する必要があるかを計算できる。図では「必要個数」を「1ケース個数」の倍数に切り上げて「ケース個数換算」を求め、それを「1ケース個数」で割って、発注する「ケース数」を求めている

FLOOR《フロア》.MATH《マス》 【基準値の倍数に切り下げる】

=FLOOR.MATH(数値, 基準値, モード)

「数値」を「基準値」の倍数のうち、最も近いものに切り下げる。数値が負の場合に、0に近いほうに切り下げるのか、0から遠いほうに切り下げるのかを「モード」で指定できる（省略可）

=FLOOR.MATH(C3 , B3)

C3：数値　B3：基準値

	A	B	C	D	E	F
1	仕入れ単位早見表					
2	品番	1ケース個数	必要個数	ケース個数換算	ケース数	単品数
3	NB21	24	200	192	8	8
4	NP25	15	200	195	13	5
5	NS30	30	200	180	6	20
6						
7						

=D3/B3　=C3-D3

図5 ケース単位の発注とは別に単品での注文も可能な場合は、FLOOR.MATH関数を使って発注ケース数と単品での発注数を計算する。まず、「必要個数」に最も近い「1ケース個数」の倍数に切り下げ、それを「1ケース個数」で割ることで「ケース数」、「必要個数」から引くことで「単品数」を求める

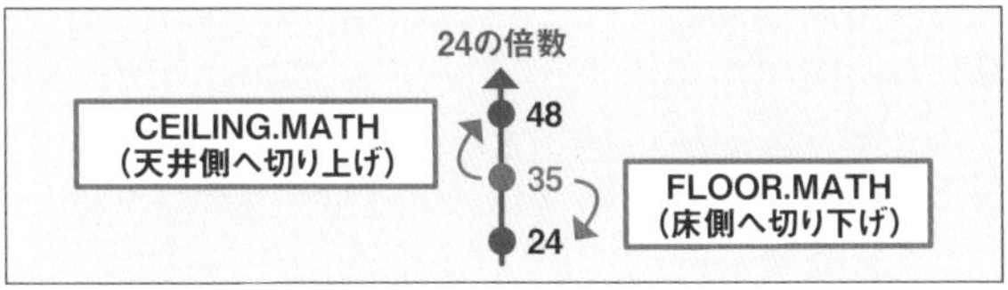

図6 CEILINGは「天井」、FLOORは「床」、MATHは「数学」の意味だ。2つの関数はそれぞれ、「基準値」の倍数の天井側へ切り上げるか、床側へ切り下げるかで、使い分ければよい

SECTION
08

表を検索して値を取り出す VLOOKUP関数を使いこなす

VLOOKUP関数　IF関数　IFERROR関数

Excelの関数の中でも特に人気が高いのがVLOOKUP（ブイルックアップ）関数だ。見積書や請求書のひな型でこの関数を使うと、「品番を入力するだけで価格が自動表示される」といった便利な仕掛けを実現できる（**図1**）。VLOOKUP関数は、92ページで説明した「セルを参照する関数」。別表を検索して該当するデータを見つけると、その行の指定した列を参照して、値を返す関数だ。

見積書の明細表を例に、使い方を見ていこう。明細表の「品番」欄に品番を入れると、それに応じた価格が「価格」欄に自動表示されるようにしたい。それには、あらかじめ品番と価格を1行ずつ入力した商品一覧表を用意しておく。検索したい品番の列を、一覧表の左端に配置するのがポイントだ。一覧表を準備できたら、明細表の「価格」欄にVLOOKUP関数の数式を入力する（**図2**）。引数「検索値」には「品番」の入力欄、「範囲」には商品一覧表を指定しよう（上端の見出し行は不要）。「列番号」は、「範囲」に指定した表の左端から1、2、3…と数えて指定する。シートの列番号とは異なるので気を付けよう。品番のように1対1で対応するデータを検索する場

商品一覧表で品番を検索し、価格を自動表示する

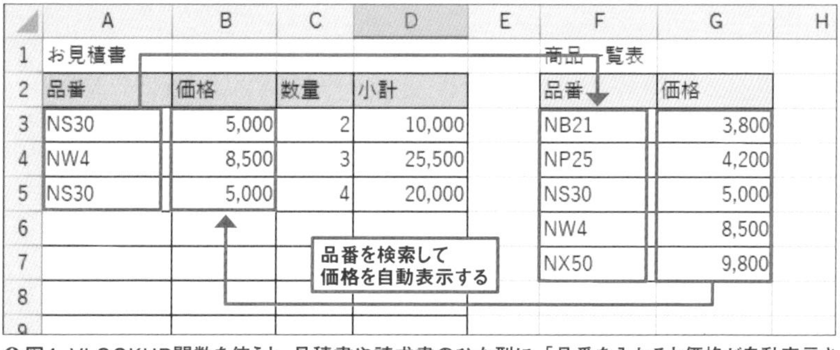

	A	B	C	D	E	F	G	H
1	お見積書					商品一覧表		
2	品番	価格	数量	小計		品番	価格	
3	NS30	5,000	2	10,000		NB21	3,800	
4	NW4	8,500	3	25,500		NP25	4,200	
5	NS30	5,000	4	20,000		NS30	5,000	
6						NW4	8,500	
7						NX50	9,800	
8								

↑図1　VLOOKUP関数を使うと、見積書や請求書のひな型に、「品番を入れると価格が自動表示される」といった仕掛けを盛り込むことができる。それには、品番と価格の対応表を別に用意しておく必要がある。品番の列は、別表の左端に配置する

別表を検索して値を取り出す定番の関数

VLOOKUP《ブイルックアップ》 【表を検索して値を取り出す】

=VLOOKUP(検索値, 範囲, 列番号, 検索方法)

「検索値」に指定した値を、「範囲」に指定した表の左端で探し、該当する行の、「列番号」で指定した列からデータを取り出す。「列番号」は、表の左端から1、2、3 …と数える。「検索方法」に「FALSE」と指定すると、「検索値」と完全に一致する値だけを取り出す。「TRUE」とするか省略すると、「～以上」のように数量を区切った表で、該当する区分を検索できる（表の左端は昇順に並べておく）

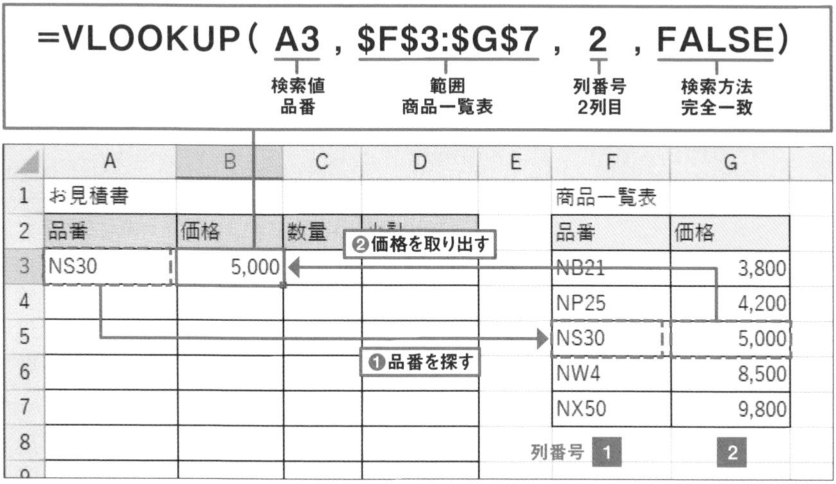

図2 A3セルの品番を右側の別表で検索し、その価格を取り出して表示するVLOOKUP関数の例（❶❷）。下の行にも数式をコピーして使えるように、引数「範囲」は絶対参照にしておくこと。商品一覧表の中で価格は2列目なので、引数「列番号」は「2」とする。「検索方法」を「FALSE」と指定し忘れると、正しく検索できなくなることがあるので注意しよう

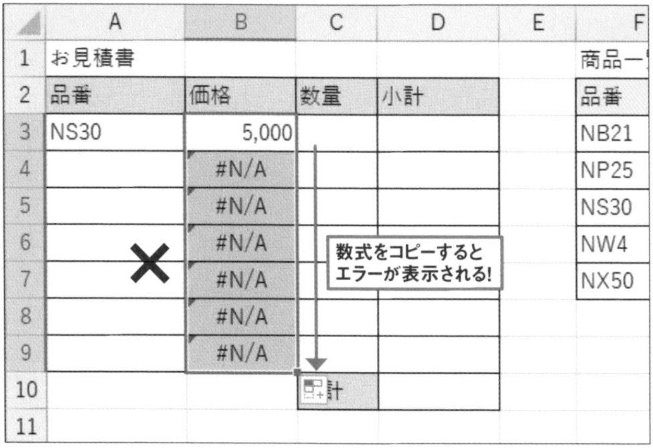

図3 図2のVLOOKUP関数の式を下の行にコピーすると、品番が入力されていない行に「#N/A」（値が無効）というエラーが表示される。「品番が未入力なので、検索できない」というエラーだ。ひな型として使うには、こうしたエラーが表示されないように工夫したい

合は、最後の引数「検索方法」に「FALSE」(フォルス)と指定する。

図2の数式で価格を表示できることを確認できたら、それを明細表の各行にコピーしよう。ところが、コピーすると「#N/A」というエラーが表示されてしまう(前ページ**図3**)。「#N/A」は「値が無効」という意味のエラー。明細表の2行目以下にはまだ品番が入力されていないので、検索できずエラーになってしまうのだ。

ひな型として使うためには、こうしたエラーが表示されないようにする必要がある。こんなときは、IF(イフ)関数を使って対策するのが定石。「品番のセルが空欄(未入力)なら、セルを空白にする。そうでなければ(入力済みなら)VLOOKUP関数で価格を表示する」という場合分けをするのだ(**図4**)。空欄かどうかを判定する際には、

IF関数と組み合わせてエラーを回避

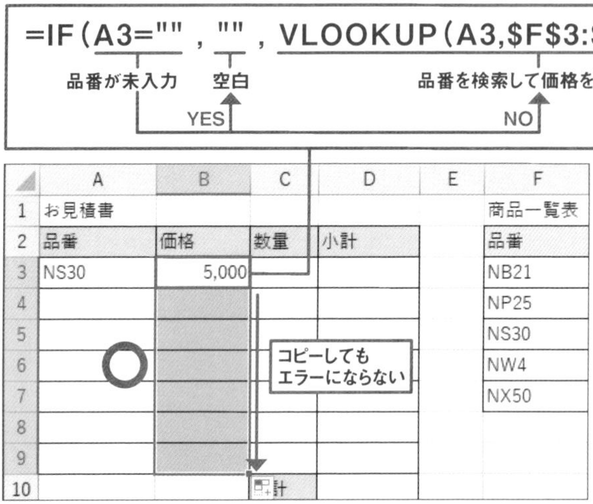

図4 IF関数を使い、「品番が未入力ならセルを空白にし、そうでなければ品番を検索して価格を取り出す」という条件分岐を行う。未入力の判定や、セルを空白にする処理は、半角ダブルクォーテーションを2つ続けた「""」(空白文字)で行える

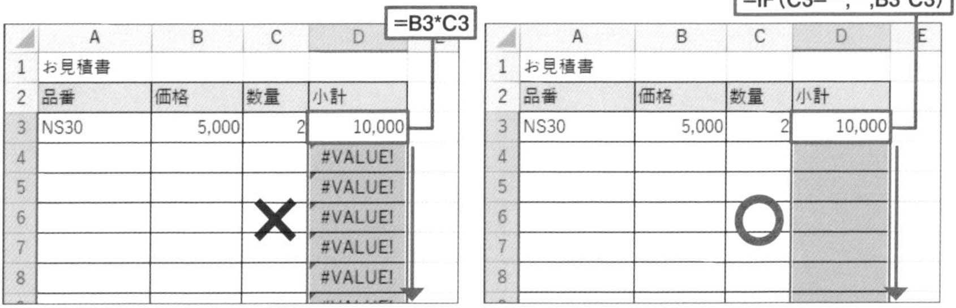

図5 D列の「小計」欄についても、同様の工夫が必要だ。「=B3*C3」という掛け算の数式は、図4のIF関数式により「""」が返されている行では、エラーになってしまう(左)。「""」は「文字列」の扱いになるからだ。そのためIF関数を使い、「数量が未入力の場合はセルを空白にする」といった場合分けをしておく(右)

半角ダブルクォーテーション2つで表す「空白文字」を使う。IF関数の引数「論理式」に「A3=""」のように指定すれば、「A3セルが空欄（未入力）」という条件を作れる。これが成り立つ場合にセルを空白にするには、引数「値が真の場合」に「""」とだけ指定すればよい。D列の「小計」欄も同様に対処する（**図5**）。

より簡単にエラー対策ができるIFERROR（イフエラー）関数を使うのも手だ。この関数は、「やりたい計算」と「エラーの場合はどうするか」の2つを指定するだけで、通常は「やりたい計算」を実行し、それがエラーになるときは別の処理を行うことができる。図4の例なら、1つめの引数としてVLOOKUP関数の式を入れ、2つめの引数に「""」とだけ指定すればよい（**図6**）。D列の「小計」欄についても同様だ。

なお、IF関数で図4、図5のように場合分けすると、セルが空欄のとき以外のエラーには対処できない。例えば品番を間違って入力したり、数量欄に数値以外を入れてしまった場合は、エラーが表示される。一方、IFERROR関数を使った図6の方法では、品番の入力ミスなどが原因でエラーが発生した場合も、セルが空白になる。一見便利なようだが、エラーであることに気付かず、そのまま見積書を発行してしまうのも困りもの。どちらも一長一短があるので、違いを理解して使い分けたい。

IFERROR関数を使えば、エラー対策が簡単になる

IFERROR《イフエラー》 【エラーの場合は処理を切り替える】

=IFERROR(値, エラーの場合の値)

「値」に指定した数式がエラーにならない場合はそのまま実行し、エラーになる場合は「エラーの場合の値」に切り替える

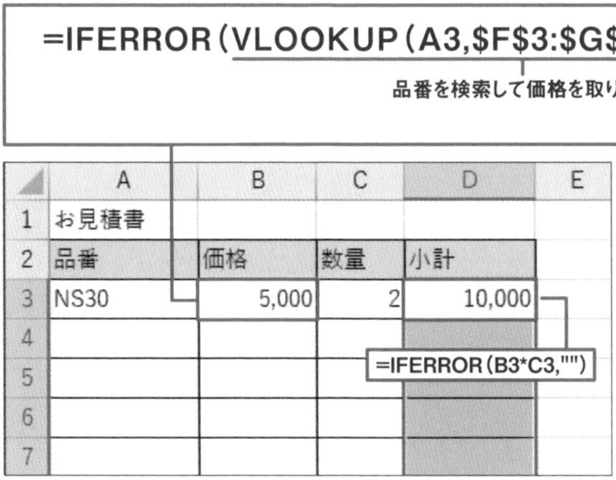

↑← 図6 より簡単にエラー対策がしたいなら、IFERROR関数も覚えておくとよい。引数「値」に指定した計算がエラーになる場合に、別の処理を実行できる関数だ。引数「値」にVLOOKUP関数の式、「エラーの場合の値」に「""」（空白文字）を指定すれば、通常はVLOOKUP関数の処理をして、VLOOKUP関数がエラーになる場合はセルを空白にできる。「小計」欄の計算も同様だ

SECTION 09

VLOOKUPで数値を検索 別表は「ユーザー定義」で見栄え良く

VLOOKUP関数　ユーザー定義の表示形式

VLOOKUP（ブイルックアップ）関数を使うと、「〜以上」を表す数値で区切られた別表を検索することもできる。引数「検索方法」に「TRUE」（トゥルー）と指定するやり方だ。例えば「3kg以上は500円、6kg以上は800円…」のように重さに応じて変化する配送料金表を検索して、指定した重さに該当する料金を表示するといったことが可能だ（**図1**）。

このように数量の範囲を区切った表をVLOOKUP関数で検索する場合、その表は、左端に「〜以上」を表す境目の「数値」を入れておく必要がある。0kgから始まって3kg以上、6kg以上、10kg以上…と区切る場合は、0、3、6、10…のように数値を昇順（小さい順）に並べる（**図2左**）。ただし、数値が並んでいるだけだと、表の意味がわかりにくい。「3kg以上」などと記入したいところだが、セルに直接「3kg以上」のように入力するのは厳禁だ。それでは「文字列」データになってしまい、検索できなくなる。そこで、数値データのまま「3kg以上」のように表示させるために、「ユーザー定義」の表示形式を使おう（**図2右**）。「セルの書式設定」画面の「表示形式」タブで

数量の区分を検索、重さに応じた配送料金を表示

	A	B	C	D	E	F	G
1		配送料検索			配送料金表		
2		重さ	料金		重さ	配送料	
3		7.2kg	¥800		0kg以上	無料	
4					3kg以上	¥500	
5					6kg以上	¥800	
6		重さに応じた配送料を検索して表示する			10kg以上	¥1,200	
7					20kg以上	¥2,500	
8							

↑ **図1**　右表のように、重さに応じて決まる配送料をまとめた配送料金表がある。B3セルに荷物の重さを入力すると、この配送料金表を検索して、該当する料金をC3セルに表示できるようにしてみよう

「ユーザー定義」を選び、「種類」欄に「0"kg以上"」のように入力すればよい（26ページ参照）。

あとは、配送料金表を検索するVLOOKUP関数の式を立て、引数「検索方法」に「TRUE」と指定する（**図3**）。ここでは、「検索値」を入力するB3セルにも、「ユーザー定義」の表示形式を設定して、数値に単位を付けて表示するにようにした。書式記号を「0.0"kg"」のように指定すれば、入力した数値を小数点第1位まで表示して、かつ「kg」という単位を付けられる。

数値は昇順に並べる。単位付けは「ユーザー定義」の表示形式で

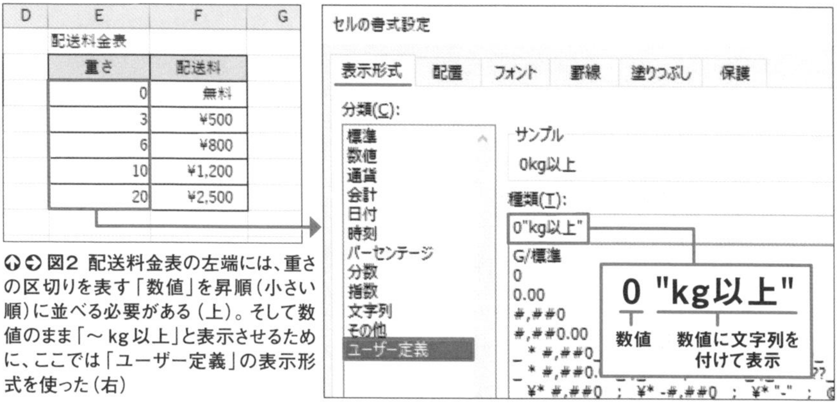

図2 配送料金表の左端には、重さの区切りを表す「数値」を昇順（小さい順）に並べる必要がある（上）。そして数値のまま「～kg以上」と表示させるために、ここでは「ユーザー定義」の表示形式を使った（右）

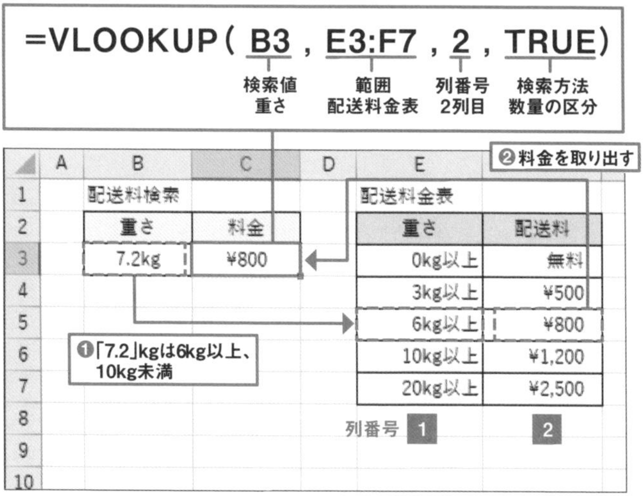

図3 VLOOKUP関数の「検索値」に重さ、「範囲」に配送料金表を指定。配送料は2列目なので、「列番号」は「2」。「検索方法」に「TRUE」と指定すると、「範囲」の左端の数値が「～以上」を表しているものと見なし、「検索値」がどの区分に含まれるかを検索する。図の例で「7.2kg」は「6kg以上」の区分に該当するので、「¥800」という結果が表示される（❶❷）。配送料金表とB3セルには「ユーザー定義」の表示形式を使っているので、「数値」として正しく検索できる

COLUMN

VLOOKUPの拡張版が登場!「XLOOKUP」の革新性

Microsoft 365などに付属する最新版のExcelでは、XLOOKUP（エックスルックアップ）という新しい関数を利用できる。VLOOKUP関数の拡張版ともいえる関数だ。

VLOOKUP関数が「検索範囲」として“表全体”を指定し、その左端列で「検索値」を探すのに対して、XLOOKUP関数では“検索する範囲”だけを「検索範囲」に指定する。そしてVLOOKUP関数が“表の何列目か”を指定して値を取り出すのに対し、XLOOKUP関数は「戻り範囲」を別途指定して、そこから値を取り出せるのが特徴だ。

これにより、VLOOKUP関数では不可能だった「右側の列を検索して左側の値を返す」ことが可能になる（**図1**）。「検索範囲」と「戻り範囲」は行方向に

XLOOKUP《エックスルックアップ》【範囲を検索し、対応する値や範囲を取り出す】

=XLOOKUP(検索値, 検索範囲, 戻り範囲, 見つからない場合, 一致モード, 検索モード)

「検索値」を「検索範囲」で探し、それに対応する位置にある「戻り範囲」内の値を返す。「検索範囲」に「検索値」がない場合は「見つからない場合」に指定した値を返す（省略可）。「一致モード」を省略すると完全一致で検索し、「検索モード」を省略すると、先頭から順番に検索する

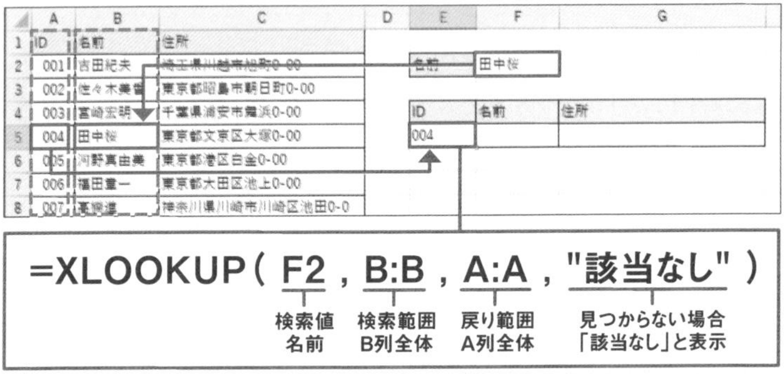

図1 XLOOKUP関数では、「検索値」を探す「検索範囲」と、値を取り出す「戻り範囲」をそれぞれ別に指定する。そのため、「検索範囲」の左側に「戻り範囲」があっても構わない。図の式では、F2セルに入力した名前を名簿の「名前」列（B列）で探し、該当する人の「ID」をA列から取り出している。VLOOKUP関数のように、検索する列が表の左端になくても対応できるので、自由度が増した

広がる範囲でもよいので、HLOOKUP（エッチルックアップ）関数のような使い方もできる。また、「見つからない場合」という引数を使うことで、「検索値」が未入力であったり、入力ミスをしたりしたときに、別の処理をすることが可能。IF関数やIFERROR関数を組み合わせてエラー対策をする必要もないわけだ。

さらに、「戻り範囲」に表全体を指定すると、「検索値」が見つかった行全体、あるいは列全体を、丸ごと取り出すことができる（**図2**）。XLOOKUP関数の式を入れるのは1つのセルだけでよい。この数式を確定すると、自動的に「戻り範囲」の分だXLOOKUP関数が自動入力され、各セルに結果を表示するのだ。

このように、Excelが自動的に数式の入力範囲を広げる機能を「スピル」という。スピルによって自動入力された数式は、実際に入力した先頭の数式の“影”のような存在（「ゴースト」という）。そのため、個々の数式を別々に編集することはできず、先頭の数式を消せば、すべてが消える。スピルは、XLOOKUP関数に限ったものではなく、通常の数式でも使えるし、ほかにも対応する関数がある。Excelの使い方を変えるかもしれない革新的な新機能といえる。

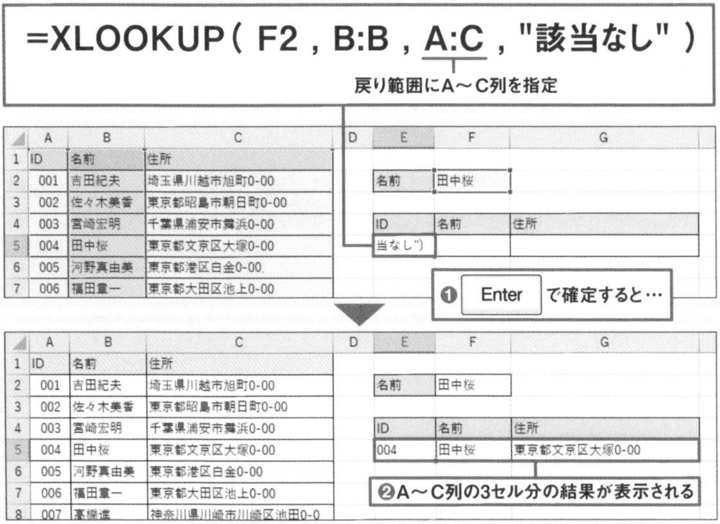

図2 XLOOKUP関数の「戻り範囲」には、複数の列も指定できる。図1と同様の式で、「戻り範囲」をA～C列全体に変えて式を確定すると、A～C列の3セル分が取り出されて表示される（❶❷）。これは「スピル」と呼ばれる機能で、ユーザーが数式を入れたのはE5セルのみなのに、F5セルとG5セルにも同じ式が自動入力されて、1列ずつずらした結果が表示される

SECTION 10

INDEX+MATCHを習得すると関数のスキルがレベルアップ

INDEX関数　MATCH関数

セルを参照して表からデータを取り出す関数として、INDEX（インデックス）関数も学んでおきたい。INDEX関数は、MATCH（マッチ）関数とセットで使うのが定石。この“INDEX＋MATCH”の使い方を知ると、「関数を組み合わせて使う」ということをイメージできるようになり、関数を使う実践的なスキルが身に付く。

INDEX＋MATCHを使う場面の好例が、**図1**のような配送料金表の検索。表の左端に「0kg以上」「3kg以上」「6kg以上」…ように重さの区分が並び（実際は数値）、上端には「関東」「関西」「東北」…などの送り先の区分が並ぶ。「重さ」と「送り先」を入力するだけで、この配送料金表を検索できる仕掛けだ。このような検索はVLOOKUP関数ではできないが、INDEX+MATCHの組み合わせで可能になる。

指定した「重さ」と「送り先」に該当する配送料を表から取り出すには、2つの情報が必要になる。1つは、指定した「重さ」が表の何行目に当たるか。もう1つは、「送り先」が何列目に当たるかだ。これを調べるのがMATCH関数の役目。**図2**では、D2セルを作業セルとして使い、「重さ」が何行目に当たるかを検索した。引数の「照合の

重さと送り先を縦横に検索し、配送料金を表示

	A	B	C	D	E	F
1						
2	重さ	8.8kg				
3	送り先	東北				
4						
5	配送料	¥1,100				
6						
7	配送料金表					
8	重さ＼送り先	関東	関西	東北	北海道	
9	0kg以上	無料	無料	¥330	¥400	
10	3kg以上	¥500	¥600	¥750	¥900	
11	6kg以上	¥800	¥1,000	¥1,100	¥1,500	
12	10kg以上	¥1,200	¥1,500	¥1,800	¥2,300	
13	20kg以上	¥2,500	¥3,000	¥3,500	¥3,800	
14						

重さと送り先に応じた配送料を検索して表示

図1 下表のように、重さと送り先に応じて決まる配送料金表がある。B2セルとB3セルに重さと送り先を入力すると、この配送料金表を検索して該当する料金をB5セルに表示できるようにする

「何行目にあるのか」と「何列目にあるのか」を調べる

MATCH《マッチ》 【範囲内での位置を調べる】

=MATCH(検査値, 検査範囲, 照合の種類)

「検査値」を「検査範囲」で探し、先頭から何番目にあるのかを調べる。「照合の種類」に「0」と指定すると、「検査値」と完全に一致する値だけを探す。「1」と指定すると「～以上」のように数量を区切った表で（検査範囲は昇順に並べる）、「-1」と指定すると「～以下」のように数量を区切った表で（検査範囲は降順に並べる）、該当する区分を検索できる

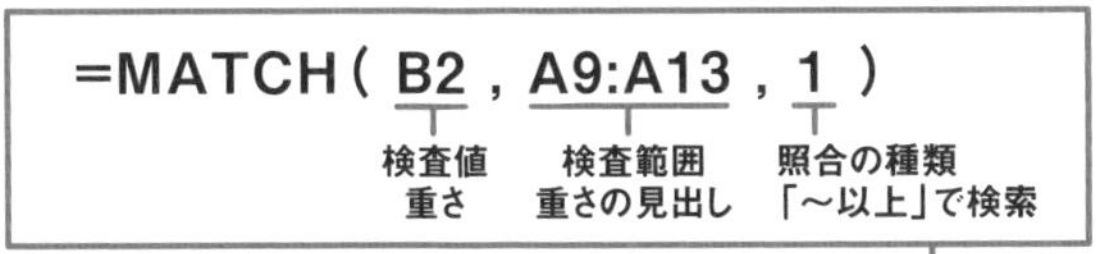

	A	B	C	D	E
1					
2	重さ	8.8kg		3	
3	送り先	東北			
4					
5	配送料				
6					
7	配送料金表				
8	重さ＼送り先	関東	関西	東北	北海道
9	0kg以上	無料	無料	¥330	¥400
10	3kg以上	¥500	¥600	¥750	¥900
11	6kg以上	¥800	¥1,000	¥1,100	¥1,500
12	10kg以上	¥1,200	¥1,500	¥1,800	¥2,300
13	20kg以上	¥2,500	¥3,000	¥3,500	¥3,800
14					

↑← 図2 まずD2セルで、指定した重さが表の何行目に当たるのかを調べる。MATCH関数の「検査値」に重さ、「検査範囲」に配送料金表の行見出し部分を指定。「～以上」の境目を並べた表で該当するものを探すには、「照合の種類」を「1」にする。なお、B2セルおよび表の行見出しには、117ページと同様、「ユーザー定義」の表示形式を使い「kg」や「kg以上」と表示させている。実際のセルの中身は「数値」だ

	A	B	C	D	E
1					
2	重さ	8.8kg		3	
3	送り先	東北		3	
4					
5	配送料				
6					
7	配送料金表				
8	重さ＼送り先	関東	関西	東北	北海道
9	0kg以上	無料	無料	¥330	¥400
10	3kg以上	¥500	¥600	¥750	¥900
11	6kg以上	¥800	¥1,000	¥1,100	¥1,500
12	10kg以上	¥1,200	¥1,500	¥1,800	¥2,300
13	20kg以上	¥2,500	¥3,000	¥3,500	¥3,800
14					

← 図3 D3セルで、指定した送り先が表の何列目に当たるかを調べる。MATCH関数の「検査値」に送り先、「検査範囲」に表の列見出し部分を指定。送り先は文字列なので、「照合の種類」は「0」と指定して、完全一致で検索する

種類」に「1」と指定すると、「～以上」を表す数値を並べた範囲で、該当する区分を検索できる。VLOOKUP関数の引数「検索方法」を「TRUE」にしたときと同様だ。ここでも117ページと同様、「ユーザー定義」の表示形式を使って「kg」や「kg以上」という表示を追加している点に注意してほしい。B2セルやA9～E13セルに実際に入っている値は「数値」データになっている。「送り先」が何列目に当たるかも、同様にMATCH関数で検索できる（前ページ**図3**）。送り先は「文字列」データなので、「照合の種類」を「0」にして"完全一致"で検索する。

「3行目の3列目」のように該当する料金の位置がわかったら、そのセルを参照して配送料を取り出すためにINDEX関数を使う（**図4**）。「範囲」に配送料金表の料金部分を指定し、「行番号」と「列番号」にそれぞれMATCH関数の結果を指定すればよい。MATCH関数だけ、あるいはINDEX関数だけでは、実務的な処理は何もできない。しかし両者を組み合わせることで、「位置の検索」と「データの取り出し」という一連の処理を実現できるわけだ。

INDEX＋MATCHの組み合わせは、作業セルを使わずに、1つの数式で実現し

該当する位置からデータを取り出す

INDEX《インデックス》 【位置を指定してデータを取り出す】

=INDEX(範囲,行番号,列番号)

「範囲」の中から、指定した位置にあるデータを取り出す。「範囲」内の上から何行目か、左から何列目かを、引数「行番号」と「列番号」にそれぞれ指定する

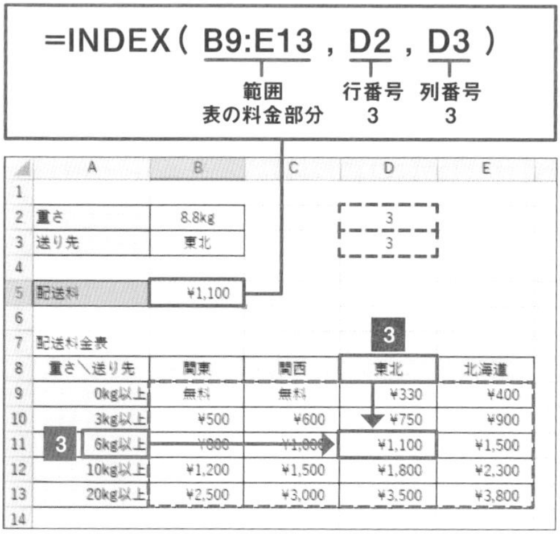

図4 MATCH関数で何行目の何列目にあるのかわかったら、INDEX関数でその位置を参照してデータを取り出す。「範囲」に表の料金部分全体、「行番号」に何行目かを求めたD2セル、「列番号」に何列目かを求めたD3セルを指定すればよい。「範囲」には、行見出しや列見出しは含めないので注意しよう

てもよい。1つの数式の中で関数を組み合わせる場合、初心者が特に悩むのが、関数の順番だ。そんなときは、「最終的に何をしたいか」を考えて、そのための関数を一番外側（左端）に配置する（**図5**）。INDEX＋MATCHの場合、最終的な目標は値を取り出す（参照する）こと。そこで、まずINDEX関数を先頭に置き、その引数に何を入れるのかをイメージしよう（**図6**）。すると、取り出す値の位置を特定する「行番号」と「列番号」が必要だということになり、値の位置を調べるMATCH関数の出番となる。図2、図3では作業セルを使っていたMATCH関数の式を、そのままINDEX関数の引数に組み込めば、一発で料金表の検索を実現できる。

ちなみに、INDEX関数の引数「範囲」を1列分だけの指定にすると、引数「行番号」を指定するだけで値を取り出せる。この行番号をMATCHで検索する形にすれば、VLOOKUP関数ではできない、「表の右側を検索して左側から値を取り出す」ことも可能になる。118ページ図1ではXLOOKUPという新関数を使ったが、INDEX＋MATCHでも「=INDEX（A:A, MATCH（F2, B:B, 0））」という式で実現できる（エラー対策を除く）。

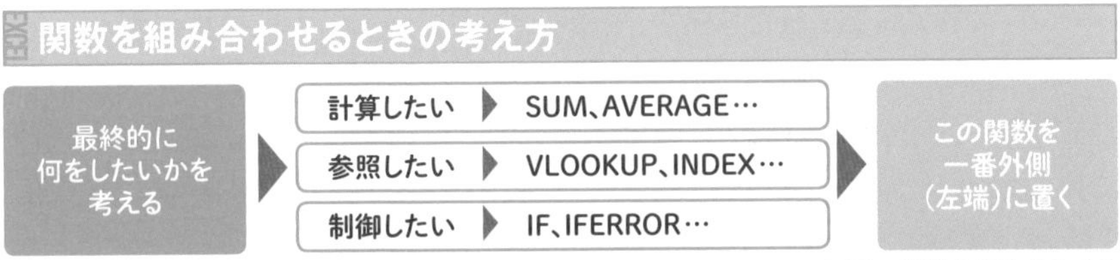

図5 関数を組み合わせるときは、まず「最終的に何をしたいか」を考えて、それに使う関数を大外（一番左）に置く。そして、その計算に必要な関数を、内側に組み込む

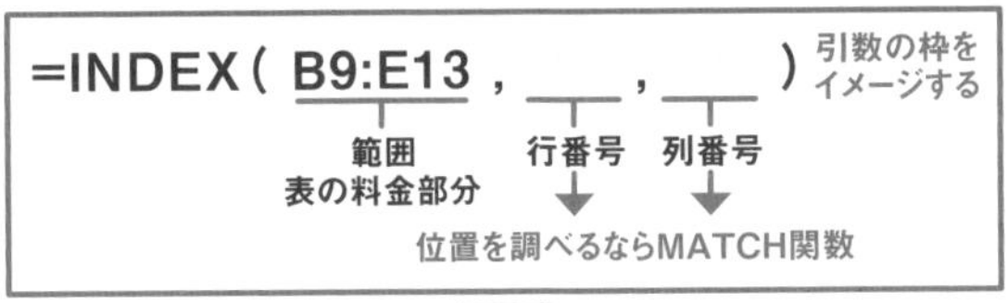

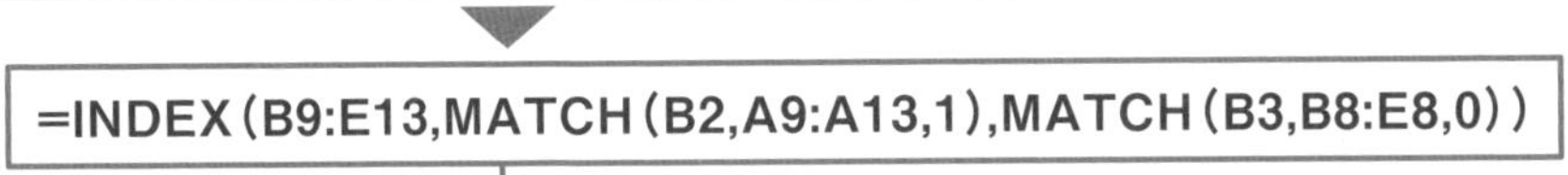

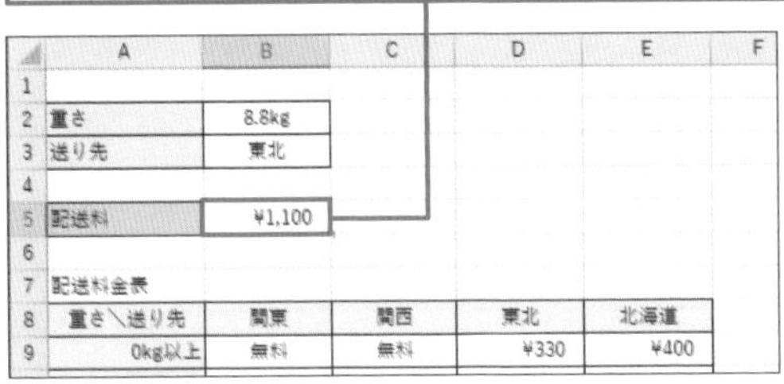

図6 ここでは配送料金表からデータを取り出したいので、INDEX関数を大外に置く。その引数を枠のようにイメージして、何を入れればよいのかを考えよう。ここには行と列の位置を数値で指定しなければならないので、行や列の位置を数値で返す図2と図3のMATCH関数を、そのまま組み込めばよい

SECTION
11

文字数を決めて文字列を分割 都道府県名を切り出す応用ワザも

LEFT関数　MID関数　RIGHT関数　SUBSTITUTE関数

文字列操作関数も、組み合わせて使うことで威力を発揮する場合が多い。95ページでも紹介したが、改めて、活用事例を紹介しよう。

例えば、「幅×奥行き×高さ」を「23×45×12」のようにひと続きに入力した表をよく見かける。これを「幅」「奥行き」「高さ」の3列に分ける必要が生じたら、どうすればよいだろうか（**図1**）。手作業で入れ直すのは大変だし、ミスも起こりやすい。

解決策の1つが、文字列操作関数を使う方法。数字部分の桁数が一定なら、LEFT（レフト）関数、MID（ミッド）関数、RIGHT（ライト）関数の3つを使って、簡単に分割できる（**図2**）。それぞれ「左から2文字」「4文字目から2文字」「右から2文字」を切り出せばよい（**図3**）。これは基本中の基本だ。

一方、名簿に入力された住所を、後から「都道府県」と「市区町村以下」に分割する場合はどうだろう（**図4**）。都道府県名は一定ではないので、LEFT関数を使って「左から3文字」などと決められない。また、97ページのようにFIND（ファインド）関数を使って都道府県名の文字数を調べようにも、都道府県名の終わりは「都」「道」「府」「県」の4種類あるので、そう簡単にはいかない。

この課題では、関数の知識よりもむしろ、「どう処理すれば正しく分割できるのか」

文字列の一部を別のセルに切り出すには?

	A	B	C	D
1	サイズ	幅	奥行き	高さ
2	23×45×12	23	45	12
3	20×26×26	20	26	26
4	16×15×16	16	15	16
5	13×24×30	13	24	30
6	18×26×28	18	26	28
7				
8				

サイズ表記を3列に分割する

図1 「幅×奥行き×高さ」という表記で1列に入力されたサイズデータを、「幅」「奥行き」「高さ」の3列に分割した表記に変更したい。メニュー操作で実行する方法もあるが、ここでは文字列操作関数を使って分割する方法を紹介する

を思い付くかどうかがポイントになる。そこで、47の都道府県名をひと通り確認してみよう。すると、大半の都道府県名は3文字で、例外的に4文字となるものが3つだけあることがわかる。「神奈川県」「和歌山県」「鹿児島県」の3県だ。これらがすべて「県」である点に着目すれば、「住所の4文字目が『県』なら、神奈川県、和歌山県、鹿児島県のいずれかである」と判断できそうだ（次ページ**図5**）。それ以外の都道府県名は

左から、途中から、右から…切り出す場所で使い分け

関数名	引数	働き
LEFT（レフト）	LEFT（文字列, 文字数）	左から○文字を切り出す
MID（ミッド）	MID（文字列, 開始位置, 文字数）	途中から○文字を切り出す
RIGHT（ライト）	RIGHT（文字列, 文字数）	右から○文字を切り出す

↑図2 セルの文字列の一部を、文字数を指定して切り出す3つの関数。セットで覚えておこう

=LEFT（A2 , 2 ）
文字列 文字数

=MID（A2 , 4 , 2 ）
文字列 開始位置 文字数

=RIGHT（A2 , 2 ）
文字列 文字数

	A	B	C	D
1	サイズ	幅	奥行き	高さ
2	23×45×12	23	45	12
3	20×26×26	20	26	26
4	16×15×16	16	15	16
5	13×24×30	13	24	30
6	18×26×28	18	26	28

←↑図3 先頭から数文字分切り出すにはLEFT関数、末尾から数文字切り出すにはRIGHT関数を使う。途中の数文字を切り出すには、MID関数を使い、何文字目から切り出すかを引数「開始位置」に指定する

都道府県と市区町村以下に分割するには？

	A	B	C	D	E
1	名前	住所	都道府県	市区町村以下	
2	小川幸夫	北海道函館市五稜郭町XX	北海道	函館市五稜郭町XX	
3	金子美香	青森県青森市安田稲森X-X	青森県	青森市安田稲森X-X	
4	斎藤美紀	神奈川県横浜市栄区中野町X-X	神奈川県	横浜市栄区中野町X-X	
5	近藤哲也	東京都板橋区本町X-X	東京都	板橋区本町X-X	
6	渡辺弘文	和歌山県和歌山市今福X-X	和歌山県	和歌山市今福X-X	

住所を都道府県と市区町村以下に分割する

↑図4 文字列操作関数を応用すると、住所を都道府県と市区町村以下に分割することも可能だ。どうすれば分割できるのか、知恵を絞ってみよう

すべて3文字なので、「住所の4文字目が『県』ならLEFT関数で4文字を切り出し、それ以外はLEFT関数で3文字を切り出す」という条件分岐をIF（イフ）関数で行えば、どの都道府県名でもうまく切り出せる（**図6**）。住所の4文字目は、前述のMID関数を使って切り出し、それが「県」と等しいかどうかを条件にすればよい。

市区町村以下は、「元の住所から、先に切り出した都道府県名を削除する」という方法で取り出せる。SUBSTITUTE（サブスティテュート）関数を使い、都道府県名を「空白」に置き換えれば、削除するのと同じことになる。空白は半角ダブルクォーテーション2つで「""」のように指定すればOKだ。

「4文字」の県名かを判定し、切り出す文字数を場合分け

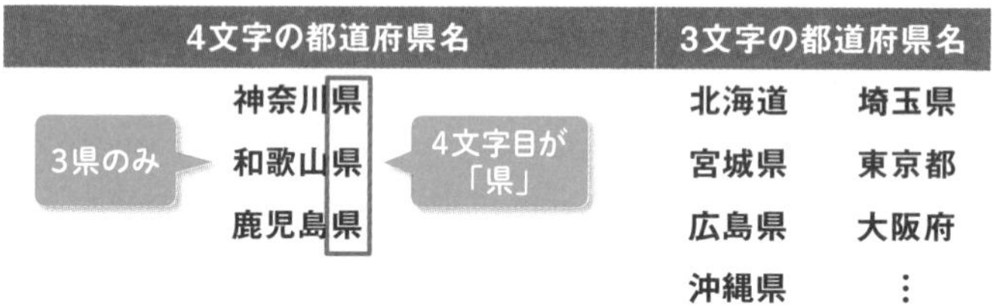

図5 都道府県名は大半が3文字だが、4文字の県が3つだけある。従って、住所の4文字目が「県」なら、これら3県のいずれかだと考えられる

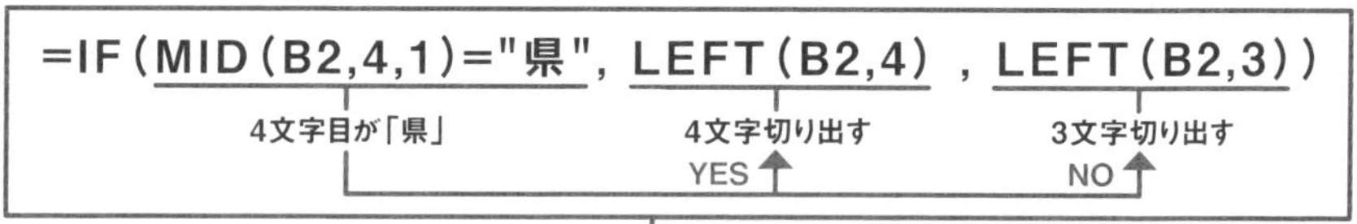

	A	B	C	D	E
1	名前	住所	都道府県	市区町村以下	
2	小川幸夫	北海道函館市五稜郭町XX	北海道	函館市五稜郭町XX	
3	金子美香	青森県青森市安田稲森X-X	青森県	青森市安田稲森X-X	
4	斎藤美紀	神奈川県横浜市栄区中野町X-X	神奈川県	横浜市栄区中野町X-X	
5	近藤哲也	東京都板橋区本町X-X	東京都	板橋区本町X-X	
6	渡辺弘文	和歌山県和歌山市今福X-X	和歌山県	和歌山市今福X-X	
7	小野久美	大阪府堺市御陵通X-X	大阪府	堺市御陵通X-X	

図6 4文字目が「県」かどうかを判定するために、MID関数で「4文字目から1文字分」を切り出す。これが「県」なら4文字分、それ以外なら3文字分を切り出すように、IF関数で場合分けする。D列では、元の住所の都道府県名をSUBSTITUTE関数で「空白」に置き換えることで、市区町村以下だけを取り出している

SUBSTITUTE《サブスティテュート》【文字列の一部を置換する】

=SUBSTITUTE(文字列, 検索文字列, 置換文字列, 置換対象)

「文字列」内で「検索文字列」を探し、「置換文字列」で置き換える。複数含まれる場合に、何番目の文字を置き換えるかを「置換対象」に指定できる（省略可）

SECTION
12

日付は「年」「月」「日」で考える「翌月10日」や「月末」を自動計算

YEAR関数　MONTH関数　DAY関数　DATE関数

30ページで説明した通り、Excelは日付を、単なる数値や文字列とは異なる「日付」データとして扱う。「シリアル値」と呼ぶ連続した数値で管理されているデータだ。この日付データ（シリアル値）を操作して、さまざまな計算を行えるのが日付関数。ここでは、関数を使って日付を計算する基本的な考え方を身に付けよう。

請求書や見積書を発行するとき、支払期限や有効期限を「起票日の翌月10日」といったルールで記載することは多い。そこで、起票日を入れるだけで自動的に「翌月10日」などを表示できると便利だ（**図1**）。これに利用するのが、YEAR（イヤー）関数やMONTH（マンス）関数、DAY（デイ）関数などの日付関数（**図2**）。これらを用いて「年」「月」「日」を“分解”した後、「月の数値にだけ『1』を加えて『翌月』にする」といっ

起票日を基準に「翌月10日」の日付を自動計算

	A	B	C	D	E
1	ご請求書			起票日	2021/8/18
2					
3	品番	品名	数量	単価	小計
4	D100C	ドラム式Cタイプ	2	¥12,500	¥25,000
5	D150G	ドラム式Gタイプ	1	¥11,000	¥11,000
6	T102P	トナーカートリッジP	1	¥8,900	¥8,900
7					
8				合計	¥44,900
9	支払期限	2021/9/10			
10					

「翌月10日」の支払期限を自動表示する

図1 請求書や見積書に、起票日を基準にした「支払期限」や「有効期限」を記載することがある。起票日から見た「翌月10日」といった日付は、日付関数で計算して自動表示が可能だ

YEAR（シリアル値）	日付データ（シリアル値）から「年」の数値を取り出す
MONTH（シリアル値）	日付データ（シリアル値）から「月」の数値を取り出す
DAY（シリアル値）	日付データ（シリアル値）から「日」の数値を取り出す
DATE（年, 月, 日）	「年」「月」「日」の数値から日付データ（シリアル値）を作る

図2 日付関数の代表格。Excelが管理する日付データ（シリアル値）から、「年」「月」「日」を表す数値だけを取り出したり、それらを結合して日付データに戻したりできる

た加工を行うのが、日付計算の定石だ。「年」「月」「日」に分けて個々の計算が済んだら、DATE（デイト）関数で日付データに戻せばよい（**図3**）。

例えば「翌月10日」なら、「年」は同じ年、「月」には「1」を加え、「日」は「10」としたい。そこで、起票日からYEAR関数とMONTH関数で「年」「月」の数値を取り出した後、「月」の数値にだけ「1」を加算。「日」の数値は「10」と直接指定する。これをDATE関数で日付データに戻せば、目的の日付となる。（**図4**）。

それでは、「翌月末」の日付を求めるにはどうすればよいだろうか。大の月と小の月で月末の日付は変わるので、「31日」などと「日」を固定することができない。この場合は、発想の工夫で対処する。「月末」は「翌月1日の前日」であることに着目しよう。つま

「年」「月」「日」を分解して計算する

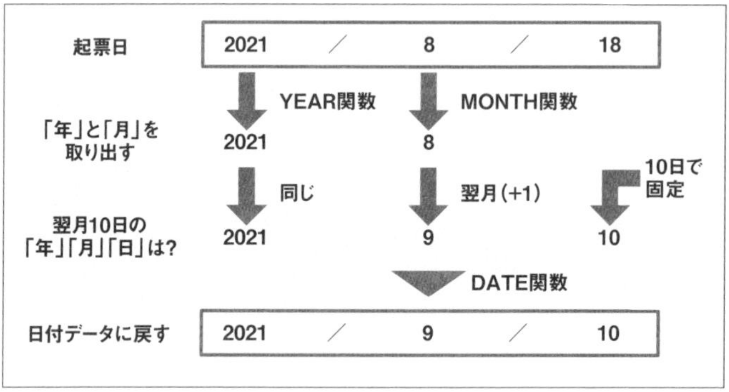

図3 例えば「翌月10日」を求める場合、「年」は起票日と同じ、「月」は翌月なので「＋1」、「日」は「10」で固定ということになる。起票日の「年」はYEAR関数、「月」はMONTH関数で取り出せる。こうして「年」「月」「日」の値を加工したうえで、DATE関数を使って日付データに戻す

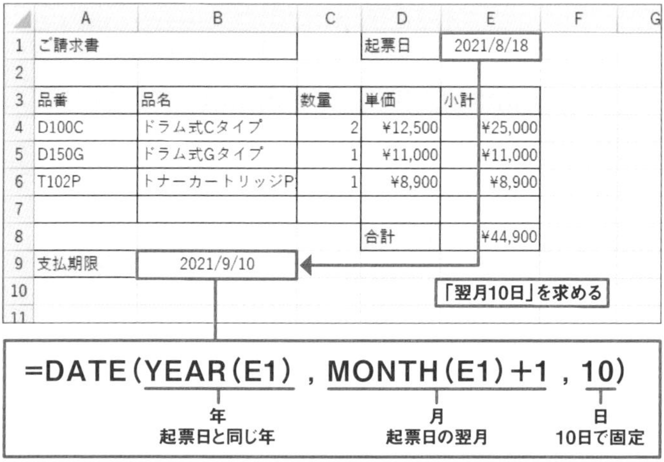

図4 図3の処理を、関数を使って実現した数式。これで起票日を基準にした「翌月10日」を求められる。なお、起票日が12月の場合、「月」の値に1を足すと「13」になってしまうが、DATE関数はそれを「翌年の1月」に自動で置き換えてくれるので問題はない

り、いったん「翌々月の1日」を求め、そこからシリアル値の「1日分」である「1」を引けば、「翌月末」を求められる（**図5**）。EOMONTH（エンドオブマンス）関数という、「月末を求める」専用の関数もあるが、年月日を分解して計算する考え方が身に付いていれば、基本関数だけでもさまざまな計算に対応できるわけだ。

「毎月20日締め、翌月10日払い」のように、“締め日”の前後で支払日が変わるケースも多い。これも、IF（イフ）関数を組み合わせれば簡単に実現できる。「20日締め」なら、起票日の「日」の値をDAY関数で取り出し、それが「20以下」かどうかを判定すればよい。20以下の場合は前述の要領で「翌月10日」を求め、それ以外の場合は「翌々月10日」を求めるわけだ（**図6**）。

EXCEL アイデア次第で、いろいろな日付計算ができる

	A	B	C	D	E	F
1	ご請求書			起票日	2021/8/18	
2						
3	品番	品名	数量	単価	小計	
4	D100C	ドラム式Cタイプ	2	¥12,500	¥25,000	
5	D150G	ドラム式Gタイプ	1	¥11,000	¥11,000	
6	T102P	トナーカートリッジP	1	¥8,900	¥8,900	
7						
8				合計	¥44,900	
9	支払期限	2021/9/30				
10						

「翌月末」を求める

=DATE (YEAR(E1) , MONTH(E1)＋ 2 , 1) −1

起票日と同じ年 / 起票日の翌々月 / 1日 / その1日前

図5 支払期限が「翌月末」の場合は、いったん「翌々月の1日」を求めて、そこから「−1」すればよい。日付データ（シリアル値）は、1日が「1」に相当するので、「1」を引けば、前日になるからだ。「1日の前日」として計算すれば、大の月にも小の月にも対応できる

	A	B	C	D	E	F
1	ご請求書			起票日	2021/8/21	
2						
3	品番	品名	数量	単価	小計	
4	D100C	ドラム式Cタイプ	2	¥12,500	¥25,000	
5	D150G	ドラム式Gタイプ	1	¥11,000	¥11,000	
6	T102P	トナーカートリッジP	1	¥8,900	¥8,900	
7						
8				合計	¥44,900	
9	支払期限	2021/10/10				
10						
11						

「20日締め」で、「翌月10日」を求める

=IF(DAY(E1)<=20,DATE(YEAR(E1),MONTH(E1)+1,10),DATE(YEAR(E1),MONTH(E1)+2,10))

図6 「20日締め、翌月10日払い」のように、締め日を決めている職場は多い。その場合は、DAY関数で起票日の「日」の値を取り出し、それが「20以下」なら「翌月10日」、そうでなければ「翌々月10日」を求めるように、IF関数で場合分けする

SECTION
13

マイナーだが実務では大活躍 TEXT関数が役立つ3パターン

TEXT関数

あまり知られていないものの、実務では必須といえるのがTEXT（テキスト）関数だ。値に表示形式を設定したうえで「文字列（テキスト）」に変換する働きをする。「文字列」に変換するということの意味がピンとこないかもしれないが、主な使い方は3パターンなので、具体例を示しながら解説しよう。

TEXT関数は、変換したい「値」と、変換後の文字列の見た目を決める「表示形

日付の曜日を別セルに表示

TEXT《テキスト》【表示形式を指定して「文字列」に変換する】

=TEXT(値, 表示形式)

「値」に特定の表示形式を設定したうえで、「文字列」に変換する。表示形式を指定する書式記号を「"」（半角ダブルクォーテーション）で挟み、引数「表示形式」に指定する

	A	B	C	D	E
1	日付	曜日	備考		
2	9月1日	水			
3	9月2日	木			
4	9月3日	金			
5	9月4日	土			
6	9月5日	日			

=TEXT(A2 , "aaa")

値　日付データ

表示形式　曜日

コピー

図1 32ページで解説した「ユーザー定義」の表示形式では、「aaa」で日付の曜日を漢字1文字で表示できる。これを数式で実現するのがTEXT関数。引数「値」に日付のセル、「表示形式」に「"aaa"」と指定すると、別セルに漢字1文字の曜日だけを表示できる

表示した曜日は「文字列」として利用できる

	A	B	C	D
1	日付	曜日	備考	
2	9月1日	水		
3	9月2日	木	定休日	
4	9月3日	金		
5	9月4日	土		
6	9月5日	日		
7	9月6日	月		

=IF(B2="木","定休日","")

コピー

図2 セルの表示形式ではなく、TEXT関数で曜日を表示させると、それは「文字列」の扱いになる。そのため、IF関数で曜日を判定する際、曜日の漢字をそのまま条件に指定できる

式」を引数に指定する。この「表示形式」には、「ユーザー定義」の表示形式で使うものと同じ書式記号(第1章を参照)を、「"」(半角ダブルクォーテーション)で挟んで指定すればよい。例えば「"aaa"」のように指定すると、日付の曜日を漢字1文字で表示できる(**図1**)。

「ユーザー定義」の表示形式と同じなら、わざわざ関数を使う必要はないのではないか?と思うかもしれない。しかし、数式で日付の「曜日」を判定する場合を考えてみよう。図1のようにTEXT関数を使い「文字列」に変換しておけば、「B2="木"」のような条件式で、簡単に判定が可能になる(**図2**)。

一方、日付データのまま表示形式で曜日を表示していると、「B2="木"」では判定できない。セルの中身は「木」という文字ではなく、「2021/9/2」といった日付データのままだからだ。その場合は、WEEKDAY(ウィークデイ)関数を使うなど、面倒な手順を踏んで判定する必要がある。WEEKDAY関数を使う方法は、Excel以前の表計算ソフトで使われていたもので、ExcelであればTEXT関数を使うほうが賢いやり方といえる。

以上がTEXT関数の「セルに表示された通りの文字列として、判定できるようにする」という使い方。続いては、「表示形式を設定した状態で、文字列を結合する」という使い方を紹介しよう。

図3は、E10セルで求めた合計金額を、数式で参照してB3セルに転記しつつ、「円也」という文字列を結合した例だ。E10セルでは「44,900」と表示されていたが、B3セルでは「44900円也」と桁区切りのカンマが消えてしまっている。これは、数式で参照

表示形式を設定した状態で「文字列」を結合できる

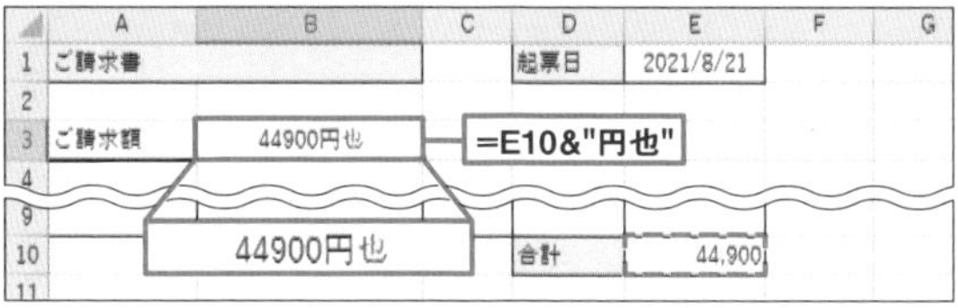

図3 B3セルに数式を入れて、E10セルの合計金額を参照しつつ、「円也」の文字列を連結した。だが図の数式では、E10セルの数値そのものに「円也」が付くため、「桁区切り」の表示が解除されてしまう

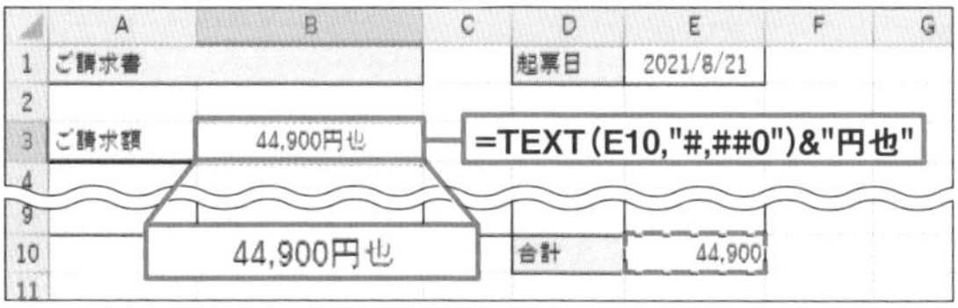

図4 TEXT関数で「#,##0」という表示形式を設定した文字列を作成し、これに「円也」を連結するように数式を組み立てると、桁区切りのカンマも表示できる

する数値は、表示形式が設定されていない“生の数値”であるため。日付データの場合はもっと大変で、「2021/9/1現在」と表示するつもりが、「44440現在」などと、“生の数値”である日付のシリアル値に戻されてしまう。

こんなときは、TEXT関数の出番。表示形式を設定したのと同じ見た目の文字列をTEXT関数で作ってから、必要な文字列を結合すればよい。桁区切りの数値なら「=TEXT(E10, "#,##0")&"円也"」(前ページ**図4**)、「2021/9/1現在」のように表示させたければ、「=TEXT(A1, "yyyy/m/d")&"現在"」などと式を立てるのだ。

TEXT関数の3つめの利用場面は、単純に「数値」を「文字列」に変換するケース。例えば**図5**を見てほしい。別表を検索するVLOOKUP(ブイルックアップ)関数がエラーを表示しているが、原因は、別表の品番が「文字列」になっているのに対し、VLOOKUP関数の「検索値」であるA2セルが「数値」で入力されているからだ。このようなときは、「検索値」にTEXT関数の式を組み込み、「数値」の品番を「文字列」に変換すればよい。引数「表示形式」には「"@"」のように指定すればOKだ(**図6**)。

「数値」を「文字列」に変換できる

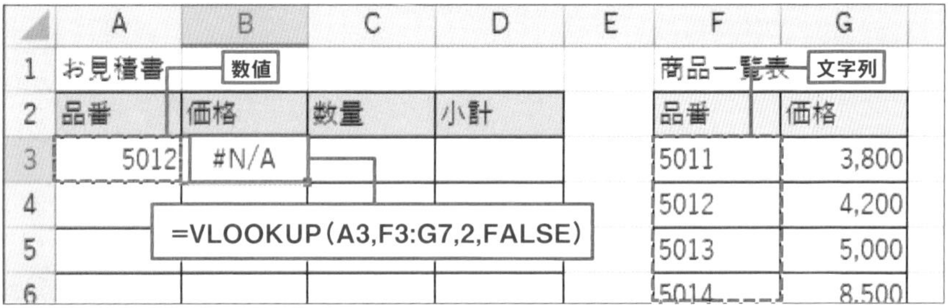

図5 右の表で品番を検索して価格を表示するはずのVLOOKUP関数がエラーになった。A3セルの品番「5012」を「数値」で入力したのに対し、別表の「品番」列がすべて「文字列」になっているのが原因だ

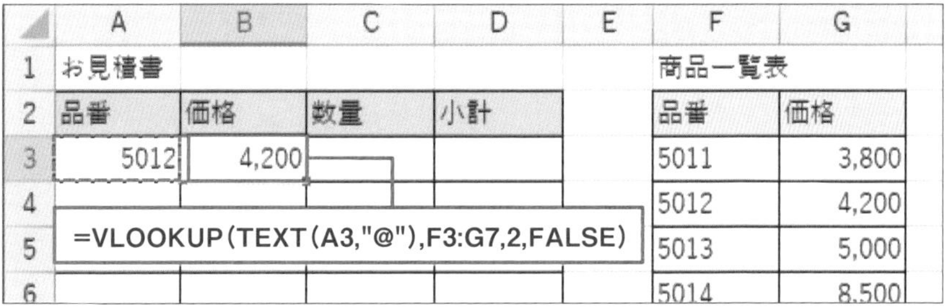

図6 VLOOKUP関数の引数「検索値」にTEXT関数を組み込み、A3セルの「数値」を「文字列」に変換してから検索すれば、エラーを回避できる。「文字列」にするには、「@」という書式記号を指定する

SECTION
14

何に使うのかわからない？ INDIRECT関数の本当の活用法

INDIRECT関数

Excelの関数の中でも、ダントツでわかりにくいといわれるのがINDIRECT（インダイレクト）関数だ。「セルを参照する関数」の仲間で、例えば引数に「"A1"」と指定すると、A1セルを参照できるようになる（**図1**）。「A1」という「文字列」を、セル参照に変換する働きをするわけだ。

この説明は何ら間違っていないのだが、これを聞いて「いったい何に使うのか」と疑問に感じる人は少なくないだろう。A1セルを参照したければ、わざわざ関数など使わなくても、「=A1」とだけ入力すればよいからだ。

実は、INDIRECT関数はそれ自体で何かすごいことができるわけではない。これが便利な関数になるかどうかは、ユーザーがどのような「参照文字列」を作って引数に指定するかによる。

一例を挙げよう。「1月」「2月」「3月」のように月名を付けたシートを作成し、月ごとの売上データを管理しているケースは多い。シートの体裁は同じで、同じセルには同じ内容の各月分のデータが入っている。これを期ごとや年間の集計用シートにピックアップして、一覧表を作ることがあるだろう（次ページ**図2**）。その際、1セルずつコピペ

どんな場面で使う関数なのか？

INDIRECT《インダイレクト》　【文字列をセル参照に変える】

=INDIRECT(参照文字列, 参照形式)

セル参照を表す文字列を「参照文字列」に指定すると、実際にそのセルを参照できる。「参照形式」は通常、省略して構わない

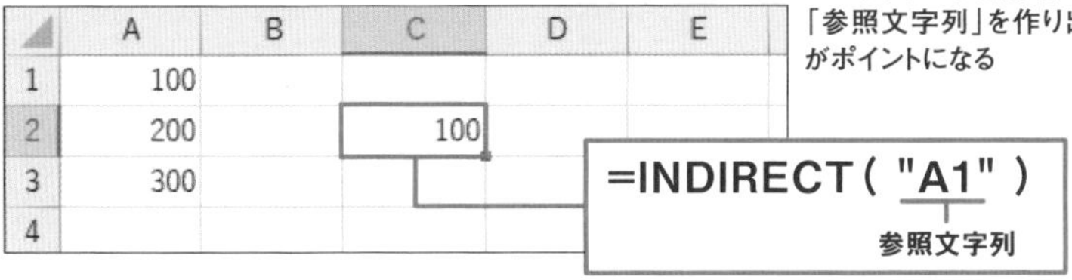

◀▼ **図1** INDIRECT関数の引数に「"A1"」と指定すると、文字通りA1セルを参照できる。しかし、これに何の意味があるのだろうか。「=A1」と数式を立てても同じだからだ。この関数のメリットは、利用者がどんな「参照文字列」を作り出せるかがポイントになる

して並べたり、1つずつ別シートを参照する数式を作っていくのは面倒だ。3カ月分ならともかく、1月から12月までの年間のデータを一覧表にまとめるような場合は、一気に取り出す方法を考えたい。

そこでINDIRECT関数の出番。集計用シートの一覧表には、「1月」「2月」「3月」という、シート名と同じ行見出しを用意しよう（**図3**）。そのうえで、INDIRECT関数の式を立て、「A3&"!B3"」のように引数に指定する。すると、A3セルの行見出し「1月」と「!B3」を結合して、「1月!B3」という参照文字列が作れる。これがINDIRECT関数の働きによりセル参照に変換され、実際に「1月」シートのB3セルを参照できるようになる。

こうして1行目の数式ができたら、それを各行にコピーすればOK。B4セルでは「2月!B3」、B5セルでは「3月!B3」という参照文字列になるので、それぞれ「2月」「3月」のシートにあるB3セルを参照できる。これなら、シートが何枚あっても一気にセルの内容を取り出して、一覧表に並べられるだろう。

セルの文字列を「シート名」に変換して参照する

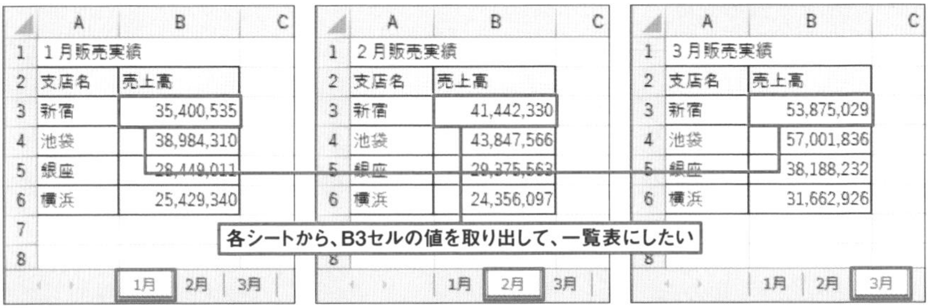

図2 「1月」「2月」「3月」という同じ体裁の月別シートから、B3セル（新宿支店の売上高）をすべて取り出して、一覧表にまとめたい。それぞれ「='1月'!B3」「='2月'!B3」「='3月'!B3」のように数式を立てれば参照できるが、1つずつ数式を作るのは面倒だ

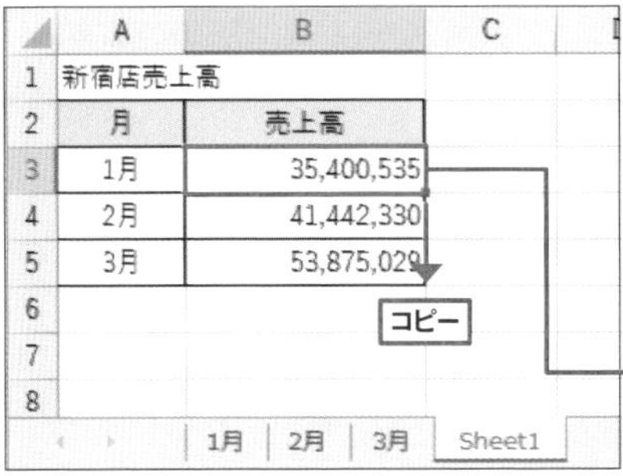

図3 行見出しに入れた「1月」「2月」「3月」という文字列を、シート名として数式で利用したい。「&」を使って「A3&"!B3"」のように指定すれば、「1月」と「!B3」を結合して、「1月」シートのB3セルを参照する文字列が作れる。これをINDIRECT関数の引数に指定すれば、実際にそのセルを参照できるわけだ。この数式をコピーすれば、ほかの月のシートも一気に参照できる

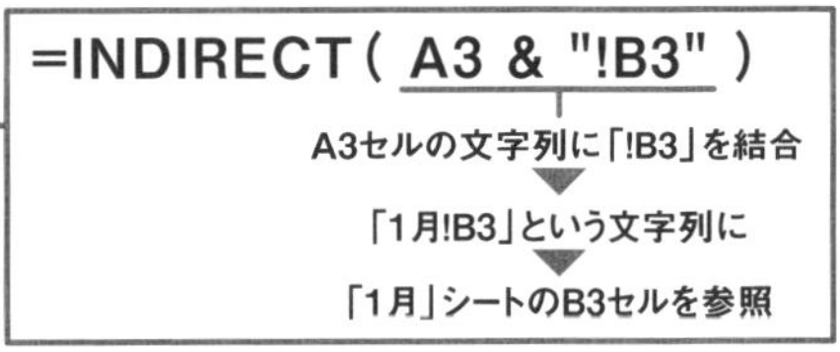

第4章

シートを知る

多数のセルが並ぶ「シート」には、数値や文字列や数式を、どこでも自由に入力できる。しかし待ってほしい。好き放題に表を作ったり、文章を入力したりしていては、「データの活用」が困難になる。Excelで効率良くデータを整理、集計、分析するには、一定の“作法”に従う必要があるのだ。業務全体を見通した、シート作りのポイントを押さえよう。

SECTION
01

データの流れを意識して、入力・計算・出力は別に考える

シート作りの基本

第4章からは、セルや数式、関数といった個々の機能やテクニックではなく、業務効率全体を考えたワークシート（シート）作りやExcelの使い方について解説していく。

Excelのブック（ファイル）には、複数のワークシートを含められるが、これを有効に活用できない人が多い。例えば、1枚のシートに何でもかんでも無秩序に詰め込んでいる人をよく見かける（**図1**）。用紙1枚に印刷するためかもしれないが、そういう使い方をすると、後で修正する際などに多大な苦労を要する。

どんな道具にも「正しい使い方」がある。優れた機能を持つ道具であっても、間違った使い方をしては、そのポテンシャルを発揮できない。Excelも、単なる道具にすぎない。すなわち、Excelにも正しい使い方がある。ここで言う「正しい」というのは、「効率的である」「ミスが少ない」「引き継ぎが容易」という意味だ。

シート作りのうえで意識しておきたいのが、「入力→計算→出力」というデータの流れ（**図2**）。「入力」はデータを準備する作業のこと。このデータは原則として、後述する「データベース形式」（「リスト形式」ともいう）になっていなければならない。このデータを集計したり、分類したり、加工したりする作業が「計算」。この「計算」こそがExcelの真骨頂であり、まさに“腕の見せどころ”といえる。「出力」は、最終的な成果

こんなシートを作ってはいけない!

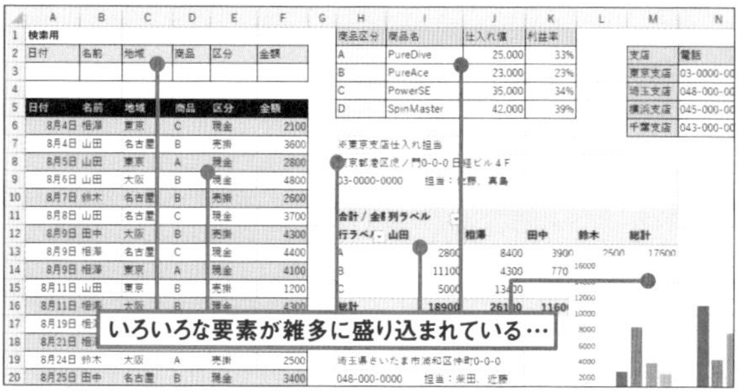

図1 1枚のワークシートに多くの要素を詰め込むと、データを再利用したり、作り直したりする際に多大な労力を要することになる

物を作る作業。これは、業務によって、一覧表であったりグラフであったりとさまざまな形式があるだろう(**図3**)。

このように「入力→計算→出力」という流れを意識することが、Excelの正しい使い方である。それは必ずしも「3枚のシートを使う」という意味ではない。少ないデータから簡単な集計表を作るような場合には、3つの処理を1枚のシートで行うこともある(**図4**)。しかし、その場合でも「ここに元データを用意する」「ここで集計して一覧表にする」というように、「入力→計算→出力」を区別できるようにしたい。後に、元データが追加されたり、計算方法が変更になったり、最終的に作る一覧表の形式が変更されたりしたときも、対応できるようにしておこう。

「入力→計算→出力」というデータの流れを意識する

図2 Excelを効率良く使うには、データや処理の流れを意識する。実務でのデータの流れは「入力→計算→出力」の順になるのが一般的だ

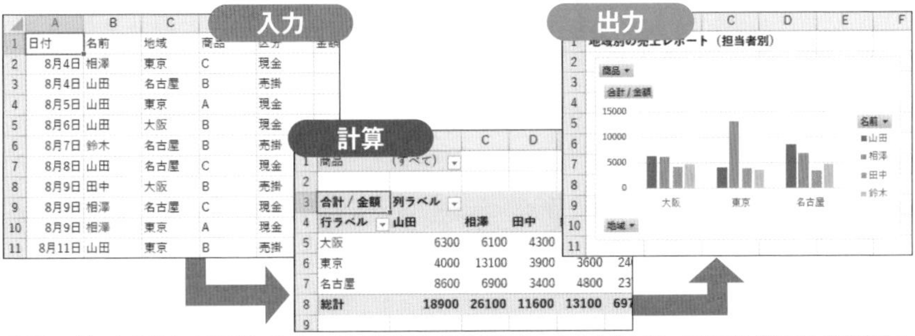

図3 データの流れを意識して、入力用、計算用、出力用のシートを分けた例。ここではグラフを成果物としているが、計算結果から必要な要素だけピックアップして、表で出力することもあるだろう

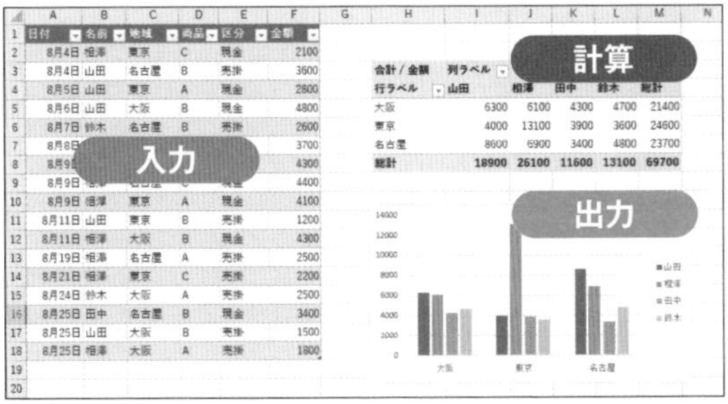

図4 「入力→計算→出力」の3つを意識することが大切であって、必ずしもシートを分ける必要はない。1つのシートに3要素をまとめるケースもあるかもしれない。だがその場合でも、3つの要素がきちんと分かれていて、明確になっている必要がある

SECTION
02

データの「入力」の仕方が業務効率を左右する

データベース形式

Excelを効率良く使うための「入力→計算→出力」という流れの中で、最も重要なパートは「入力」だ。適切な元データを、集計しやすい形式で準備できれば、作業の大半は終わったようなもの。具体的には、「1行に1件」「1列に1項目」というルールで入力する「データベース形式」が基本になる（**図1**）。

よく見かける失敗例は、まず「出力」の表を作ってしまうこと。最初に一覧表の枠組みを作り、その中に数値を入力。そこで直接、計算もしてしまう（**図2**）。こうして作成した最終結果の表を印刷して、“業務終了”とする。そのような仕事の進め方をしている人は多いのではないだろうか。

しかし待ってほしい。この表を作った後で、「担当」欄の人数が増減したらどうするのか。新たに「利益率」という集計項目を追加することになったらどうするのか。この一覧表だけで作業をしていると、実務で求められる変化には柔軟に対応できない。

では、元データがあればいいのかといえば、そうではない。元データの作り方を間違えているケースも多い。元データは、次のステップである「計算」のために作る。

元データは「データベース形式」が基本

●データベース形式

項目名（フィールド名）

日付	担当	支店	売上	原価
8/1	田中	東京	770	318
8/2	櫻井	大阪	996	388
8/3	櫻井	大阪	917	352

見出し行（タイトル）

1行に1件のレコード

1列に1つの項目（フィールド）

↑図1 「データベース形式」または「リスト形式」と呼ばれるデータの基本。1列1項目の並びを「フィールド」、1行1件の並びを「レコード」と呼ぶことも覚えておくとよい従って、Excelで集計や分類などの処理をしやすいように作らなければ意味がない。例として、**図3**を見てみよう。このデータのどこが不適切なのかわかるだろうか。

こんな作り方をしてはいないだろうか？

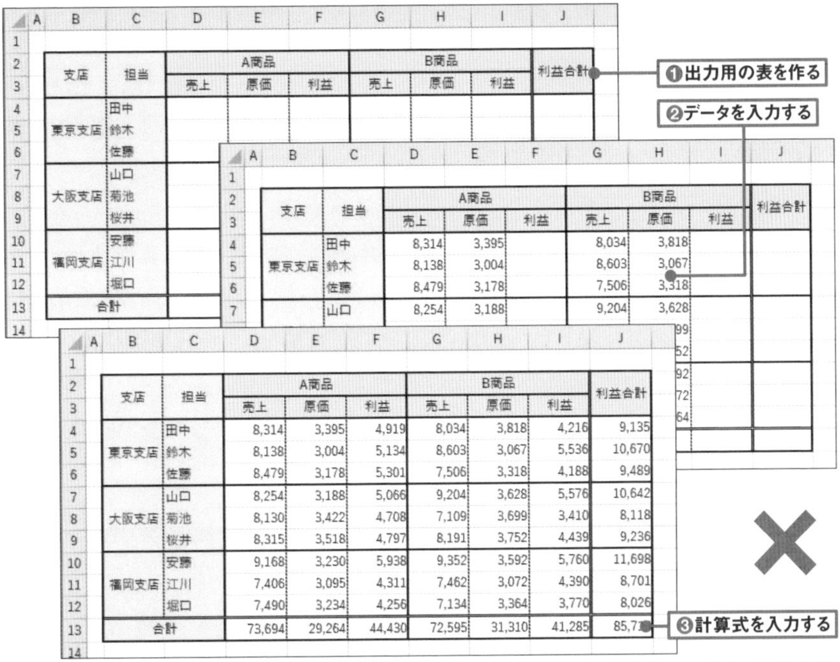

図2 表を作るとき、先に罫線などの書式を設定して枠組みを作り、その中に数値を入れ、最後に計算する、という手順を踏んでいないだろうか（❶〜❸）。一見すると普通の作り方だが、後から表に追加・修正があったときなどに困ることになる

不適切な「入力」の例

請求日	担当	A商品		B商品	
		売上	原価	売上	原価
2021/8/1	田中(東京支店)	770円	318円	976円	346円
2021/8/2	桜井(大阪支店)	996円	388円	838円	355円
2021/8/3		917円	352円	731円	382円
未定	菊池(大阪支店)	774円	357円	832円	301円
2021/8/5	佐藤(東京支店)	983円	323円	750円	341円

図3 元データだけをシンプルに入力したつもりでも、その作り方を間違えているケースは多い。このシートのどこが「不適切」かわかるだろうか

まず、列の見出し（タイトル）は1行でなければならない（**図4**）。図3の表では、「A商品」「B商品」という大項目の下に「売上」「原価」という小項目が並ぶ階層表現が含まれている。これは、人が見る分にはわかりやすいが、Excelにとっては不親切な入力だ。データの列見出しは、データベースでいうところの「フィールド名」に相当する。フィールド名は、各列に1つずつ、かつ重複しない名前でなければならない。そしてデータの先頭に1行に並べるのが基本だ。

Excelで「計算」するための元データは、“人が見てわかる”という感覚ではなく、“Excelがわかる”ことを意識して作る必要がある。“人が見る”ことは、「出力」の段階で考えればよい。

B列の「担当」列にも問題がある（**図5**）。まず、「田中（東京支店）」といった入力は、担当者の名前が「田中」であるという情報と、担当者の所属が「東京支店」であるという情報の2つが含まれている。このように、1セル（列）に複数の情報を含めてはいけない。というのも、このデータを基に“担当者別”の集計や“支店別”の集計をすることになったらどうすればよいだろう。「田中（東京支店）」という1セルの情報を何とか2つに分割して処理しなければならなくなる。処理が煩雑になり難しくなるわけだ。そんな面倒を避けるためにも、“1列1項目”の原則を忘れないでほしい。

列の見出し（タイトル）は1行に

	A	B	C	D	E	F	G
1	請求日	担当	A商品		B商品		
2			売上	原価	売上	原価	
3	2021/8/1	田中(東京支店)	770円	318円	976円	346円	
4	2021/8/2	桜井(大阪支店)	996円	388円	838円	355円	
5	2021/8/3		917円	352円	731円	382円	

見出し（タイトル）が2行になっている

▼

	A	B	C	D	E	F
1	請求日	担当	A商品-売上	A商品-原価	B商品-売上	B商品-原価
2	2021/8/1	田中(東京支店)	770円	318円	976円	346円
3	2021/8/2	桜井(大阪支店)	996円	388円	838円	355円
4	2021/8/3		917円	352円	731円	382円

見出しは1行に

図4「計算」を前提とした元データは、「データベース形式」または「リスト形式」と呼ばれる体裁になっている必要がある。データベース形式では、列の見出し（タイトル）は1行に並んでいなければならない。上図のように「A商品」について2つの項目がある場合は、「A商品-売上」「A商品-原価」などと見出しを工夫して、1行にまとめる

さらに、「セルの結合」もいただけない。言語道断だ。結合したセルは、コピーがしにくかったり、関数による集計ができなかったり、並べ替えやオートフィルターで問題が生じたり、後で解説する「ピボットテーブル」で集計できなかったりと、Excelが持つ便利な機能の大半を無効にしてしまう（**図6**）。元データでセルの結合は絶対にしてはいけない。セルの結合というのは、"見やすく"するために行うのであって、これは「出力」の段階で活用する機能だ。

悩ましいのは「請求日」列に含まれる「未定」という文字列。まだ請求日が確定していない場合に「未定」という情報を入力しておく考え方に間違いはない。しかし、1つの列には同じ種類のデータだけを入力するのがデータベースの原則。関数などの集計で大きな問題を生じることは少ないが、「ピボットテーブル」を使うときには不都

SHEET 1列には1つの情報、「セルの結合」は厳禁

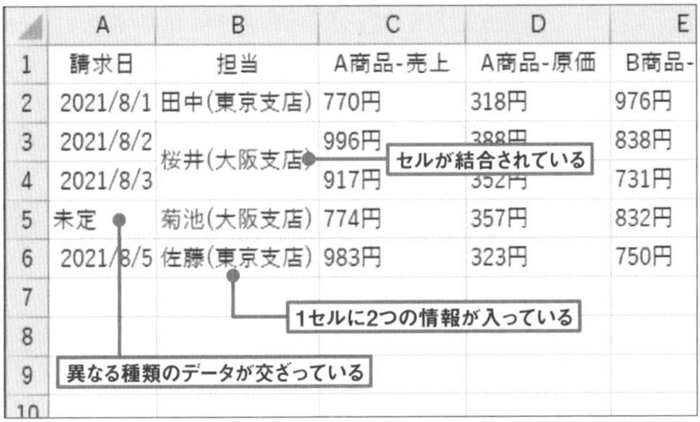

	A	B	C	D	E
1	請求日	担当	A商品-売上	A商品-原価	B商品-
2	2021/8/1	田中(東京支店)	770円	318円	976円
3	2021/8/2	桜井(大阪支店)	996円	388円	838円
4	2021/8/3		917円	352円	731円
5	未定	菊池(大阪支店)	774円	357円	832円
6	2021/8/5	佐藤(東京支店)	983円	323円	750円
7					
8					
9					
10					

図5 B列の「担当」列には、担当者名と支店名という2つの情報が入っている。これらは2つの列に分けたほうがよい。また1つの列には1種類のデータしか入れないのが原則。日付の列に「未定」などの「文字列」が交ざると、計算の際に不都合を生じる可能性がある。「セルの結合」も厳禁だ

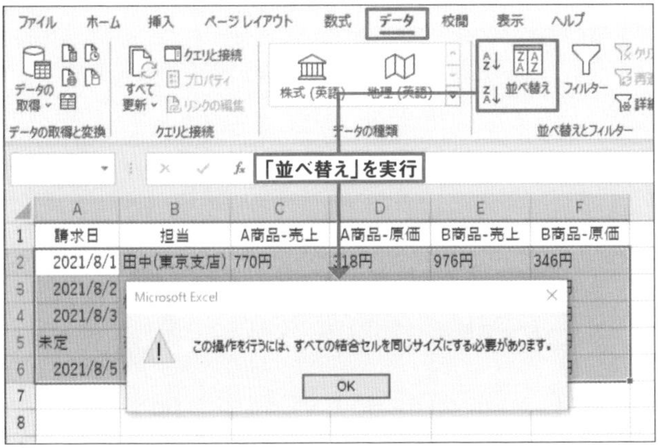

図6 表の中に結合されたセルがあると、「並べ替え」を実行しようとしたときにエラーになり、並べ替えられない。「…すべての結合セルを同じサイズにする必要があります。」というメッセージが表示されるが、そもそも結合してはいけない

合が生じる（160ページ参照）。できれば、空欄のままが望ましい。

数値データに「円」という単位（助数詞）が付いているのも厄介だ（**図7**）。数値に意味を持たせるために「○○円」とか「○○人」と表したい気持ちはわかるが、それは人に対して親切なだけ。Excelは、セル内に1つでも文字が含まれていると、それを「文字列」と認識してしまう。言うまでもなく「文字列」は計算できないので、次の「計算」のステップで問題が生じる。26ページで紹介した「ユーザー定義」の表示形式を使えば、数値のまま見た目だけ「円」を付けることもできるが、それは「出力」の際に考えればよいことだ。元データの時点では全く必要がない。

以上の不適切な点を改善して「正しい入力」にした元データが**図8**だ。「入力」で準備する元データは、データベース形式になっていなければならないことを肝に銘じておいてほしい。

数値を「文字列」化してしまっては元も子もない

D2　318円

「円」の文字が付いた
「文字列」になっている

	A	B	C	D	E	F	G
1	請求日	担当	A商品-売上	A商品-原価	B商品-売上	B商品-原価	
2	2021/8/1	田中(東京支店)	770円	318円	976円	346円	
3	2021/8/2	桜井(大阪支店)	996円	388円	838円	355円	
4	2021/8/3		917円	352円	731円	382円	

図7 「318円」のように、数値に「円」などの単位を付けるのもNG。単位を付けて入力すると「文字列」の扱いになり、計算できなくなる

これが正解！「データベース形式」になるように入力

	A	B	C	D	E	F	G	H
1	請求日	担当	支店	A商品-売上	A商品-原価	B商品-売上	B商品-原価	
2	2021/8/1	田中	東京	770	318	976	346	
3	2021/8/2	桜井	大阪	996	388	838	355	
4	2021/8/3	桜井	大阪	917	352	731	382	
5		菊池	大阪	774	357	832	301	
6	2021/8/5	佐藤	福岡	983	323	750	341	
7								
8								
9								

1行に1件、1列に1項目ずつ入力した
「データベース形式」になっている

図8 適切な形で入力した元データの例。列見出しは1行に並べて、データも1行に1件ずつ入力する。1列には1項目しか含まれず、データの種類も統一。数値は数値として計算できる状態にする

COLUMN

「Excel方眼紙」はなぜダメなのか

デジタル化が進む以前に存在した紙の申請書や帳票のテンプレートを、そっくりそのままExcelのワークシートにして業務利用している人はいないだろうか。紙の見た目を再現するために、セルのマス目を“方眼紙”のようにして、セル結合によって表のレイアウトを工夫する人は少なくない。これは「Excel方眼紙」と呼ばれる悪い慣習だ。

「入力→計算→出力」というシート設計の考え方を知れば、「入力」の段階でExcel方眼紙を使うことが、いかに無意味で弊害のあることか、わかるだろう。極端な話、数値を1桁ずつ別セルに分けて入力する人がいるが、それは入力が面倒なうえ計算もできない（**図1**）。また、セル結合によってシートの見た目を整えると、「データベース」としての再利用が困難になる。「並べ替え」などの機能が使えなくなることは既に述べたが、業務システムで利用しようとCSV形式で出力した場合、結合したセルの数だけカンマが並び、後処理が非常に煩雑になる（**図2**）。

Excel方眼紙を全否定はしないが、もし、業務としてそれらのデータを「再利用」するのであれば、安易に使うのは避けるべきだろう。

図1 最悪なExcel方眼紙の例。セルのマス目に1文字ずつ文字や数字を入れる帳票。これでは入力が大変だし計算もできず、Excelを使う意味がない。手書きのほうがマシだ

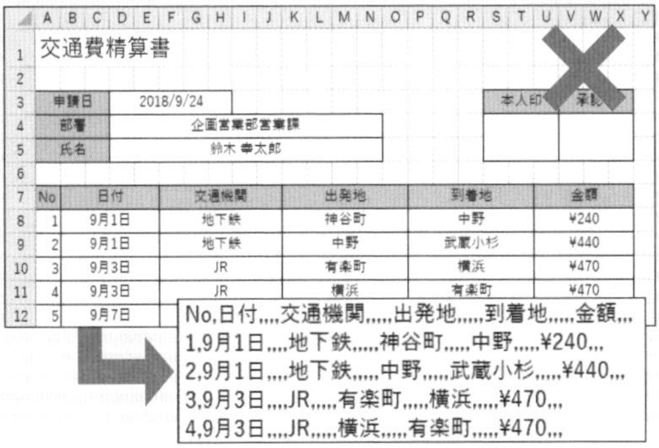

図2 セル結合によって表の体裁を整えた交通費精算書（左）。見た目はいい感じだし、数値の計算もできるが、システムで読み込むためにCSV形式で保存すると、大量のカンマが現れる（下）。「出力」用のシートならまだよいが、「入力」用や「計算」用としては問題が多い

SECTION
03

不適切なデータの入力を「入力規則」で制限する

データの入力規則

Excelで集計するときに困るのは、データの“揺れ”や“ブレ”。日付データに西暦と和暦が混在していると、思わぬところで計算ミスをしかねない。あるいは「東京支店」と「東京　支店」(間に空白)を、Excelは全く別の文字列として認識する。そのような揺れやブレをなくすためにも活用したいのが「データの入力規則」という機能だ。

データの入力規則は、文字通り、セルへの入力に対して特定の「規則」を持たせる仕組み。例えば「請求日」の列に「日付しか入力できない」という規則を設定しておくと、ユーザーは日付以外を入力できなくなる(**図1**)。利用するには、まず入力規則を設定したいセル範囲や列を選択し、「データ」タブの「データツール」グループにある「データの入力規則」ボタンを押す(**図2**)。開く画面の「設定」タブで、「入力値の種類」を「日付」と指定すればよい。すると、入力可能な日付の範囲を決めて、その範囲の日付以外を受け付けない仕掛けにできる。規則に反するデータを入力したときに表示するメッセージは、「エラーメッセージ」タブで指定できる。

担当者名や支店名など、あらかじめ決められたデータしか入力しない場合は、入力規則の「リスト」を活用しよう。リストを設定したセルを選択すると、ドロップダウンリストが表示され、そのドロップダウンリストからしか入力内容を選択できなくなる。

不適切な入力を受け付けない仕掛けにする

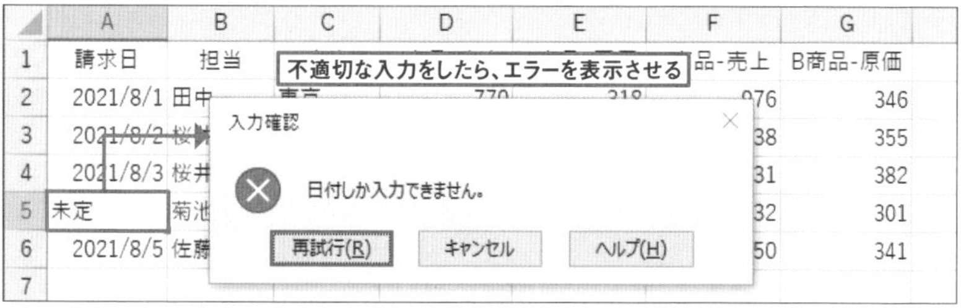

図1 「日付」を入れるべき列に、ほかの文字列を入力したとき、エラーを表示して受け付けないような仕掛けを作ることもできる。適切な元データを作成するのに有効だ

設定は簡単だ。例えば「東京」「大阪」「福岡」という入力候補のリストをセルに表示する場合、設定したいセル範囲や列を選択して「データの入力規則」画面を開き、「設定」タブにある「入力値の種類」を「リスト」と指定する（次ページ**図3**）。そして「元の値」欄に、リストに表示したい項目を半角カンマで区切って「東京,大阪,福岡」などと入力しよう。「OK」ボタンを押して設定を完了すれば、該当セルを選択したときに、右側に「▼」ボタンが表示されるようになる。クリックするとリストが開き、ここから選択することで、適切なデータのみを入力できるわけだ。揺れやブレを防ぐだけでなく、入力の手間も軽減できる。

英数字が「全角」だったり「半角」だったりするのも困りものだ。その対策も入力規

EXCEL 「データの入力規則」で、データの種類を指定する

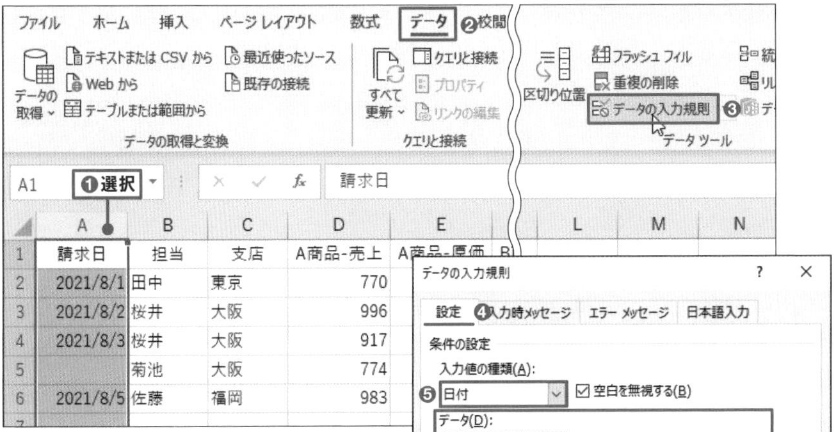

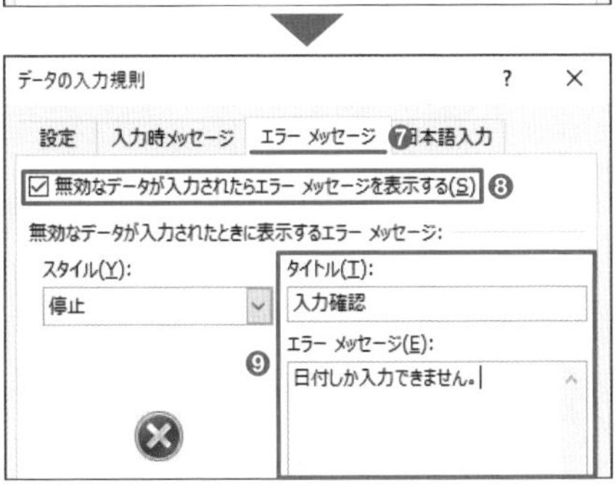

図2「請求日」を入れるA列に「日付」しか入力できないようにするには、A列を選択した状態で、「データ」タブにある「データの入力規則」ボタンを押す（❶〜❸）。開く画面の「設定」タブで、「入力値の種類」を「日付」と指定し（❹❺）。日付の範囲を決める（❻）。さらに、「エラーメッセージ」タブにある「無効なデータが入力されたら…」をオンにすると（❼❽）、指定範囲内の日付以外のデータが入力されたときに、エラーが表示され、確定できなくなる（既定でオン）。そのエラーメッセージも、任意の文を指定できる（❾）。なお、既に入力済みのデータはそのまま変わらない。また、ほかで「コピー」したデータをセルに「貼り付け」した場合も、エラーは表示されないので注意すること

則でできる。設定画面の「日本語入力」タブでは、特定のセルや列に移動したとき、自動的にIME(日本語入力ソフト)の入力モードを切り替える設定ができる(**図4**)。「電話番号は半角数字に統一したい」といった場合は、「日本語入力」の設定を「オフ(英語モード)」にしておこう。

さらに、半角文字の入力しか受け付けないような設定も可能だ。「設定」タブで「入力値の種類」を「ユーザー設定」にすると、「数式」欄が現れて、入力できるデータの条件を数式で指定できる(**図5**)。半角文字のみ入力できるようにするには、「=C1=ASC(C1)」のような数式を入力しよう。先頭の「=」は数式を入力するときの決まり。「C1=ASC(C1)」が「元の文字列と、それを半角に変換した文字列が等しい」という意味の条件式だ。ASC(アスキー)は、文字列を半角文字に変換する関数。「C1」の部分は、設定時のアクティブセルを指定すればよい。反対に、全角文字しか入力できないようにするには、文字列を全角に変換するJIS(ジス)関数を使って「=C1=JIS(C1)」のような条件式を作る。

EXCEL 適切なデータを「リスト」から選択可能にする

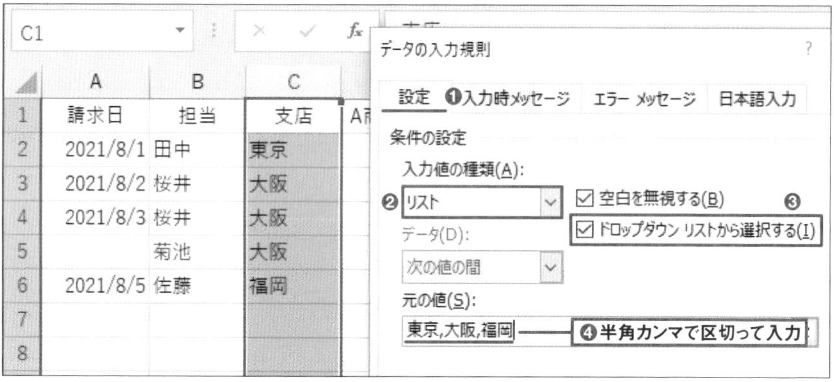

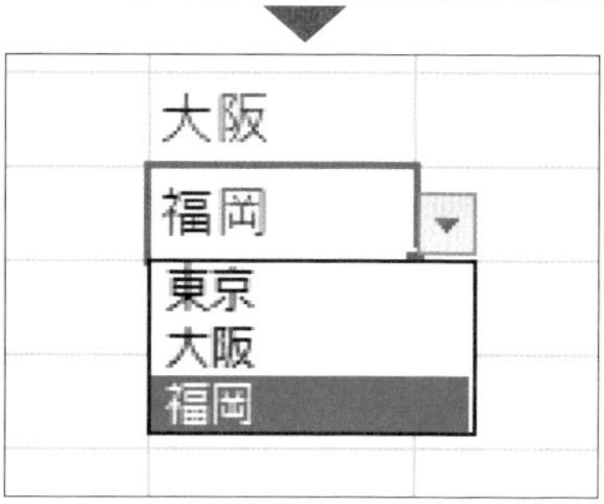

↑→図3 「東京」「大阪」「福岡」などと、入力するデータの候補が決まっている場合は、セルに「リスト」を表示して、そこから選んで入力する仕掛けにもできる。目的の列を選択して「データの入力規則」画面の「設定」タブを開き(❶)、「入力値の種類」欄で「リスト」を選択(❷)。「ドロップダウンリストから選択する」にチェックを入れると(❸)、右図のようなリストを表示できるようになる。リストに表示する項目は、「元の値」欄に「東京,大阪,福岡」のように、半角カンマ区切りで入力すればよい(❹)。「元の値」欄にカーソルを置いた状態でセル範囲をドラッグすることで、数式でそのセル範囲を参照し、その値をリストに表示させることもできる

EXCEL 全角／半角などの“文字種”も統一する

図4 全角文字と半角文字の揺れを防ぐには、「データの入力規則」画面の「日本語入力」タブで、あらかじめIMEの入力モードを決めておくとよい（❶❷）。半角で入力してほしい列は、「オフ（英語モード）」にしておくと、自動的に日本語入力がオフになり、半角英数字の入力になる

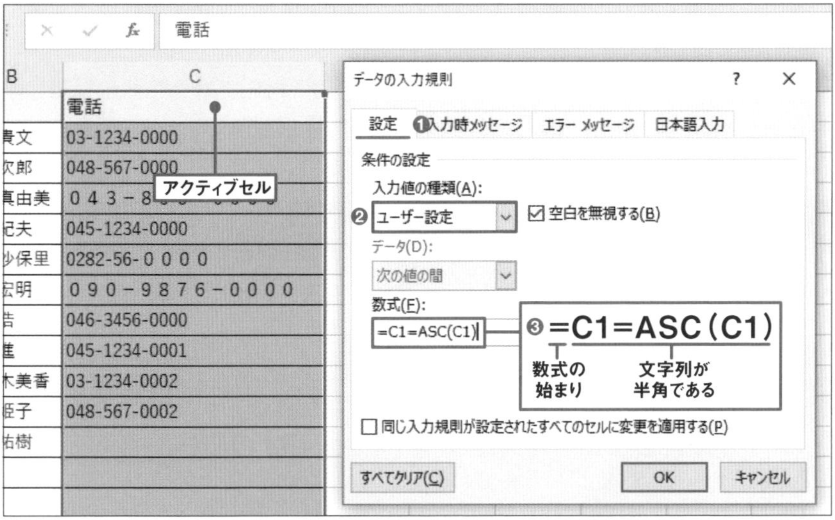

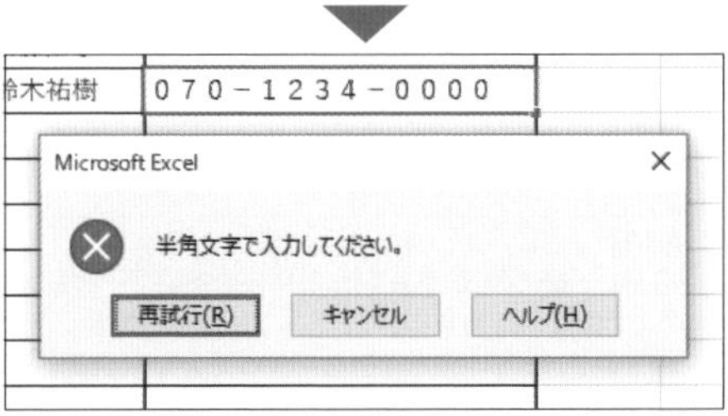

図5 「データの入力規則」画面の「設定」タブを開き、「入力値の種類」欄で「ユーザー設定」を選択（❶❷）。現れる「数式」欄に「＝C1＝ASC（C1）」という条件式を入れると（❸）、半角文字しか受け付けなくなる（右）。ASCは、文字列を半角文字にする関数。そのため「C1=ASC(C1)」で「元の文字列と、それを半角に変換した文字列が等しい」という条件になり、半角文字かどうかを判定できる。「C1」の部分には、設定時のアクティブセルを指定しよう

SECTION 04

「テーブル」を活用して確実なデータベース形式に

テーブル　構造化参照

繰り返しになるが、Excelを「入力→計算→出力」という流れで使うとき、入力データは、後で計算や分類などがしやすいように、「データベース形式」にしておくことが大切だ。そのためにも、入力データは「テーブル」に変換しておくことをお勧めする（**図1**）。テーブルに変換したセル範囲は、Excelがデータベースとして管理する特別な領域になる。すると、セル単位での挿入や削除、セルの結合など、データベースとしての体裁を壊すような操作が制限され、データを適切な状態に保ちやすくなる。さらに、一般的な表やセル上では不可能だった便利な機能を活用できるようになる。

表をテーブルにするのは簡単だ。表内のセルを1つ選択して、「ホーム」タブにある「テーブルとして書式設定」ボタンを押し、好みのデザインを選ぶ（**図2**）。あるいは、「Ctrl」キーを押しながら「T」キーを押してもよい。開く画面で対象範囲や見出し行の有無などを確認したら、「OK」ボタンを押そう（**図3**）。

入力データは「テーブル」に変換しておくのがオススメ

	A	B	C	D	E	F	G
1	日付	名前	地域	売上			
2	2021/10/1	田中	東京	8,009			
3	2021/10/2	鈴木	神奈川	7,264			
4	2021/10/3	佐藤	愛知	5,281			
5	2021/10/4	関口	大阪	8,838			
6	2021/10/5	山田	広島	7,167			
7	2021/10/6	加藤	福岡	5,570			
8	2021/10/7	吉田	青森	7,973			
9	2021/10/8	菊池	宮城	4,289			
10							

「テーブル」と呼ばれる特別な領域

図1　後で計算や分類などがしやすいデータにするには「データベース形式」にしておく必要がある。そのために効果的なのが、「テーブル」機能の活用だ。データベース形式の表を「テーブル」に変換すると、通常の表とは異なり、さまざまな機能を備えた特別な領域になる

一覧表を「テーブル」に変換する

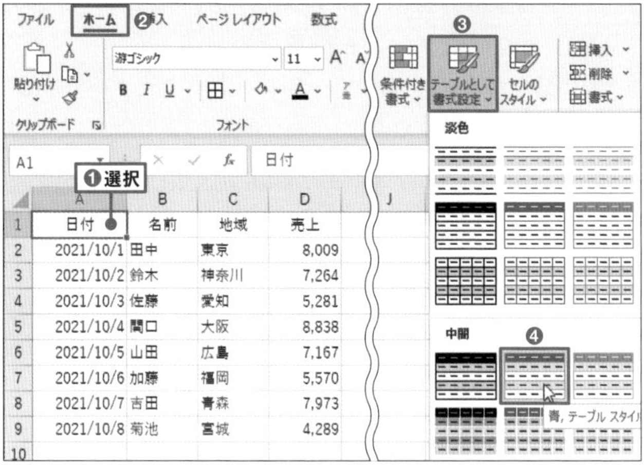

図2 「1行1件」「1列1項目」のルールで入力した一覧表をテーブルにするには、表内のセルを1つ選択した状態で（❶）、「ホーム」タブの「スタイル」グループにある「テーブルとして書式設定」ボタンをクリック（❷❸）。開くメニューから好みのデザインを選ぶ（❹）。「挿入」タブにある「テーブル」ボタンをクリックする方法や、「Ctrl」＋「T」キーを押す方法でもよい

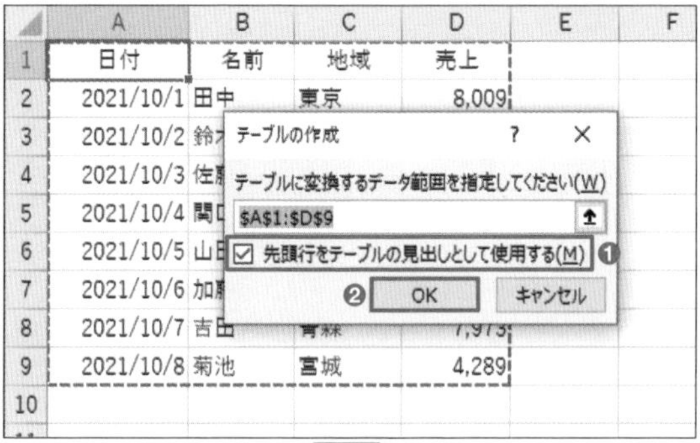

図3 一覧表全体が自動選択され、変換対象のデータ範囲として指定される。「先頭行をテーブルの見出しとして使用する」にチェックを入れて、「OK」を押す（❶❷）。すると、図2で選んだ書式が設定されるとともに、1行目の列見出しに「▼」ボタンが付く（❸）。テーブルを操作するための「テーブルデザイン」タブが現れたら、その左端にある「プロパティ」グループで、テーブル名を確認しておこう（❹❺）。テーブル名はここで変更することも可能だ

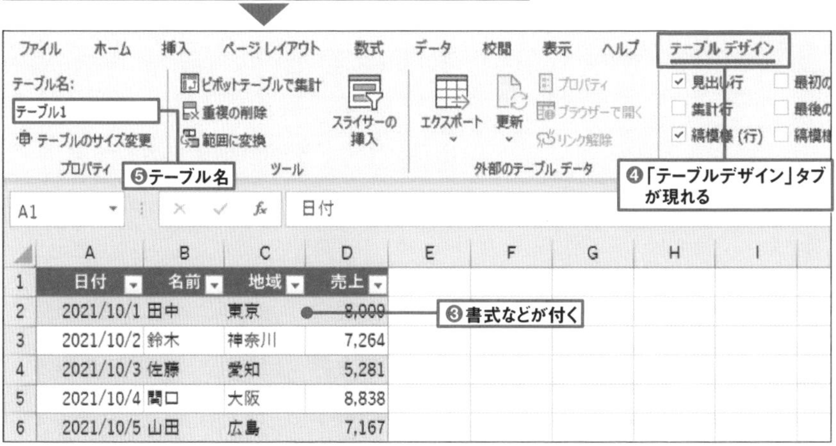

すると、1行置きにセルが塗りつぶされるなど、見た目がきれいに整えられる。このことから、テーブル機能を「表を装飾する機能」だと思っている人もいるが、それは違う。テーブルには、データ活用に便利な機能がたくさん用意されている。

例えば、列見出しのセルに付いた「▼」(フィルターボタン)を押すと、データの絞り込みなどができる。「テーブルデザイン」タブにある「テーブルスタイルのオプション」グループでは、「集計行」を追加して自動集計することも可能だ。

ここでは「計算」に使う元データとして便利な機能を紹介しよう。試しに、テーブルの外にあるセルから、同じ行にあるテーブル内のセルを数式で参照してみてほしい。すると、参照先は「D4」や「C3」などのアドレスではなく、「テーブル1[@売上]」のように表示されるはずだ(**図4**)。これは、「テーブル1」という名前のテーブルで、「売上」列のセルという意味だ。「@」(アットマーク)は、数式を入力しているセルと、参照先の

Excel テーブルは、テーブル名や列見出しで数式から参照できる

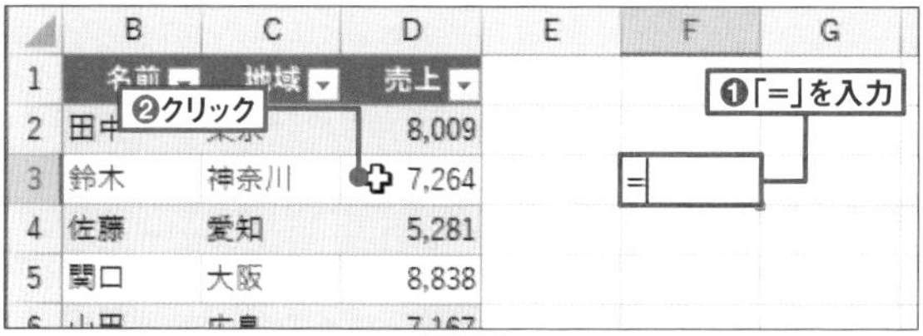

←↓**図4** 空いているセルに「=」と入力し、そのまま「売上」列にある同じ行のセルをクリックしてみよう(❶❷)。「テーブル1」内にある「売上」列の、同じ行にあるセルを参照する数式が自動入力され(❸)、「Enter」キーで確定すると結果が表示される(❹❺)

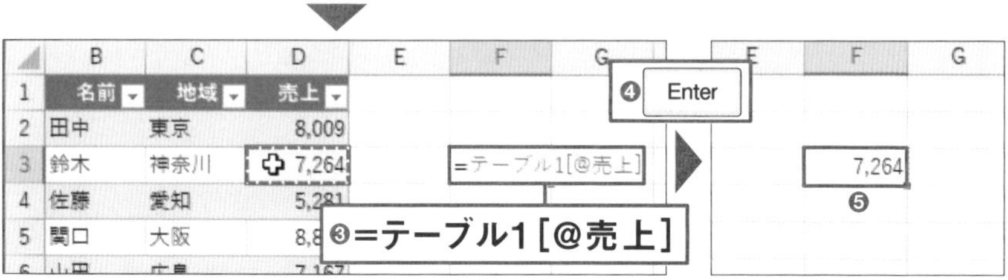

←**図5** 図4の数式から「@」記号を削除すると、「テーブル1」内にある「売上」列全体を意味する書き方になる。対象範囲が青い枠で囲まれるので、それとわかる。図6は、この範囲をSUM関数の引数に指定して、合計した例だ

セルが同じ行にあることを示している。この「@」を付けずに「テーブル1[売上]」のように指定すると、「売上」列の全体を参照することになる（**図5**）。従来の「D4」や「C2:C8」というアドレスを使ったセル参照に対して、このようなテーブルの参照の仕方を「構造化参照」と呼ぶ。

構造化参照の便利な点は、テーブルに新しいデータが追加されたときも、自動でそれを計算に含めてくれることだ。構造化参照では、セル範囲をアドレスで「どのセルからどこのセルまで」と指定するのではなく、「テーブル内の列全体」と指定するので、新しいデータが追加されたことでテーブルの大きさが変化しても、常にすべてのデータが計算の対象になる（**図6〜図8**）。

構造化参照はすべての関数や数式で利用できるので、例えばVLOOKUP関数で別表を検索するとき、別表をテーブルにしておけば、データを追加するたびに数式

EXCEL 追加データも自動で集計できる

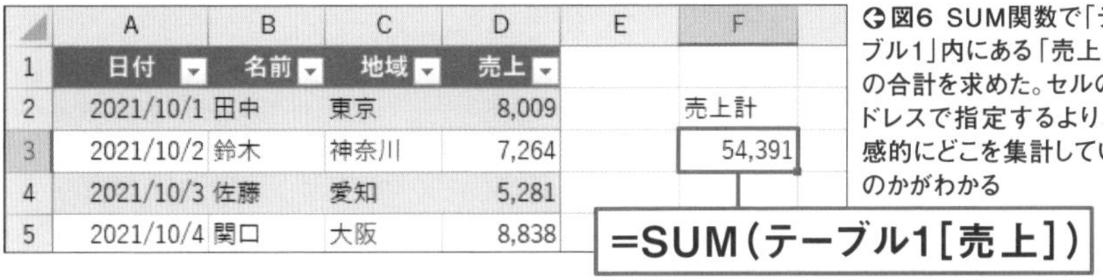

図6 SUM関数で「テーブル1」内にある「売上」列の合計を求めた。セルのアドレスで指定するより、直感的にどこを集計しているのかがわかる

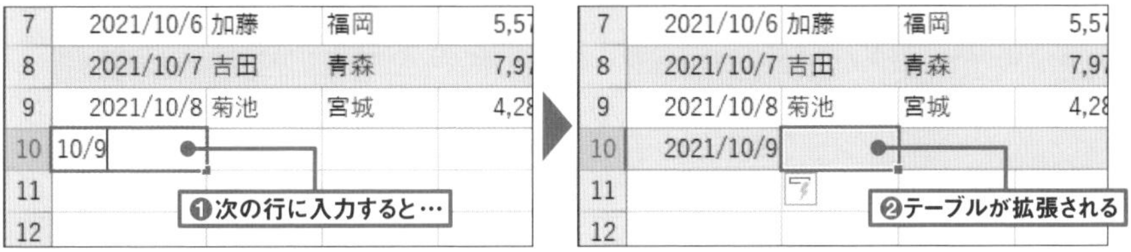

図7 「テーブル」では、最終行のすぐ下に新たなデータを入力すると（❶）、書式が自動設定されて、テーブルの範囲が拡張される（❷）

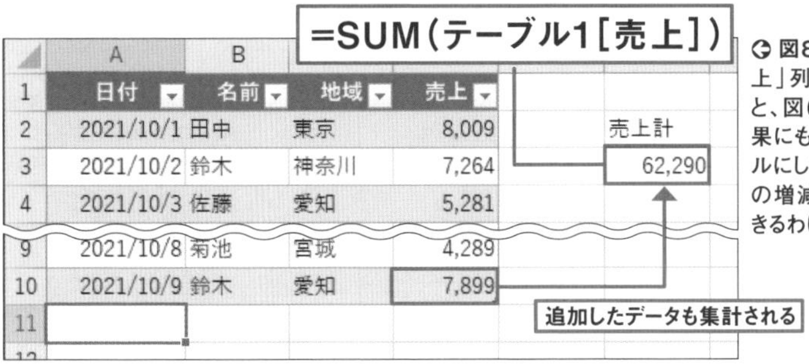

図8 新規データの「売上」列に数値を入力すると、図6のSUM関数の結果にも反映される。テーブルにしておくことで、データの増減にも自動で対応できるわけだ

を修正する手間から解放される。

テーブルに新しい列を追加する際も、ただ見出しの文字列を入力するだけでよい（**図9**）。そこに数式を入力するときも、すべてのセルに入力する必要はない。列内の1つのセルに入力するだけで、同じ数式をその列のすべてのセルにコピーしてくれるからだ（**図10**）。そして、テーブルのすぐ下に新しいデータが追加されると、数式も自動的にコピーされる。また、列内で1つの数式を変更すると、ほかの行の数式もすべて変更される。

本来データベースというのは、1つの列にすべて同じタイプのデータが保存されているべきものである。「日付」の列には日付データだけ、「数値」の列には数値データだけ。同様に「数式」の列には、すべて同じタイプの数式が入力されているのが、データベースの原則だ。テーブルを使うと、こうしたデータベースの形式を効率良く、確実に実現できる。飾りとしてでなく、データを整えるために積極的に活用したい。

列の追加も簡単。数式は自動でコピーされる

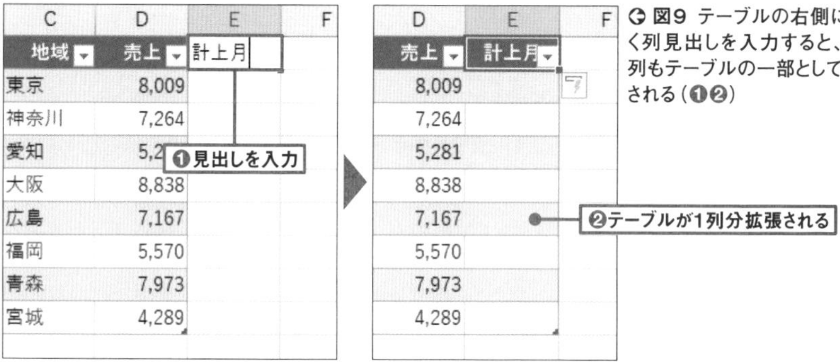

図9 テーブルの右側に新しく列見出しを入力すると、その列もテーブルの一部として拡張される（①②）

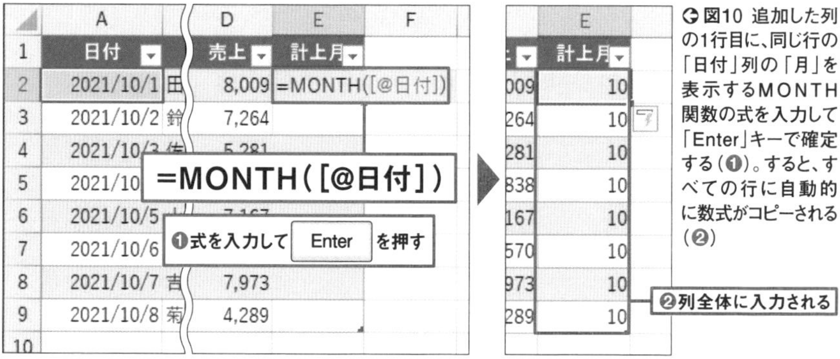

図10 追加した列の1行目に、同じ行の「日付」列の「月」を表示するMONTH関数の式を入力して「Enter」キーで確定する（①）。すると、すべての行に自動的に数式がコピーされる（②）

COLUMN

「セル内改行」を一括削除する

Excelでは、セルの入力中に「Alt」キーを押しながら「Enter」キーを押すことで、「セル内で改行」できる。表の見た目を整える際には有用な機能だが、計算や分類をする前の元データでは、セル内改行は避けるべきだ。データの再利用時に不都合が生じることがある（**図1**）。余計なセル内改行が大量にあるとき、1セルずつ編集状態にして、「Delete」キーで削除していくのは手間も時間もかかる。そこで、セル内改行を一気に削除する裏ワザを紹介しよう。

これには「置換」機能を使う。「ホーム」タブの「編集」グループにある「検索と選択」ボタンから「置換」を選択。設定画面が開いたら、「検索する文字列」欄を選択し、「Ctrl」キーを押しながら「J」キーを押す。この「Ctrl」＋「J」は、目には見えない“改行文字”を指定するキーだ。何も入力されないが、押すのは1回でよい。これで、シート内にある「セル内改行」を検索できるようになる。「置換後の文字列」欄は何でもよいが、スペースキーで空白を入力して、スペース区切りに変更するのもいいだろう（**図2**）。こうして改行を別の文字に変えたら、「区切り位置」機能や文字列操作関数で、別の列に分割すればよい。

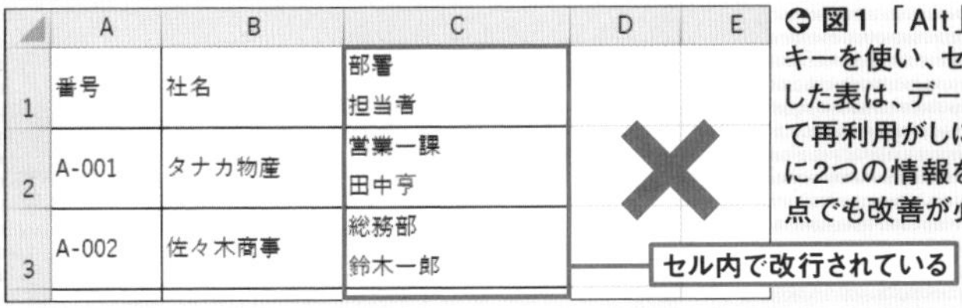

図1 「Alt」＋「Enter」キーを使い、セル内で改行した表は、データベースとして再利用がしにくい。1セルに2つの情報を入れている点でも改善が必要だ

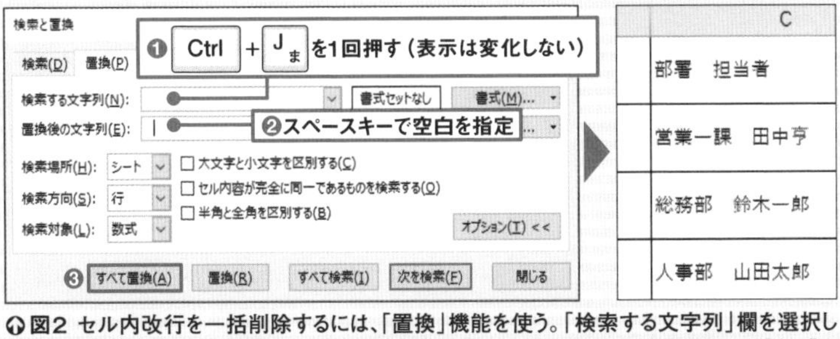

図2 セル内改行を一括削除するには、「置換」機能を使う。「検索する文字列」欄を選択して、「Ctrl」＋「J」キーを1回押し（❶）、「置換後の文字列」は空白などを適宜指定（❷）。「すべて置換」を実行すると（❸）、セル内改行は解除され空白などに置き換わる

SECTION
05

「ピボットテーブル」を活用すれば数式なしでワンタッチ集計

ピボットテーブル

「テーブル」機能と同様、ぜひ活用してほしいのが「ピボットテーブル」機能だ。ピボットテーブルを「一部の上級者が使うもの」「高度なデータ分析をする機能」と誤解しているユーザーもいるが、そんなことはない。ピボットテーブルは、「関数なんて難しくて使えない」といった人でも簡単に高度な集計ができる初心者向け機能といえる。

図1を見てほしい。左側には「日付」「名前」「地域」「売上」という4項目を入力したテーブルがある。これを基に、右表のような、担当者別の売り上げを地域別に合計した集計表を作りたい。いわゆる「クロス集計表」だ。数式を使ってこのような計算を行う場合、SUMIFS関数を使うことになるが、「田中×東京」「田中×大阪」などと、条件の組み合わせは6通り。間違いなく数式を作成するのはひと苦労だろう。このクロス集計表を、マウス操作だけで手早く作成できるのがピボットテーブルである。

ピボットテーブルの作り方は簡単だ。まずは、元データを用意する。元データは、「データベース形式」になっていれば単なる一覧表でも構わない。ただ今回は、元

2つの項目を用いた「クロス集計表」を作る

日付	名前	地域	売上
10月1日	田中	大阪	84
10月3日	鈴木	東京	68
10月4日	佐藤	大阪	72
10月9日	鈴木	大阪	76
10月11日	田中	東京	63
10月16日	鈴木	大阪	71
10月17日	佐藤	大阪	70
10月19日	田中	東京	80
10月20日	佐藤	東京	82

担当・地域別の売上合計

	東京	大阪
田中	343	550
鈴木	238	478
佐藤	307	373

担当者と地域で売り上げをクロス集計

図1 左のようなデータを基に、担当者の名前と地域（東京・大阪）別の売り上げを集計したい。右のような「クロス集計表」にするのが一般的だが、Excelの「ピボットテーブル」機能を使えば、10秒とかからずワンタッチで作成できる

データを「テーブル」にしている。ピボットテーブルの元データをテーブルにしておくと、元データが増減したときでも、ピボットテーブルの参照範囲を変更する必要がなくなり便利だ。元データを用意できたら、その中のセルを1つ選択し、「挿入」タブの左端にある「テーブル」グループの「ピボットテーブル」ボタン（上のアイコン部分）をクリックする（**図2**）。すると作成画面が開くので、新しいシートにピボットテーブルを作るのか、それとも既存のシートに作るのかを選択して「OK」ボタンを押そう。「新規ワークシート」を選んだ場合は新規シートが挿入され、その左端にピボットテーブルを作成する特別な領域が現れる（**図3**）。同時に、右側には「ピボットテーブルのフィールド」

EXCEL 「ピボットテーブル」を作成する

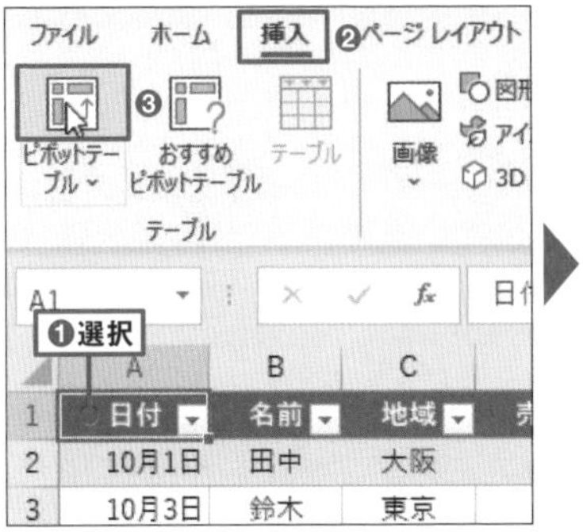

⬆➡図2 元データの表またはテーブル内のセルを1つ選択し（❶）、「挿入」タブにある「ピボットテーブル」ボタンの上半分をクリック（❷❸）。右のような画面が開いたら、作成する場所を選択して「OK」を押す（❹❺）

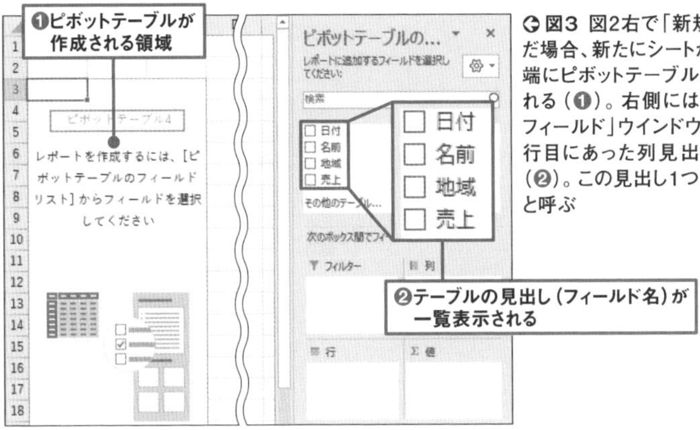

⬅図3 図2右で「新規ワークシート」を選んだ場合、新たにシートが挿入されて、その左端にピボットテーブルの作成場所が用意される（❶）。右側には「ピボットテーブルのフィールド」ウインドウが開き、元データの1行目にあった列見出しが一覧表示される（❷）。この見出し1つひとつを「フィールド」と呼ぶ

ウインドウが開き、元データの1行目にあった列見出しが「フィールド」として取り込まれる。このフィールド名を、下方にある「行」「列」「値」などのボックスにドラッグ・アンド・ドロップすることで、そのフィールドを自動集計できる仕掛けになっている。

例えば、「名前」フィールドを「行」ボックスに入れ、「売上」フィールドを「値」ボックスに入れると、担当者別の集計表が瞬時に出来上がる（**図4**）。「行」や「列」のボックスに分類したい項目を含むフィールド、「値」ボックスに集計したい数値のフィールドを配置すればよい。図4に続けて「列」ボックスに「地域」フィールドをドラッグ・アンド・ドロップすれば、「名前」と「地域」の各項目で分類したクロス集計表になる（**図5**）。

見出し（フィールド名）をドラッグするだけで自動集計

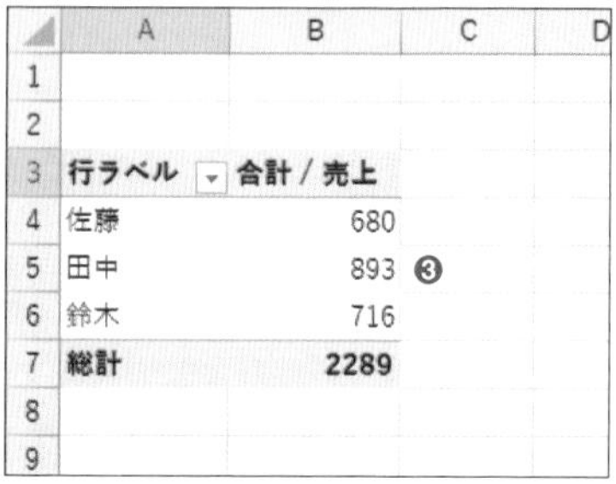

➡⬆図4　画面右下にある「行」ボックスに「名前」フィールド、「値」ボックスに「売上」フィールドをドラッグ・アンド・ドロップ（❶❷）。すると、行の見出しに「名前」の項目が並んだピボットテーブルが自動作成され、対応する「売上」の値が合計される（❸）。これだけで、担当者別の集計は完了だ

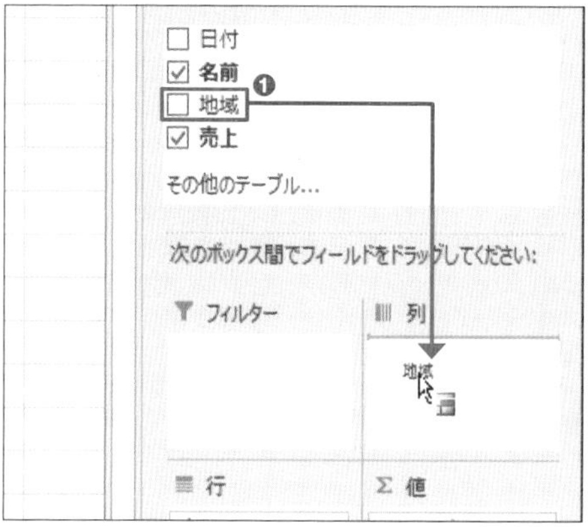

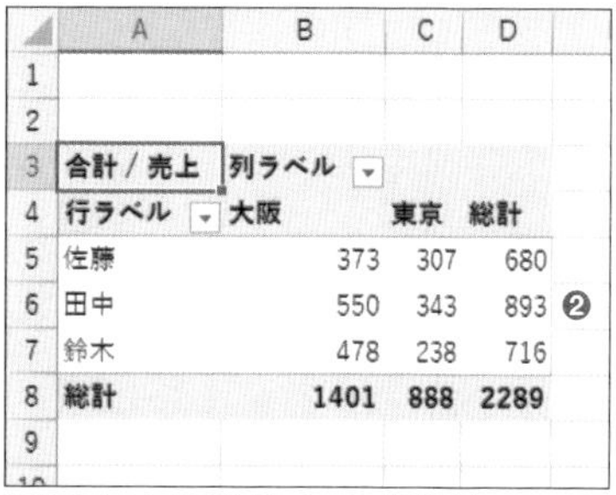

➡⬆図5　さらに「列」ボックスに「地域」フィールドをドラッグ・アンド・ドロップすると（❶）、ピボットテーブルの列見出しに「地域」の項目が並び、「名前」と「地域」のクロス集計表が出来上がる（❷）

このピボットテーブルは、「別の項目で集計し直したい」という場合に、すぐさまやり直せる点も魅力。例えば、担当者別ではなく、月別に集計し直したくなったら、「名前」フィールドを「行」ボックスの外にドラッグ・アンド・ドロップして削除。代わりに「日付」フィールドを「行」ボックスに入れ直せばよい（**図6**）。このとき、「日付」データが月や年をまたぐような長期にわたるものだった場合、自動的に「月」や「年」の単位に「グループ化」されるのも便利なところ。月名の左にある「＋」ボタンをクリックすると、その月に含まれている日別の集計を見ることもできる（**図7**）。

このように、ピボットテーブルでは集計の「軸」をマウス操作で簡単に切り替えて、さ

日付データがあれば、月別の集計も全自動

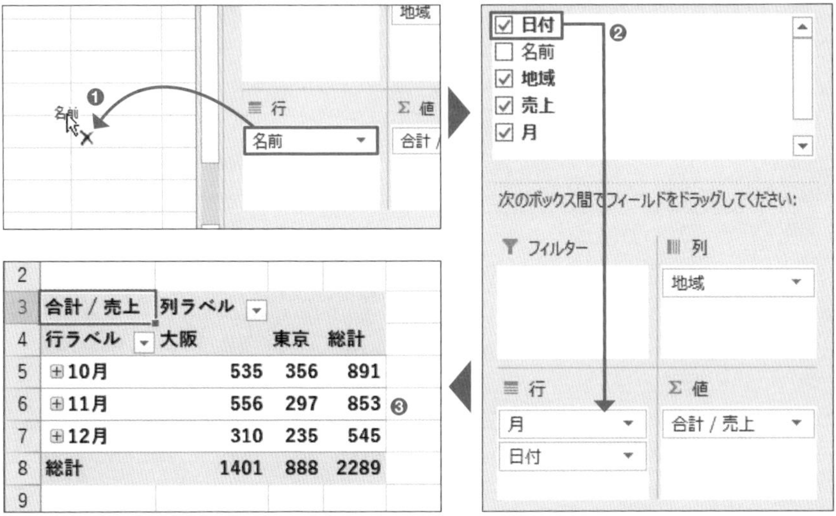

図6　担当者別ではなく、月別に集計し直すには、まず「名前」フィールドを「行」ボックスの外にドラッグ・アンド・ドロップして削除（❶）。代わりに、「日付」フィールドを「行」ボックスにドラッグ・アンド・ドロップする（❷）。すると、日付が自動で月別にグループ化され、月別と地域別のクロス集計表になる（❸）

5	⊞10月	535	356	891
6	⊞11月	556	297	853
7	⊟12月	310	235	545
8	12月4日		84	84
9	12月7日	69		69
10	12月11日	69		69
11	12月13日		84	84

図7　グループ化された月名の左側にある「＋」ボタンをクリックすると、詳細が展開されて日別の集計も見ることができる。「－」ボタンをクリックすれば元のように折り畳める

まざまな角度でデータを集計し直せる。「ピボット（pivot）」は英語で「軸」の意味。集計の軸を自在に切り替えられる表（テーブル）という機能なのだ。それゆえ、強力なデータ分析ツールとして専門家にも重宝されている。しかし今見てきた通り、操作方法はとても簡単。初めてExcelを使う人でも、手軽に活用できる。

さらに、ピボットテーブルでできるのは「合計」を求めることだけではない。データの「個数」「平均」「最大値」「最小値」など、さまざまな集計が可能だ。それには、ピボットテーブルで集計結果のセルを選択し、「ピボットテーブル分析」タブの「アクティブなフィールド」グループにある「フィールドの設定」ボタンを押す（**図8**）。すると集計方法を選択する画面が開くので、例えば「個数」を選ぶと、該当するデータの個数（件数）を集計することができる。

また、単なるクロス集計表ではなく、複数のフィールドを組み合わせて階層を設けた集計表を作ることも可能だ。例えば担当者別に月ごとのデータを集計し、それを地域とクロス集計するといったこともできる（**図9**）。この場合も、担当者名の左にある

個数、平均、最大、最小など、集計方法の変更も可能

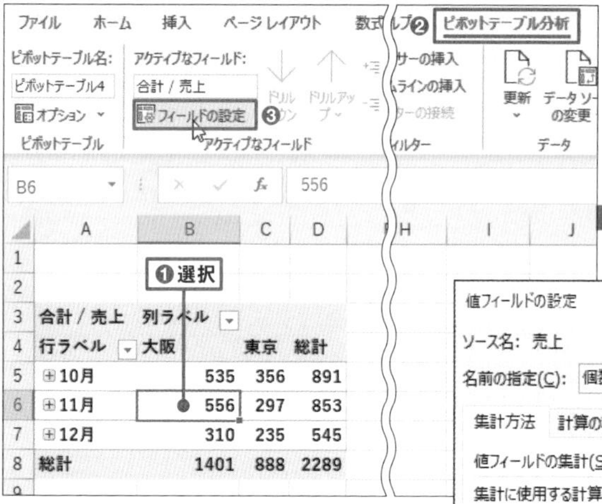

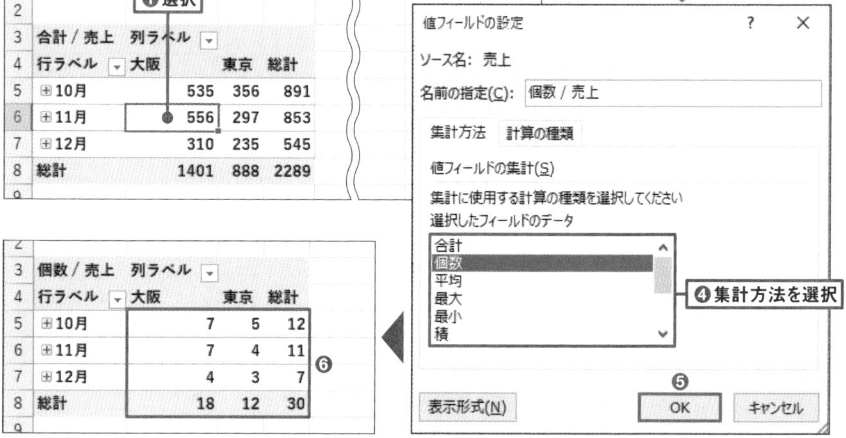

←↓ 図8 集計結果が表示されたセルを選択し（❶）、「ピボットテーブル分析」タブにある「フィールドの設定」ボタンを押すと（❷❸）、開く画面で集計方法を選択できる（❹❺）。例えば「個数」を選ぶと、該当するデータの件数を集計できる（❻）

「＋」または「－」のボタンで、月別の階層を開いたり閉じたりできる。

ほかにもピボットテーブルには多くの機能があるが、とにかく難しくは考えないでほしい。「ピボットテーブルって何?」と悩んでいたり、「ピボットテーブルは上級者向けの分析機能」などと誤解しているのであれば、ひとまず「ピボットテーブルは、SUMIFS関数やCOUNTIFS関数で縦横に集計するのと同じ機能だ」と理解しておこう。

なお注意したいのは、ピボットテーブルをどの場面で使うのかという点。ここを勘違いしている人は意外と多い。「入力→計算→出力」という作業の流れの中で、ピボットテーブルは「出力」として作るものではない。途中経過の「計算」で使う機能なのだ。ピボットテーブルは単に集計してくれるだけなので、見栄えやレイアウトはいまひとつ。かつ、多彩な機能を実現する特別な表であるために、デザインの変更や装飾の自由度は低い。

従って、もしきれいにレイアウトした最終的な「出力」を作りたいのなら、ピボットテーブルによる集計結果を参照して、別に「出力」用の表を作成するという使い方が正解。Excelには、そのためにGETPIVOTDATA（ゲットピボットデータ）関数なども用意されている。

EXCEL 見出しに階層構造を持たせることも可能

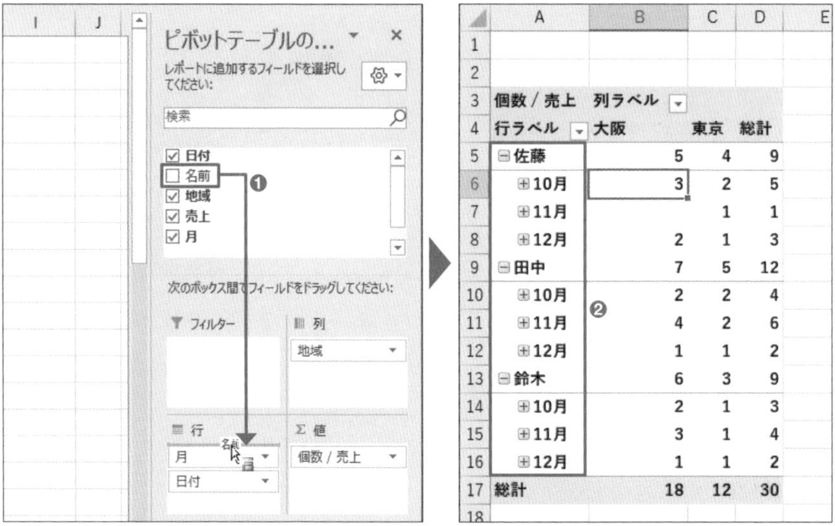

↑図9 ピボットテーブルを使えば、3つ以上のフィールドを組み合わせた集計も可能。図8では「日付」と「地域」でクロス集計しているが、この「日付」の上位に「名前」フィールドをドラッグ・アンド・ドロップすると（❶）、担当者別に月ごとのデータを集計し、それを地域別にクロス集計したピボットテーブルが出来上がる（❷）

COLUMN

元データに不適切な値があると、ピボットテーブルに異変が…

ピボットテーブルの元データは、データベース形式でなければいけない。「1行1件」「1列1項目」であることはもちろんだが、同じ列には、同じ種類のデータが入っているのが原則だ。

特に注意したいのは「日付」データの列。日付以外の「文字列」データが入っていると、157ページ図6のように、自動的に月別や年別に「グループ化」されなくなる（**図1**）。また、メニューからグループ化をしようとしても、「… グループ化することはできません。」とエラーが表示されてしまう（**図2**）。日付の列を月別や年別などにグループ化できないときは、データの中に「文字列」が含まれていないかを確認するとよい。

なお、「文字列」ではなく空欄（ブランク）の場合は、そのデータ（レコード）を除いた形で通常通りグループ化できる。空欄のデータは「（空白）」という名前で分類される。日付がわからず「不明」や「未定」などと入力するくらいなら、空欄のままにしておくほうが無難だ。

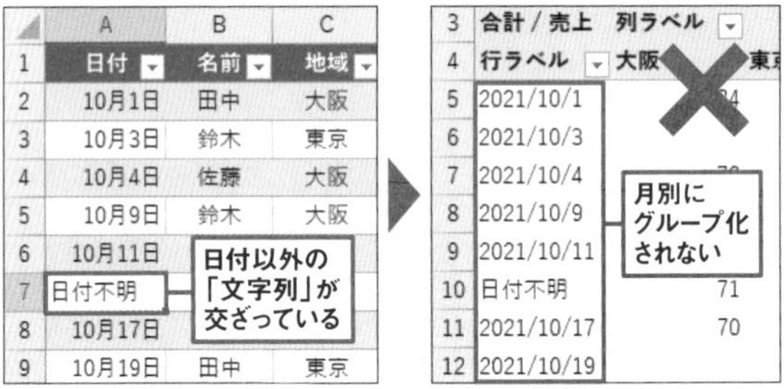

図1 元データの「日付」列に、日付以外の「文字列」が含まれていると、ピボットテーブル上で「日付」フィールドとして扱われず、月別などのグループ化も行われない。個々の日付やその「文字列」が1行ずつ表示される

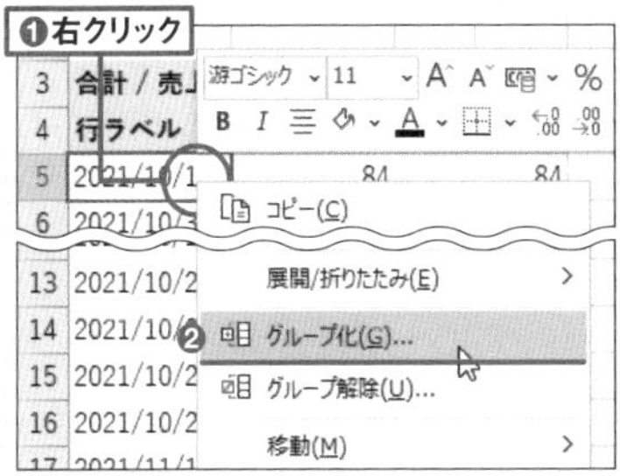

図2 ピボットテーブルの日付の欄を右クリックし（❶）、「グループ化」を選ぶと（❷）、適切な「日付」データであれば「月」「四半期」「年」などの単位でグループ化できる。だが、図1のように「文字列」が含まれていると、「… グループ化することはできません。」というエラーメッセージが表示される（❸）

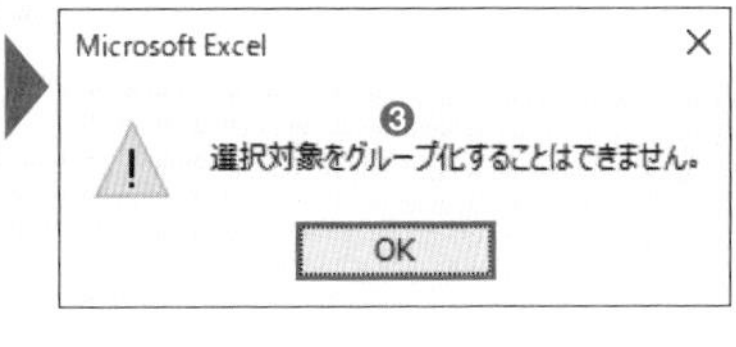

第5章

Excelを知る

豊富な機能を備え、どんな場面でも活躍するExcelだが、勘違いしないでほしい。Excelは「表計算ソフト」だ。データの計算や分析に使うことを前提に作られていて、文書作成や作図を目的にしたものではない。業務によっては「Excelを使わない」という選択も必要だ。Excelはあくまで“道具”。適材適所で賢く使うという発想を忘れないようにしたい。

EXCEL

SECTION
01

「機能」「関数」「VBA」Excelの3要素をフルに活用

Excelの3要素

Excelは「機能」「関数」「VBA」の3要素で構成されている(**図1、図2**)。ここでいう「機能」とは、ユーザーがマウスやキーボードなどを操作してExcelに指示を与え、Excelがそれに応える仕組みのこと。「グラフ」や「ピボットテーブル」など、豊富な機能が用意されている。「関数」はここで「セル内で計算する」仕組みを指す。一般的には、VLOOKUP関数などの「ワークシート関数」の使い方がポイントとなる。最後の「VBA」はいわゆる“Excelの自動化”機能だ。マクロという指示書(プログラム)を書いておき、そのマクロに従ってExcelを自動的に動かす使い方である。このマクロを記述するときに使うプログラミング言語の名称が「VBA(Visual Basic for Applications)」。マクロやVBAと聞くと、何やら難易度の高い特別な仕組みだと思っている人もいるようだが、「機能」や「関数」と同等の、Excelを構成する一要素にすぎない。

Excelを学習する場合、まず「機能」を学ぶことが多い。セルの基本動作であったり、グラフの作り方であったり。「機能」は、どこにどんなメニューがあり、どう設定するとExcelがどうなるのかを“覚える”ことで使えるようになる。あとは、望む結果を得ら

Excelは3つの要素から成る

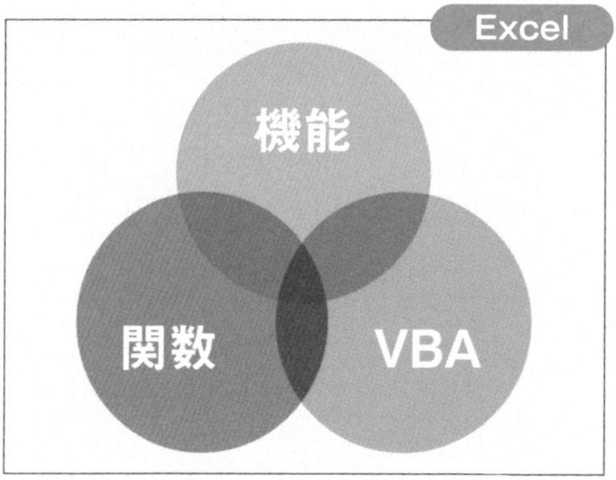

図1 Excelは「機能」「関数」「VBA」という3つの要素から成る。これらはすべて同列の関係にあり、どれが優れているとか、どれか上級とかいうものではない。それぞれに使うべき場面があり、むしろ補完し合うものだ

れるように、Excelを操作するだけだ。一方、「関数」と「VBA」は“考えて作る”という、いわば創作活動に近い。関数を組み合わせたり、命令を記述してプログラムを作成したりと、自分なりの工夫で自分に必要な計算や処理を実現させる必要がある。

一般的には、基本的な「機能」を学習した後で、次に「関数」を学ぶ。IF関数やSUMIF関数、VLOOKUP関数などは、実務で欠かせない関数として、本書でも紹介してきた。そして最後に学習することが多いのが「VBA」。プログラミングの知識が必要であることから、何となく「Excelで最も難しいのはVBA」「マクロができる人はExcel上級者」「VBAを使えることがExcelを究めた証し」のように誤解している人も多いが、それは正しくない。機能と関数とVBA は、優劣のあるものではない。それぞれに使うべき場面があり、むしろ補完し合うものなのだ。

3つの要素は同列で、補完し合うもの

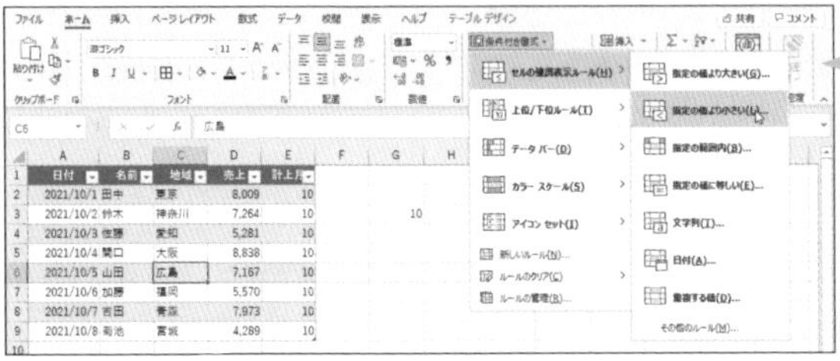

機能

Excelが備える
メニューやボタン、
設定ダイアログなどを、
業務に合わせて
選択する

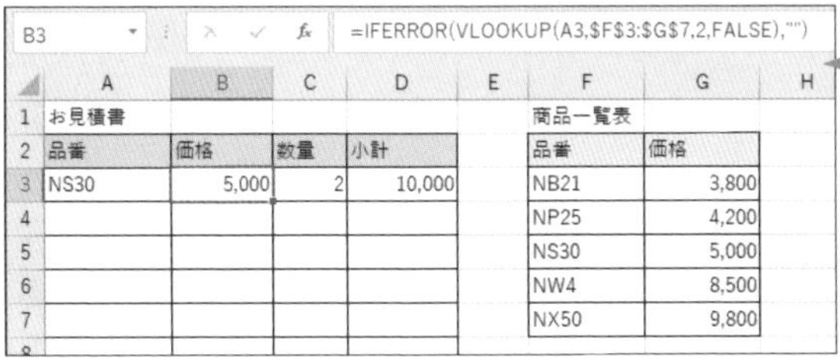

関数

セルに入力する
数式で利用する。
使い方を理解したうえで、
自分なりに
組み合わせて使う

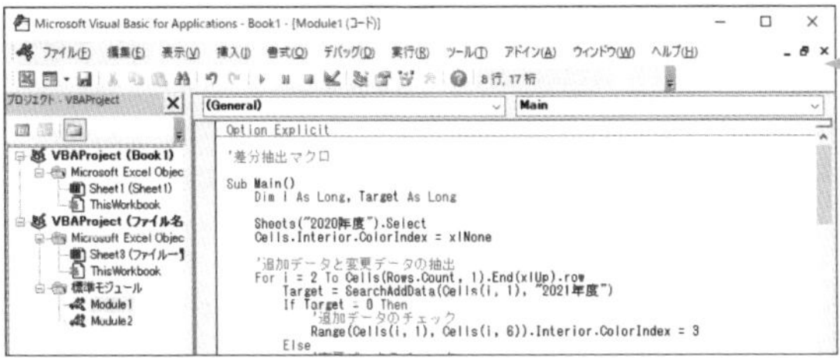

VBA

目的の処理に応じた
プログラムを記述したり、
フォームを設計したりして
利用する

図2 「機能」と「関数」については、本書でもこれまでに解説してきた。「VBA」は、「マクロ」と呼ばれる自動化の機能を利用するための、プログラミング言語のことだ

SECTION
02

「VBA＝上級」ではない 独特のルールに戸惑うなかれ

VBAの特異性

私たちは実務で何らかの作業をしたり、成果物を作成したりするためにExcelを使う。Excelは道具の1つにすぎない。その意味では、「機能」「関数」「VBA」というExcelの3要素すべてに精通している者こそが“Excel上級者”といえる。いくら「VBA」が得意であっても、「機能」でできることをわざわざ「VBA」でやるのは道具の使い方として間違っている。私たちの目標は、VBAの大会に出場することではないからだ。

確かに、「VBA」を使うには“プログラミング”の考え方が欠かせないので、難しいと感じるかもしれない。だが、それをいうなら「関数」のほうが難しいケースもある。セルの中に作成する数式は、それ自体がプログラミングともいえるもの。たった1行の数式で複雑な処理を行うことのほうが、VBAより難易度が高い（**図1**）。

初心者がVBAを難しいと感じる理由の1つは、「今までのExcelとの違い」にある。一般的なExcel学習は「機能」→「関数」と進み、最後に「VBA」にチャレンジする。「VBA」の学習を始めるときは、既にセルの参照方法や、ワークシート関数の使い方を理解しているはずだ。そのような「今までに学習したExcelの常識やお作法」を前提にVBAを学習すると、「これまでと違う」という印象を受け、混乱することが多い。

「VBAが一番難しい」というのは誤解

↑図1　一般に「機能」→「関数」→「VBA」という順番でExcelを学ぶことが多いので、同じ順番に難易度が上がると思われているが、それは誤解だ。「機能」や「関数」とは“作法”が違うので、同じ感覚で学ぼうとすると混乱し、「難しい」と感じてしまうだけだ

例えば**図2**は、「アクティブセルに、『1月』シートのB3セルの値を入力する」というVBAの命令文(コード)の例。ここには「機能」や「関数」で覚えた常識とは違う点が多数含まれている。一例が、途中に出てくる「=」(イコール)の意味。セル内で使う「関数」であれば、「=」は数式の始まりを表すものであったり、「等しい」という意味の条件式を作るときに使ったりする。一方、VBAの「=」は、「右辺の値を左辺に入れる」という意味を持つ。VBAでも、条件式を作るときには「等しい」の意味で使うが、図2のような「入れる」という意味で「=」を使うことに、戸惑う人は多い。

また、セルの数式であれば、セルに「=1月!B3」と入力して「Enter」キーを押すだけで、数式が実行されて結果が表示される。しかしVBAでは、図2のコードを書いただけでは何も起きない。そのコードに名前を付けてマクロとしての体裁を整え、さらに「実行」という操作をして、初めて結果が反映される(**図3**)。

このように、Excelの「機能」「関数」と「VBA」では違う点が多い。なぜ違うのかというと、もともとExcelとVBAは、別々に開発されたアプリケーションだったからだ。Excelは「表計算ソフト」として開発され、進化し続けてきた。そこに、汎用のプログラミング言語として開発されていた「Visual Basic(ビジュアルベーシック)」を、Excelのマクロ言語として使えるように改良し、合体させたのだ。2つのアプリケーションは全く異なる考え方で作られてきたのだから、ルールやお作法に違いがあるのも当然。VBAを学習するときは、まず「VBAには独特のルールがある」という認識を持つことから始めるとよい。

EXCEL VBAは、セルの数式などとは使い方が異なる

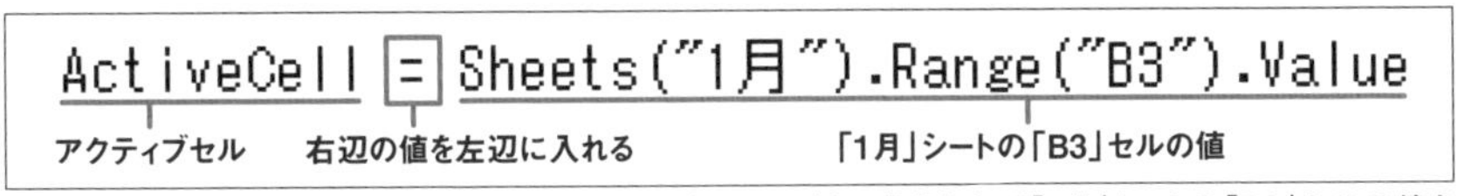

図2 VBAでは、「Sheets("1月").Range("B3").Value」という書き方で「1月」シートの「B3」セルの値を表し、それを「=」(イコール)を使った命令文で、アクティブセルに入力できる。この「=」の使い方が独特で、「等しい」の意味ではなく、「右辺の値を左辺に入れる」という意味になる

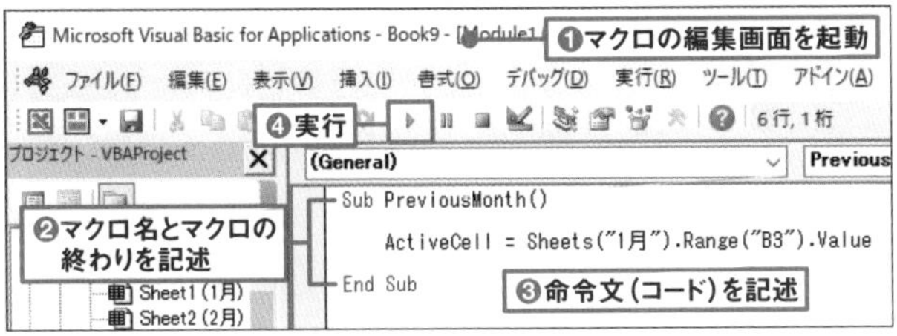

図3 図2の命令は、セルではなくマクロの編集画面上で記述する(❶)。その際はマクロ名やマクロの終わりを表す「End Sub」なども記述する必要がある(❷❸)。さらに、書いただけではダメで、「実行」ボタンを押してマクロを実行しなければならない(❹)

SECTION
03

マクロ（VBA）の基本を知る ファイル形式に要注意

Visual Basic Editor　マクロ有効ブック

VBAを使ったマクロの作り方や活用法について、本書では詳細を割愛する。VBAを使えるようになりたければ、別途、入門書で基礎からしっかりと学んでほしい。ただし、マクロとは何か、VBAとはどんなものなのかといった、基本的なことは知っておきたい。前述の通り、Excelは「機能」「関数」「VBA」の3つから成る。ほかの人が作成したマクロを利用する機会も職場では少なくない。いざ、マクロを目の前にしたときに、触ることもできないようでは困る。

まず理解しておきたいのは、関数を使った数式が主に「セル」に入力するのに対し、VBAは「Visual Basic Editor（ビジュアルベーシックエディター）」という専用の編集画面で記述することだ。Visual Basic Editorは、略して「VBE」とも呼ばれる。VBEを開くには、「開発」タブの左端にある「Visual Basic」ボタンをクリックするか、「Alt」キーを押しながら「F11」キーを押せばよい（**図1**）。

「開発」タブから「Visual Basic Editor」を起動

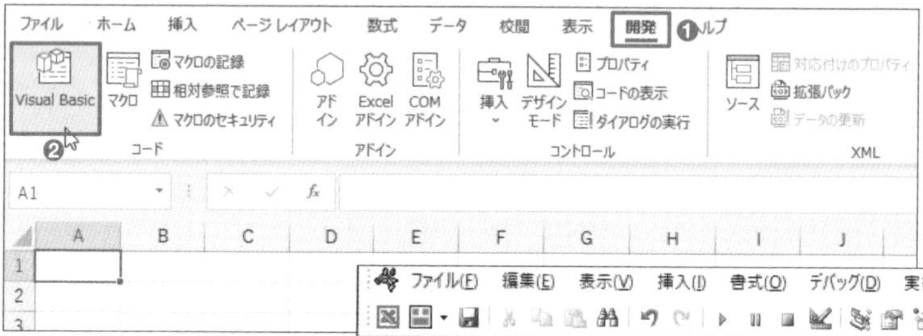

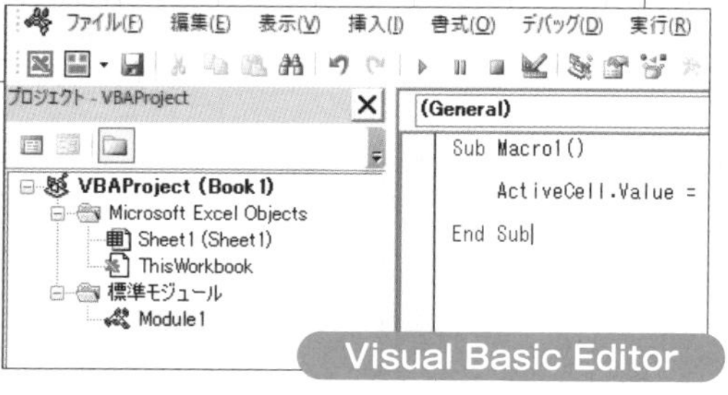

⇧⇨ 図1　VBAを使ってマクロを作成するには、「開発」タブの左端にある「Visual Basic」ボタンをクリックし（❶❷）、「Visual Basic Editor」（以下、VBE）という編集画面を開く（右）。Excelを起動した状態で、「Alt」キーを押しながら「F11」キーを押してもVBEを起動できる

なお、「開発」タブは標準では表示されていないので、マクロ（VBA）をよく使うのなら、表示させておこう。それには、いずれかのタブを右クリックして、開くメニューで「リボンのユーザー設定」を選ぶ（**図2**）。すると「Excelのオプション」画面が開くので、右側の欄にあるタブの一覧で、「開発」のチェックボックスをオンにする。これで「OK」ボタンを押せば、図1上のような「開発」タブが現れる。

図1上の「Visual Basic」ボタンをクリックすると、VBEが起動する。だが、最初は右のウインドウ内が灰色で、何もない状態だ。通常は「挿入」メニューから「標準モジュール」を選び、「Module1」などの「モジュール」を追加（**図3**）。その中にVBAの命令文（コード）を記述する（次ページ**図4**）。

マクロを書くときは、先頭に「Sub」というキーワードを入れて、続けてマクロ名を入

「開発」タブを表示させる

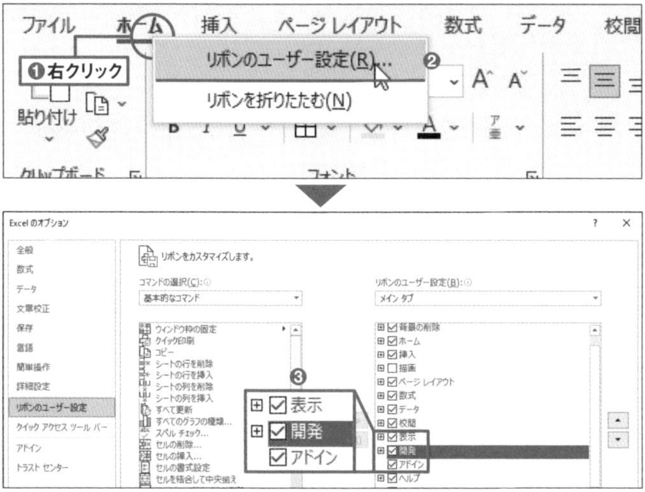

図2 「開発」タブは標準では非表示になっている。表示するには、いずれかのタブを右クリックして、「リボンのユーザー設定」を選ぶ（❶❷）。すると設定画面が開くので、右側の欄にある「開発」タブのチェックボックスにチェックを入れて（❸）、画面右下の「OK」ボタンを押す

コードを書く場所である「標準モジュール」を追加する

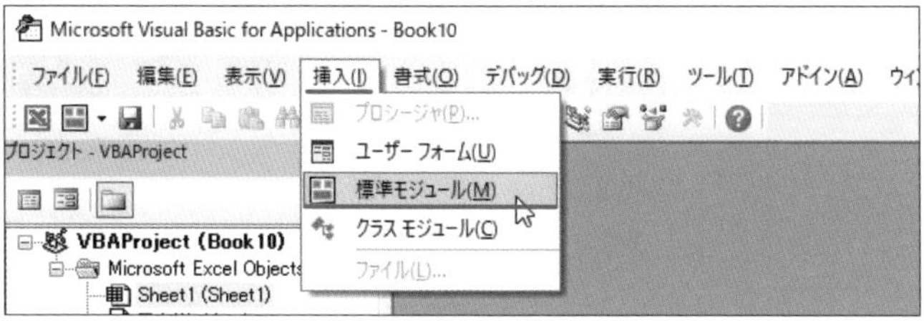

図3 VBEが起動したら、「挿入」メニューから「標準モジュール」を選ぶ。こうして追加した「標準モジュール」が、VBAのコードを記述する場所になる

力するのが基本(**図5**)。「Sub マクロ名」という形で入力して「Enter」キーを押すと、「() 」と「End Sub」が自動入力される。これがマクロの基本的な枠組みで、この間に、やりたい処理や操作をコードにして記述する。

作成したマクロは、セルに入力したデータや数式、グラフなどと同様、すべてブック(ファイル)内に保存される(**図6**)。このとき注意しなければならないのが、ブックの保存形式だ。マクロを含むブックを保存する際は、「名前を付けて保存」画面で、ファイルの種類に「Excelマクロ有効ブック」を選ぶ必要がある(**図7**)。Excelのブックの通常のファイル拡張子は「xlsx」だが、「マクロ有効ブック」の拡張子は「xlsm」。この形式で保存しないと、マクロはすべて削除されてしまう。

これは、マクロを含むブックと含まないブックを明確に区別するための仕様だ。ブックに悪質なマクロが仕込まれていると、ブックを開いた途端にウイルスに感染するなどの被害を被る危険性がある。いわゆる「マクロウイルス」だ。その被害を防ぐために、マクロを含むブックを開く際は、既定で警告が表示される設定になっている(**図8**)。こうしたセキュリティ上の配慮から、マクロ付きのブックはすぐそれとわかるように、ファイル形式自体が区別されている。

なお、このようにマクロはブックに保存されるので、マクロを利用するためには、そ

「Sub」に続けてマクロ名を書くのが基本

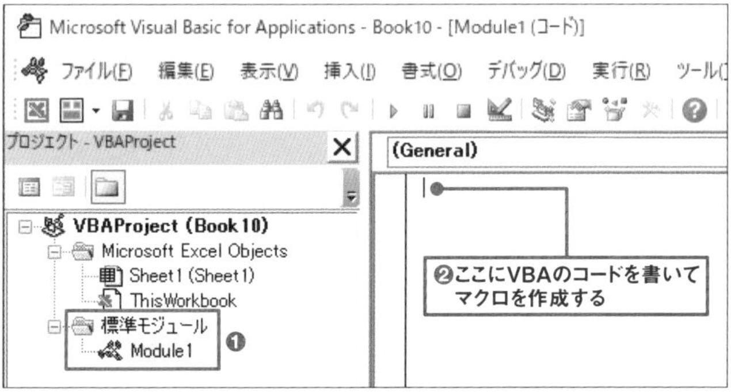

図4 図3のメニューを選ぶと、画面左側の「VBAProject」の下に、「Module1」という名前の標準モジュールが追加され(❶)、その中身が右のウインドウに表示される。最初は真っ白で何もないが、ここにVBAのコードを書いていく(❷)

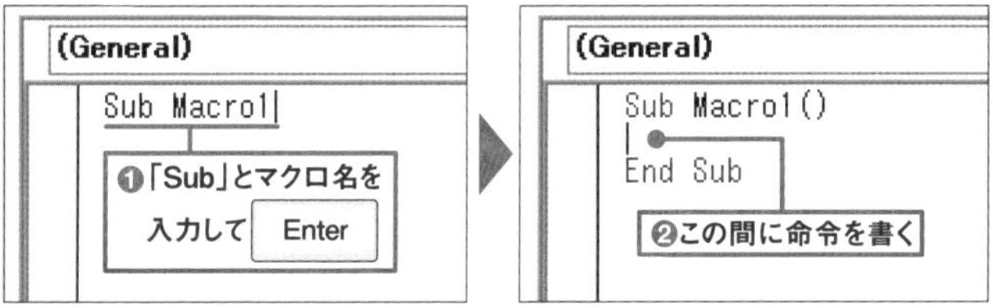

図5 VBAのコードは、冒頭で「Sub」に続けてマクロ名を書くのが基本。入力して「Enter」キーを押すと(❶)、「()」と「End Sub」が自動入力される。この間に命令を書く(❷)

のマクロを保存したブックを開く必要がある。一度マクロを作成しておけば、Excel上でいつでも使えるようになるわけではない。この点は勘違いしないようにしたい。もちろん、いつでも使えるようにする方法はあるが、基本的には、マクロはブックに属するものだということを理解しておこう。

マクロは、拡張子「xlsm」の「マクロ有効ブック」に保存する

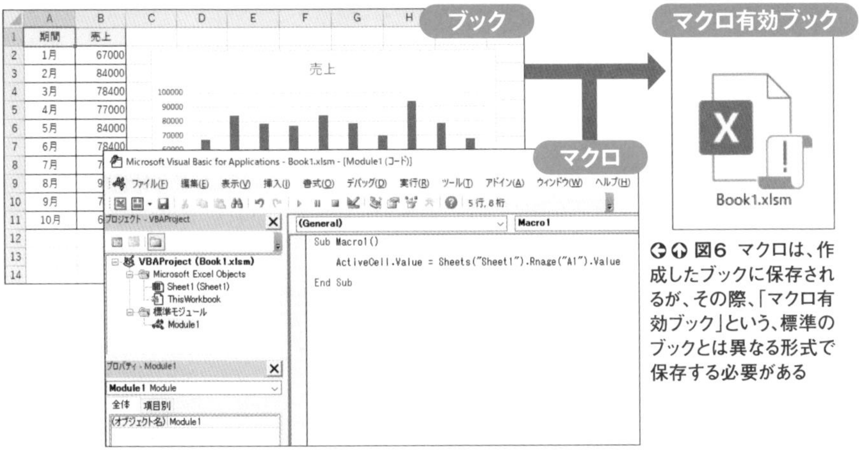

図6 マクロは、作成したブックに保存されるが、その際、「マクロ有効ブック」という、標準のブックとは異なる形式で保存する必要がある

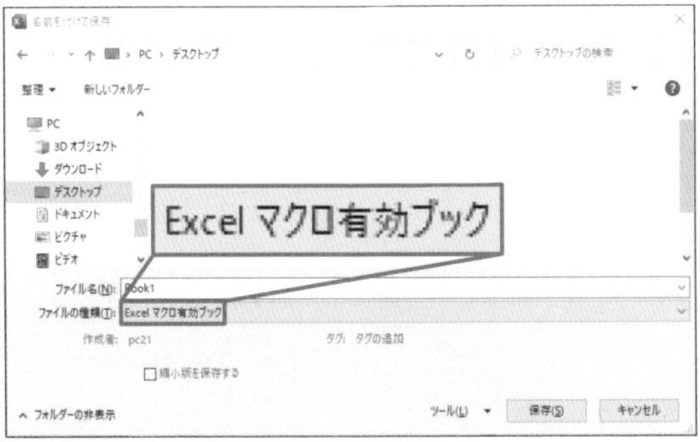

図7 マクロを含むブックを保存する際は、「名前を付けて保存」の画面で「ファイルの種類」欄を「Excelマクロ有効ブック」に変更して保存する。標準の「Excelブック」形式で保存すると、マクロはすべて削除されてしまうので注意が必要だ。通常のブックは拡張子が「xlsx」だが、マクロ有効ブックは「xlsm」になる

マクロを含むブックを開くと、警告が表示される

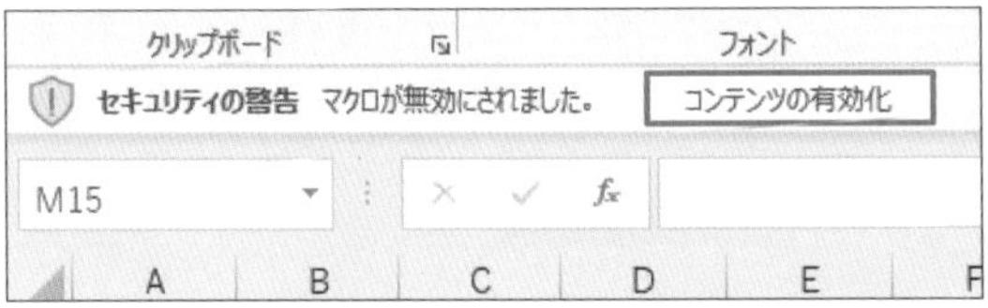

図8 マクロウイルスの被害を防ぐため、マクロを含むブックを開くと、最初に警告が表示される。問題がないとわかっているブックなら「コンテンツの有効化」を選ぶ

マクロの入門書などで最初に取り上げられることの多い、「マクロの記録」についても触れておきたい。これは、ユーザーが行ったExcelの操作を記録して、マクロを自動作成する機能。マウスやキーボードを使った操作の内容が、そっくりVBAのコードとして自動的に記述される（**図9、図10**）。

とても便利な機能だが、「マクロの記録」だけで、実務で使用するマクロを作成できることはほぼない。なぜなら、実務で求められる処理は複雑だからだ。「マクロの記録」を行った操作と同じ操作で対応できる実務はあまりなく、シートやデータの内容が少しでも変われば、記録したマクロでは対応できなくなる。また実用的なマクロでは「条件分岐」や「繰り返し」などの仕組みが必要になることが多いが、それらは「マクロの記録」では実現不可能だ。「マクロの記録」だけでマクロを学べる、使えるようになる、と思ってはいけない。

実務に追われて、あまり時間的な余裕のないユーザーが、短期間でVBAをマス

BOX 「マクロの記録」は“調べる機能”として使う

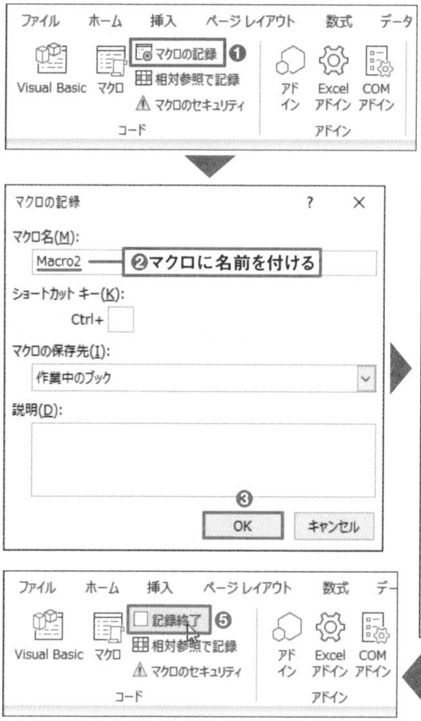

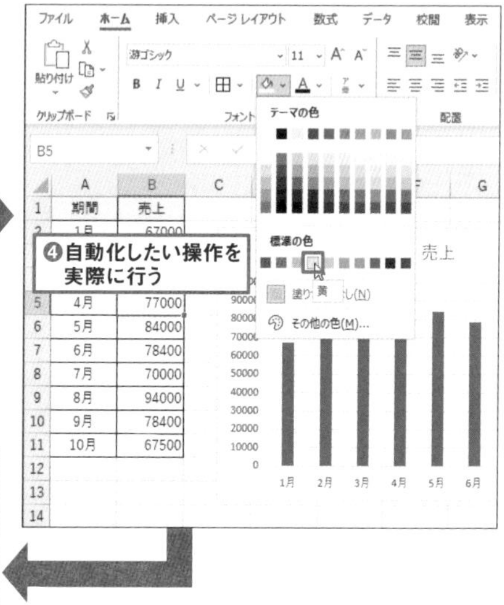

❸❹ 図9 「開発」タブにある「マクロの記録」ボタンをクリック（❶）。開く画面でマクロ名を付けて「OK」ボタンを押すと（❷❸）、マクロの記録が始まる。この後で操作した内容は、セルの選択や設定・機能の実行などが順次記録される（❹）。その内容は、背後で自動的にVBAのコードに変換されている。操作が終わったら「記録終了」ボタンを押す（❺）

ターする近道は1つしかない。それは「基礎から学ぶ」ということに尽きる。英語を学習するとき、最初にやることは何だろう。アルファベットの読みを覚えることから始めて、簡単な文法や文型を理解し、さまざまな話法を学んでいく。もちろんその間に、多くの英単語も覚えなければならない。VBAも同じだ。基礎を理解しない状態でマクロのコードを見たところで、そこに書いてある意味は決して理解できない。理解できなければ実務では使えない。

独学でVBAを学習する人の中には、インターネットで情報を検索し、掲載されているコードをコピペして「できた」と勘違いしている人が少なくない。これは間違いであり、いくら続けても検索技術に長けるだけで、VBAのスキルは向上しない。大切なのは、「どうすればできるか」ではなく、「なぜ、そうするのか」という根拠を持ってマクロを活用できること。日々変化する実務に対応するには、この“根拠”こそが不可欠である。マクロを「動けばいい」と安易に考えていると、自分のVBAスキルが向上しないだけでなく、実務に対して重大な損害を与えかねない。その危険性は意識しておいてほしい。

ちなみに、「マクロの記録」が活躍する場面もある。書き方がわからないところを“調べる機能”として使うのだ。例えば、「セルに黄色の塗りつぶしを設定したいのだが、塗りつぶしをするためのキーワードと、色の指定方法がわからない」といった場合がある。そんなときは、「マクロの記録」を使って実際の操作を記録してみればよい。すると記録されたコードから、必要なキーワードや、色を指定するための色番号などを知ることができる。「マクロの記録」は、VBAを使い慣れた人が、“ヘルプ代わり”に使う機能として役に立つ。

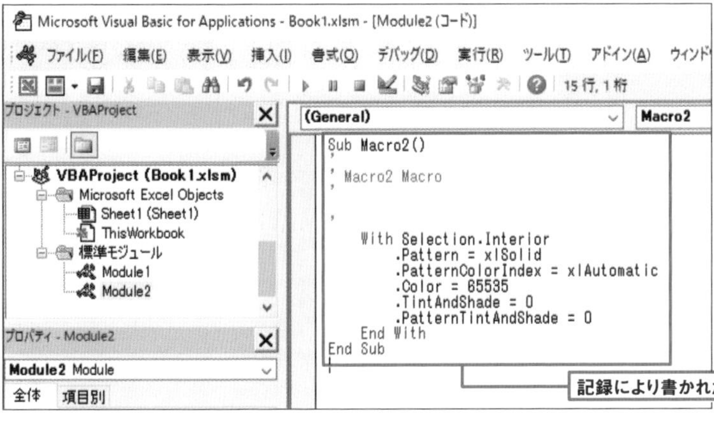

図10 セルに黄色の塗りつぶしを設定する操作を記録した例。設定に必要なキーワードや設定値を確認できる。ただし、「マクロの記録」では、余計な項目が記録されることも多いので注意しよう

SECTION
04

業務効率を知る「引き継げる」ことも重要

ブックに求められること

Excelは業務で使う道具の1つだ。それは、電卓やコピー機と何ら変わりがない。そして、Excelで作成するデータは、職場で活用される“共有物”である。あなたが作ったExcelのデータは、あなただけが使うものではなく、現在も、そして将来も、多くの人が有効活用できなければ意味がない。

例えば、「Excel方眼紙」と呼ばれるテクニックを使い、紙の申請書とそっくりの見た目をExcelで再現する人がいる。うまく作り込めば、見た目も美しく、入力もしやすい実用的なブックが作れるかもしれない。だが、この手のブックは、作る人の技術が高いほど複雑で厄介なブックになりがちだ。レイアウトを変更したり、項目を1つ追加したりするだけで、全体が破綻して使えなくなってしまうケースも少なくない（**図1**）。

マクロでも同様だ。VBAに長けた社員が日々の業務で使える便利なマクロを作成

引き継げないブックの弊害

図1 セル結合のワザを駆使して作り込んだ登録フォームのシートの例。後任者がレイアウトを変更しようとしても、「セルの結合」が複雑に組み合わされているため、思うように編集できない。ちょっと変更したいだけなのに、イチから作り直す必要が生じることもある

```
Sub JobStart(Target As String)
Dim i As Long, Cnt1 As Long, Cnt2 As Long, Cnt
Dim FSO As Object, A As Variant
Dim CalcMode As Long
Dim KeyCell As Range
Dim cnt As Long
Dim MC As New Collection
Set FSO = CreateObject("Scripting. FileSystemO
Set wb = Workbooks(Target)
FullName = Workbooks(Target).FullName
CalcMode = Application.Calculation
Application.Calculation = xlCalculationManual
Cnt1 = Workbooks.Count
Application.ScreenUpdating = False
Worksheets.Copy
```

図2 コードをただ並べただけのマクロのプログラム。正しく動作するとしても、ほかの人が理解できなければ、作成者個人に依存するシステムとなってしまう。その人が異動や退職したら、もうそれまでだ

し、社内で共用するケースはよくある。そのような社員のスキルは評価されるべきだが、一歩間違うと“その人にしかわからない”システムとなり、もしその人が異動・退職したら、誰も手を出せなくなる危険性がある（**図2**）。

こうしたトラブルを防ぐために、Excelでどのようなブックを作るべきかは明白だ。誰にでも理解できるような“優しい”方法で作成しないと、それは誰にも触れないブックになってしまう。難解で呪文のように長い数式を入力したり、見た目にこだわりすぎてレイアウト調整が不可能なシートになってしまったり、見直すこともできないVBAのコードを書いてしまったり……。作った本人さえも手を付けられなくなるようなブックやマクロは、職場の皆が使う“共有物”とは呼べない。

にもかかわらず、ビジネスの現場には、誰も変更できないようなブックやマクロが本当に多い。いったい、なぜそんな事態を招いてしまうのだろうか。そこには、Excelに関する基礎学習をおろそかにして、インターネットで見つけた情報を盲信し、「取りあえず結果が出ればいい」という安易な発想があるのではないだろうか。

Excelは、誰にでも簡単に扱えるほど単純ではない。インターネットには誤った情報も多い。繰り返しになるが、実務で求められるのは「どうすればできるか」ではなく、「なぜ、そうするのか」という“根拠”だ。確固たる根拠や、明確な理由を持って作成した仕組みを、その根拠がわかるように作っていれば、おのずと第三者にも引き継げるようなブックになる（**図3、図4**）。最も危険なことは「取りあえず結果が出ればいい」とい

EXCEL 職場で共用するブックに求められること

正確である × わかりやすい × 再利用しやすい

図3 業務で使うブックに求められるのはこの3つ。他人が引き継いでも利用し続けられるブックであることが重要だ

```
Private Sub CommandButton1_Click()

  Dim i As Long, r As Long

  Unload Me  'このフォームを閉じる

  If OptionButton1.Value = True Then  '「すべて」が選ばれ[illegible]場合

    '3行目から最終行まで繰り返す
    For r = 3 To Sheets("data").Cells(Rows.Count, 1).End(xlUp).Row

      Call datainput(r)  '「datainput」プロシージャを呼び出す
      ActiveSheet.Print  'シートを印刷

    Next r

  Else  'リストボックスで選択したデータのみ印刷する場合

    'リストボックスの項目数だけ繰り返す
    For i = 0 To ListBox1.ListCount - 1

      '項目が選択されていたら印刷する
      If ListBox1.Selected(i) = True Then
```

図4 VBAのコードなら、「インデント」（字下げ）を使ってプログラムの構造をわかりやすくする。また「コメント」機能を利用して、何の処理を行っているのかをメモしておくとよい。こうした配慮は、自分が後から見直すときにも役立つ

う安直な発想だ。

属人的な仕組みというと、一般にはマクロの問題が取り沙汰されることが多い。しかし、ワークシートの作り方が難解すぎて、ほかの人が引き継げなくなるケースも少なくない。マクロであれば、VBEを開いてコードを閲覧すれば、そこに動作のすべてが記述されている。VBEには強力なデバッグ機能(動作を確認し、誤りを発見・修正するための機能)も備わっているので、内容を検証するのは比較的簡単だ。一方、ワークシートに盛り込まれる仕掛けは多岐にわたる。「条件付き書式」「入力規則」「表示形式」など、チェックすべき項目は幅広い。それらが複雑に絡み合って作成されたワークシートは、マクロなどよりも理解が難しい場合もある。

意外とトラブルが多いのは「別ブックへの参照」だ。83〜85ページで解説した通り、例えば「Book1.xlsx」のセルに「=[Book2.xlsx]Sheet1!A1」のような数式を入れると、「Book2.xlsx」のセルを参照できる。使い方によっては便利な機能だが、注意すべき点がある。それは、「Book1.xlsx」の側では数式を見て「Book2.xlsx」を参照していることがわかるが、「Book2.xlsx」の側では「どのブックから参照されているか」がわからないことだ(**図5**)。そのため、「Book2.xlsx」しか見ていない人が勝手にブックを移動や削除、あるいはファイル名やフォルダー名の変更をしてしまうと、「Book1.xlsx」側では「リンク先が見つからない」というエラーが発生する(**図6**)。共有フォルダーにあるファイルを参照する際は特に注意が必要だ。「別ブックへの参照」を行う際には、ブック間の相関関係を整理しておくなどの工夫が望ましい。

別ブックを参照する危険性

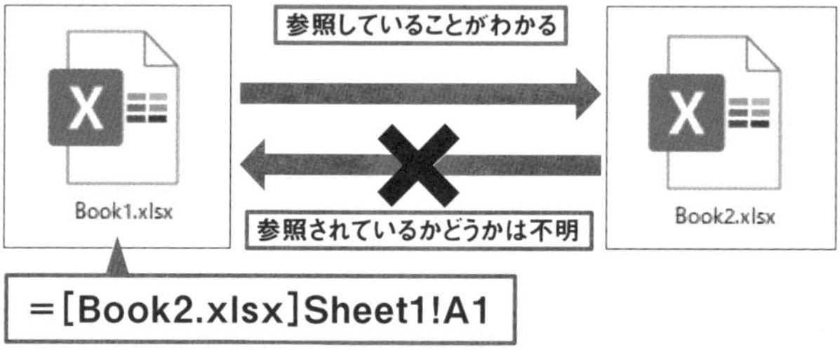

図5 左下のような数式で「Book1.xlsx」から「Book2.xlsx」のA1セルを参照している。この場合、「Book2.xlsx」の側では、参照されていることがわからない

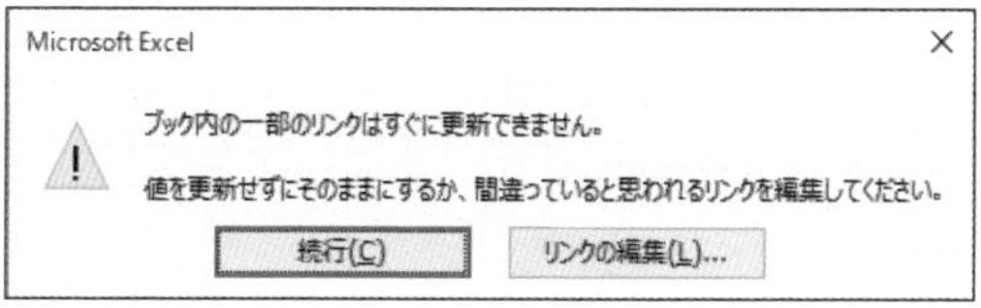

図6 参照されていることに気付かずに「Book2.xlsx」を移動、あるいは削除してしまうと、「Book1.xlsx」のデータを更新しようとしたとき、参照できなくなりエラーが表示される

職場でブックを共有して使うとき、最近はクラウド上にブックを保存して、インターネット経由で共有するケースも増えている（**図7**）。ブックをクラウド上に保存しておけば、会社内だけでなく自宅や外出先からでも同じデータを閲覧・編集できる。そのとき使用する機器はインターネットに接続できればよいので、タブレットやスマートフォンでも構わない。かつ、自分だけでなく、複数の人が同時にアクセスして利用することも可能だ。今後は、そのような使い方にも対応できるブック作りも必要になるだろう。

以前から、「1つのブックを複数人で同時に扱いたい」というニーズは強かった。そのために、Excelには「共有ブック」という仕組みが用意されていたが、長く使用しているとブックが壊れるなどの弊害もあった。なぜなら、そうした“データの共有”は、Excelのようなアプリケーション単体で行うには無理があり、本来はサーバーで管理しなければならないものだからだ。そうしたデータの共有の仕組みが、最近のExcelには標準装備されている。それは「OneDrive（ワンドライブ）」というマイクロソフトのクラウドサービスを利用するもの。データをOneDrive上に置くことで、複数人による同時編集が安全かつ効率良くできるようになったのだ。

ただしその場合、クラウド上のブックを共同編集する相手が、どのような環境にあるのかは予測できない。タブレットやスマホ、あるいはMac版ExcelやExcel Onlineかもしれない。とすれば、互換性の問題で表示が崩れたり、一部の機能が使えなかったりする可能性もある。それを避けるためには、共有するブックはなるべくシンプルに作り上げることを心がけたほうがよい。

クラウド時代に求められるブックの共同編集

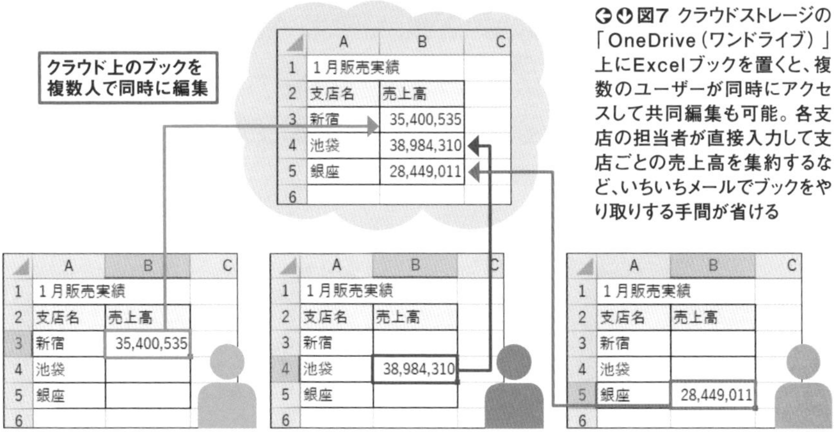

➡⬇**図7** クラウドストレージの「OneDrive（ワンドライブ）」上にExcelブックを置くと、複数のユーザーが同時にアクセスして共同編集も可能。各支店の担当者が直接入力して支店ごとの売上高を集約するなど、いちいちメールでブックをやり取りする手間が省ける

SECTION
05

「Excelを使うべきか？」という点から考えよう

適材適所の道具選び

Excelはとても便利なアプリケーションである。工夫次第で幅広い用途に活用が可能だ。その便利さゆえに、多くの人が忘れている点がある。それは、Excelが「表計算ソフト」だということだ。決して、何でもできる“魔法のつえ”ではない。Excelに備わっている仕組みのほとんどは、表計算に関する機能であり、セルやワークシート、関数やVBAなども表計算ソフトとして使用することを前提にしている。実務で遂行されるさまざまな業務を、Excelだけで行うことは好ましくない。実務で何かの仕組みを構築するときは、「そもそもこの作業は、Excelでやるべきか？」という検討からスタートするべきなのだ（**図1**）。

例えば、Excelのワークシートをワープロ画面に見立てて、さまざまな文書を作成する使い方。「紙」のような使い方だと揶揄されて「神（かみ）エクセル」といわれたり、シートを方眼紙状にして使うことから「エクセル方眼紙」と呼ばれたりする。文書は本来、ワープロソフトで作成するべきなのに、なぜExcelが使われるのか。

理由の1つは、「作りやすいから」だろう。列の横幅を狭めて、セルをマス目のような形状にすれば、方眼紙のように好きな場所に好きな文章を記述できる。それは確か

適材適所で“道具”を選ぶ

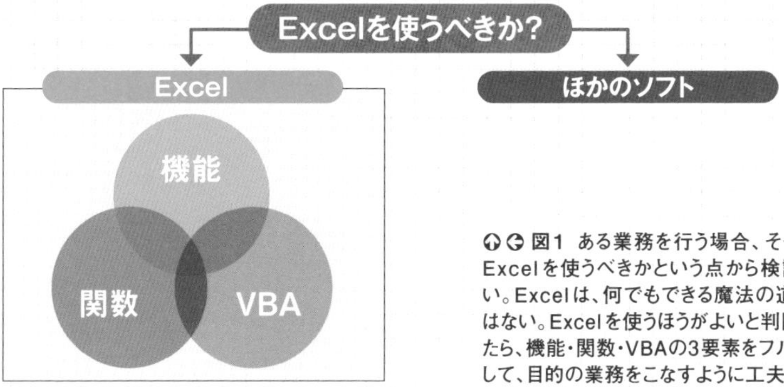

図1 ある業務を行う場合、そもそもExcelを使うべきかという点から検討したい。Excelは、何でもできる魔法の道具ではない。Excelを使うほうがよいと判断できたら、機能・関数・VBAの3要素をフル活用して、目的の業務をこなすように工夫する

に作りやすいかもしれないが、ごく当たり前のことが見過ごされている。実務で作成するデータは「再利用」されることが多い。Excelを方眼紙に見立てて作成された文書は、作るのは容易だが再利用は困難だ。「表計算ソフト」であるExcelを、「ワープロソフト」として使ってはいけない（**図2**）。ましてや、セルのマス目を“本当の意味での方眼紙”のように使って、製図をするなどもってのほかだ（**図3**）。

VBAに関しても誤解が多い。VBAは、Excelという表計算ソフトを操作するために作られたマクロ言語である。「C言語」や「Java」などのような、汎用的なプログラミング言語ではない。もちろん、VBAは「Visual Basic」というプログラミング言語を基に作られているので、ほかのアプリケーションを制御したり、基幹システムにデータを登録したりすることなども不可能ではない。不可能ではないが、それは、セルやワークシートを操作するのとは根本的に異なる。当然、難易度は数倍にも跳ね上がる。その違いを意識せず「ExcelのVBAを使えば何でもできる」などとは、決して考えないでほしい。

「餅は餅屋」という言葉の通り、誤った道具で無理をすると、どこかで破綻を招く。Excel はあくまで業務を補完するツールである。規模の大小にもよるが、個人で作るような仕組みを、基幹業務と呼ばれる領域まで組み込むことはお勧めしない。できるかできないかではなく、「Excelを使うべきか?」という発想を忘れないようにしよう。

Excelは「表計算ソフト」であることを忘れない

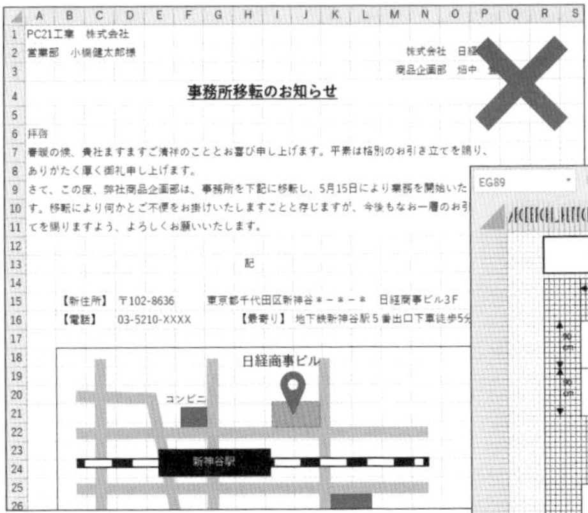

⊖ **図2　ワープロソフトで作るような文書をExcelで作る必要があるのか。Excelは「表計算ソフト」なのだから、向かない用途もある**

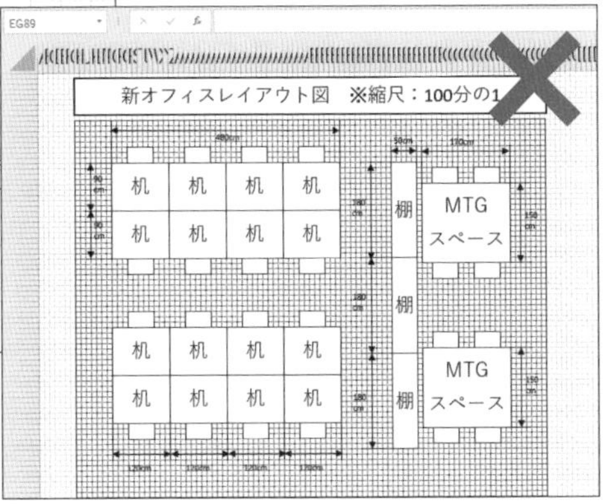

⊖ **図3　セルを細かい方眼紙状にして、製図に使う人もいる。もともと印刷が苦手で、セルのサイズを正確に再現できないExcelを、図面の作成に使うべきではない**

SECTION 06

「データの取得と変換」はExcelの新しい扉を開く

データの取得と変換　Power Query

最後にExcel 2016以降で標準搭載された「データの取得と変換」という機能に触れておきたい。「Power Query(パワークエリ)」という技術によって実現されている機能だ。Power Queryは、Excel専用に開発されたものではない。もともとは、マイクロソフトのデータベースサーバー「SQL Server(エスキューエルサーバー)」のために開発された技術で、現在ではExcelだけでなく多くのサービスで使われている。

ExcelにPower Queryが実装されたことで、それまでは手動操作で手間をかけていた作業や、VBAで複雑なマクロを作成しなければ実現できなかった処理が、簡単に行えるようになった。Power Queryでできることは数多いが、ここでは「フォル

フォルダー内のCSVファイルを自動的に結合

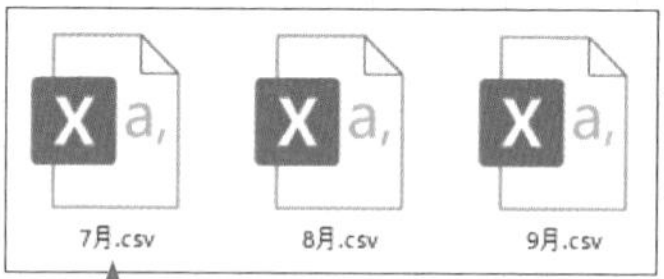

7月.csv - メモ帳

ファイル(F)　編集(E)　書式(O)　表示(V)

```
日付,名前,地域,商品,売上
2021/7/1,鈴木,神奈川,E,75000
2021/7/2,菊池,東京,A,91000
2021/7/3,鈴木,千葉,C,50000
2021/7/4,田中,埼玉,B,62000
2021/7/5,菊池,埼玉,A,88000
2021/7/6,山田,神奈川,D,89000
2021/7/7,山田,東京,D,73000
2021/7/8,田中,東京,B,74000
```

結合して読み込む

	A	B	C	D	E	F	G
1	Source.Name	日付	名前	地域	商品	売上	
2	7月.csv	2021/7/1	鈴木	神奈川	E	75000	
3	7月.csv			東京	A	91000	
4	7月.csv	2021/7/3	鈴木	千葉	C	50000	
5	7月.csv	2021/7/4	田中	埼玉	B	62000	
6	7月.csv	2021/7/5	菊池	埼玉	A	88000	
7	7月.csv	2021/7/6	山田	神奈川	D	89000	
8	7月.csv	2021/7/7	山田	東京	D	73000	
9	7月.csv	2021/7/8	田中	東京	B	74000	
10	8月.csv	2021/8/1	山田	埼玉	E	94000	
11	8月.csv	2021/8/2	菊池	千葉	E	66000	
12	8月.csv	2021/8/3	田中	神奈川	B	61000	
13	8月.csv	2021/8/4	佐藤	静岡	A	90000	
14	8月.csv	2021/8/5	菊池	静岡	E	90000	
15	8月.csv	2021/8/6	鈴木	静岡	A	71000	
16	8月.csv	2021/8/7	菊池	千葉	B	91000	
17	8月.csv	2021/8/8	山田	東京	B	59000	
18	9月.csv	2021/9/1	菊池	東京	E	77000	
19	9月.csv	2021/9/2	鈴木	神奈川	A	67000	
20	9月.csv	2021/9/3	鈴木	東京	B	61000	
21	9月.csv	2021/9/4	菊池	千葉	D	56000	
22	9月.csv	2021/9/5	佐藤	埼玉	E	67000	
23	9月.csv	2021/9/6	田中	静岡	C	65000	
24	9月.csv	2021/9/7	山田	埼玉	A	83000	
25	9月.csv	2021/9/8	菊池	千葉	B	69000	
26							

図1 フォルダー内にある「7月.csv」「8月.csv」「9月.csv」という3つのCSVファイルを、1つに結合してExcelに読み込みたい。「データの取得と変換」機能を使うと、これを全自動で行える

ダー内のCSVファイルを自動的に結合する」手順を紹介する（**図1**）。

まず「データ」タブの「データの取得と変換」グループにある「データの取得」ボタンをクリックし、「ファイルから」→「フォルダーから」とたどる（**図2**）。するとフォルダーの選択画面が開くので、CSVファイルが入っているフォルダーを選択しよう。すると、ダイアログボックスが開き、フォルダー内に存在するファイルの一覧が表示される（次ページ**図3**）。何も編集しないでこのまま1つの表に結合するのなら、「結合」ボタンをクリックして、「結合および読み込み」を選ぶ。すると、今度はCSVファイルの中身をプレビューする画面が開く（**図4**）。「サンプルファイル」欄のリストで、プレビューするファイル名を選択できるので、いずれも問題なく読み込めているかを確認。特に問題がなければ「OK」ボタンを押す。すると、新しいワークシートが追加されて、図1右のようにすべてのCSVファイルが結合された「テーブル」が出来上がる。

「データの取得と変換」機能で「フォルダーから」読み込み

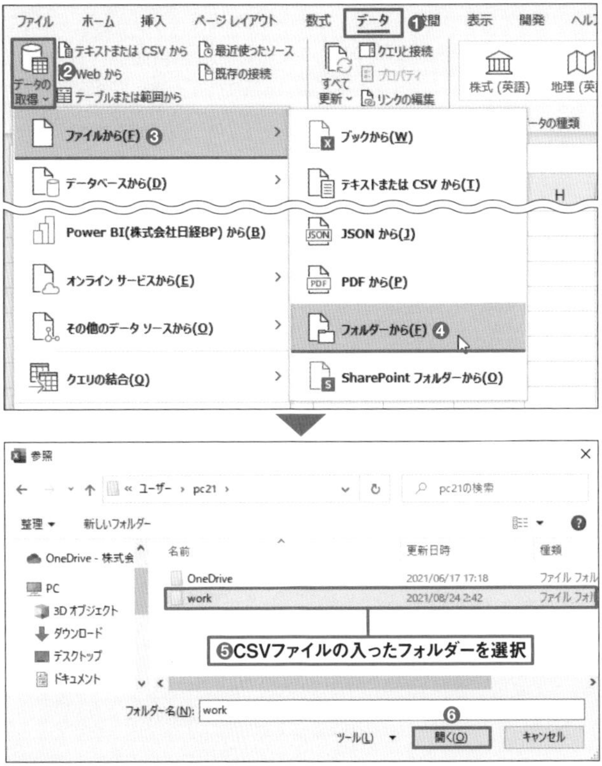

⊕ **図2** Excel 2016以降では、「データ」タブの左端に「データの取得と変換」グループがある。その左端にある「データの取得」ボタンをクリックし、「ファイルから」→「フォルダーから」を選択（❶～❹）。開くフォルダーの選択画面で、CSVファイルを保存してあるフォルダーを選択し、「開く」ボタンを押す（❺❻）。なお、「データの取得と変換」の機能は、アップデートにより随時、改良されており、メニュー名などが異なる場合もある

「データの取得と変換」では、不要な列を削除したり、特定の行だけを読み込んだりすることもできる。また、「Power Query エディター」を利用することで、列の結合（マージ）や分割、データ形式の変換など、さまざまなデータ整理が可能だ。こうした処理を行っているのが、バックグラウンドで動作している「Power Query」である。結合されたテーブルは、元のCSVデータとリンクされているので、CSVデータが変更されるとセル内の値も変化する。

「データの取得と変換」で「フォルダーから」データを読み込むと、そのフォルダーに追加した新たなデータを、ワンタッチで読み込めるのも便利なところだ。ファイルをフォルダーに追加したら、「テーブルデザイン」タブの「更新」ボタンをクリックするだけでよい。すると、追加したファイルが結合されて読み込まれる（**図5**）。

なお、ここでは元データとしてCSVファイルを読み込んだが、もちろんExcelのブック

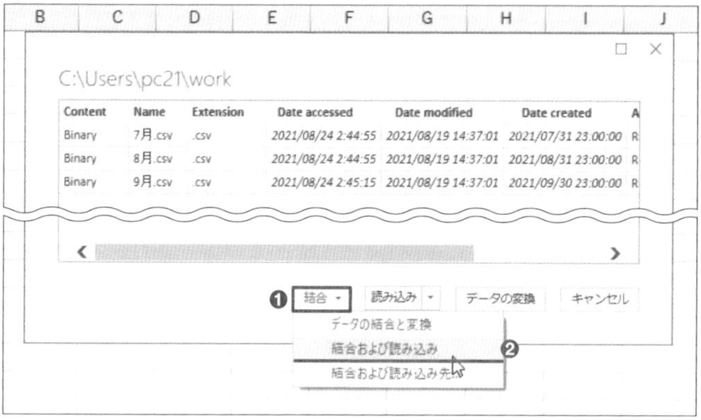

図3 フォルダー内にあるCSVファイルの情報が一覧表示される。これらを結合して読み込むには、「結合」ボタンをクリックして（❶）、「結合および読み込み」を選ぶ（❷）

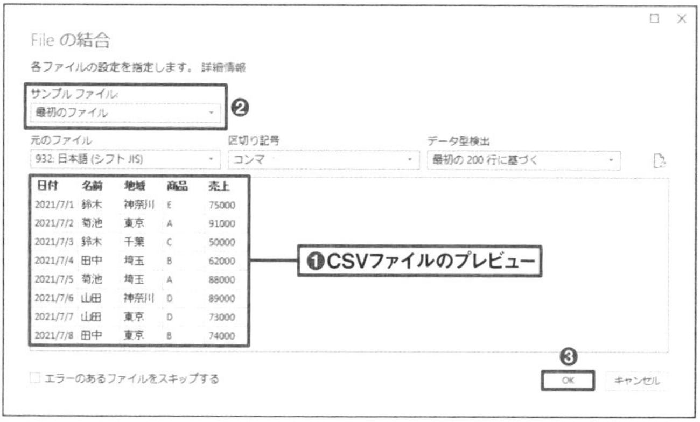

図4 CSVの中身がプレビュー表示される（❶）。上部の「サンプルファイル」欄を切り替えれば、別のファイルもプレビュー可能（❷）。「OK」を押すと（❸）、図1右のように、CSVファイルがひと続きに読み込まれる

（XLSX形式）やAccessのデータベース（ACCDB形式）なども扱える。

前述の通り、この「Power Query」という技術は、Excel専用に開発されたものではない。もともとはデータベースサーバーからデータを取得する目的で開発された“データベースの仕組み”だ。そのせいか、Power Queryには、Excelユーザーにはなじみのない名称や機能が多い。また、各種のデータを取得して変換し、Excel内に読み込むという動作中にも、データベース的な処理が行われる。例えば、元データと読み込んだ結果では、データの並び順が異なることがある。

そうしたデータベースとしての知識やお作法さえ理解すれば、Power Queryを使うことでExcel活用の幅は格段に広がり、その威力をビジネスに生かすことができるようになる。今後、利用する機会が増えるであろう注目の機能なので、ぜひチャレンジしてみてほしい。

フォルダーに追加したCSVファイルを、ワンクリックで読み込める

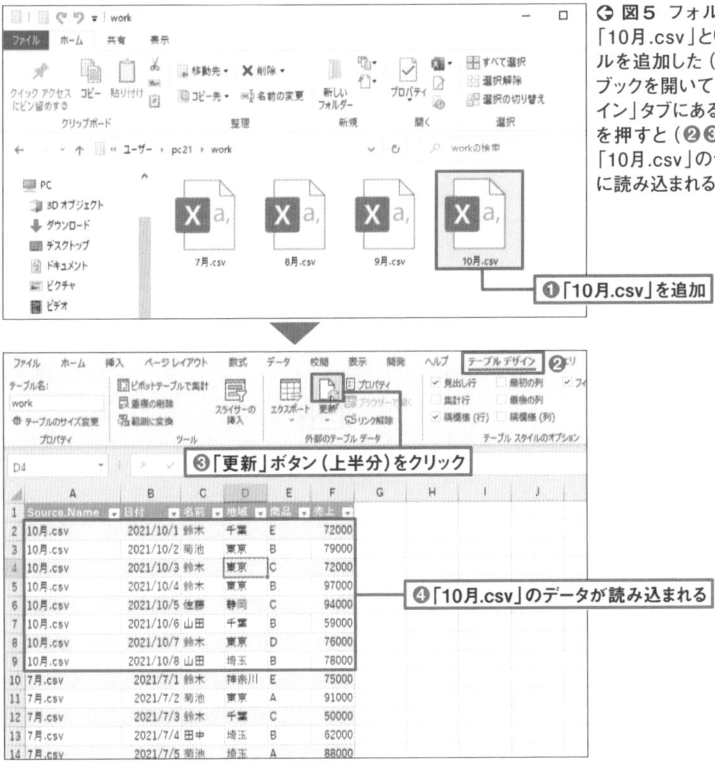

図5　フォルダーに新たに「10月.csv」というCSVファイルを追加した（❶）。先ほどのブックを開いて「テーブルデザイン」タブにある「更新」ボタンを押すと（❷❸）、それだけで「10月.csv」のデータが自動的に読み込まれる（❹）

索引

田中 亨（たなか とおる）
Office TANAKA

1954年神奈川県横浜市生まれ。一般社団法人実践ワークシート協会の代表理事であり、Excelのノウハウ情報を提供するサイト「Office TANAKA」の管理人。パソコン通信の時代から表計算ソフトの活用情報を発信し、オンラインコミュニティ等で活躍。Excelの第一人者として、2004年にはマイクロソフトから「Most Valuable Professional（MVP） for Excel」のアワードを日本人として初めて授与された。1998年から2009年にかけては、日経PC21が主催した「表計算大会（エクセルコンテスト）」の審査委員として、5万件を超える作品を審査。Excelに関する著作は50冊を超え、近年はセミナー講師として活動の場を広げている。直接指導した受講者はのべ5万人以上。オンライン動画学習サービス「Schoo」での講座やYouTubeで公開中の解説動画の人気も高い。

Office TANAKA
http://officetanaka.net/

Excelの本当に正しい使い方

2021年9月27日　第1版第1刷発行
2022年5月20日　第1版第4刷発行

著　　者　田中 亨
編　　集　田村規雄（日経PC21）
発 行 者　中野 淳
発　　行　日経BP
発　　売　日経BPマーケティング
〒105-8308　東京都港区虎ノ門4-3-12

装　　丁　小口翔平＋加瀬 梓（tobufune）
本文デザイン　桑原 徹＋櫻井克也（Kuwa Design）
制　　作　会津圭一郎（ティー・ハウス）
印刷・製本　図書印刷株式会社
ISBN978-4-296-11035-3

本書籍に関するお問い合わせ、ご連絡は下記にて承ります。
https://nkbp.jp/booksQA